발행일 2022. 1. 25. **1쇄 인쇄일** 2022. 1. 18.

신고번호 제2017-000193호 **펴낸곳** 한국교육방송공사 경기도 고양시 일산동구 한류월드로 281

기획 및 개발 송아롬 김나진 윤영란 이상호 이원구 이재우 최영호

표지디자인 ㈜무닉 **편집** 더 모스트 **인쇄** 팩컴코리아㈜

인쇄 과정 중 잘못된 교재는 구입하신 곳에서 교환하여 드립니다.

수학 mr스터

교재의 난이도 및 활용 안내

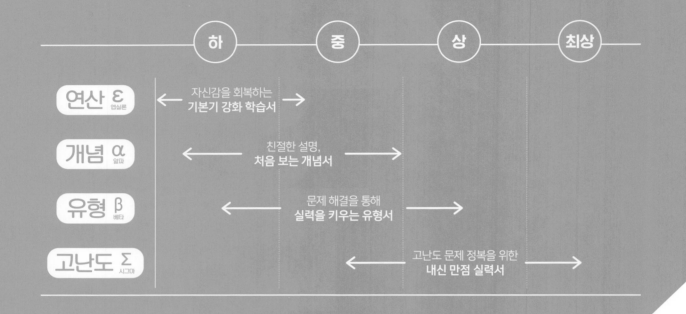

	하	중	상	최상

연산 ε 엡실론 ← 자신감을 회복하는 **기본기 강화 학습서** →

개념 α 알파 ← 친절한 설명, **처음 보는 개념서** →

유형 β 베타 ← 문제 해결을 통해 **실력을 키우는 유형서** →

고난도 Σ 시그마 ← 고난도 문제 정복을 위한 **내신 만점 실력서** →

수학
마스터

중학 수학의 기초력 강화

연산 3
엡실론

중학 수학 2·2

| 교재 내용 문의 | 교재 내용 문의는 EBS 중학사이트 (mid.ebs.co.kr)의 교재 Q&A 서비스를 활용하시기 바랍니다. | 교재 정오표 공지 | 발행 이후 발견된 정오 사항을 EBS 중학사이트 정오표 코너에서 알려 드립니다. 교재학습자료 → 교재 → 교재 정오표 | 교재 정정 신청 | 공지된 정오 내용 외에 발견된 정오 사항이 있다면 EBS 중학사이트를 통해 알려 주세요. 교재학습자료 → 교재 → 교재 선택 → 교재 Q&A |

수학 마스터

중학 수학의 기초력 강화

연산 3 엡실론

중학 수학 2·2

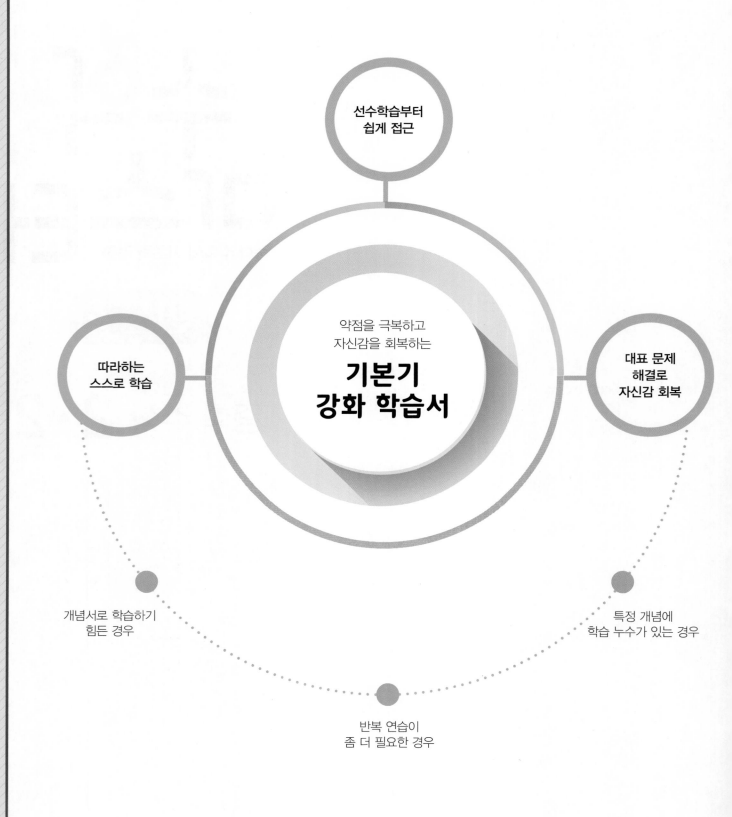

선수학습부터
쉽게 접근

따라하는
스스로 학습

약점을 극복하고
자신감을 회복하는
기본기
강화 학습서

대표 문제
해결로
자신감 회복

개념서로 학습하기
힘든 경우

특정 개념에
학습 누수가 있는 경우

반복 연습이
좀 더 필요한 경우

1 개별 문제 연습

❶ 개념 이해: 학습의 누수가 없이 쉽게 따라갈 수 있도록 개념을 잘게 쪼개어 점진적으로 학습하는 스몰 스텝 학습

❷ ❸ 따라하기: 유형별로 자세하고 친절하게 문제 해결을 안내하여 풀이 방법을 습득, 적용할 수 있게 하는 스스로 학습 시스템

❸ 유형별 집중 연습 문제

❹ 대표 문제 : 계산 연습으로만 끝마치는 것이 아니라 개념이 적용된 핵심 문제의 형태를 경험하고 학습하는 내공 다지기 시스템

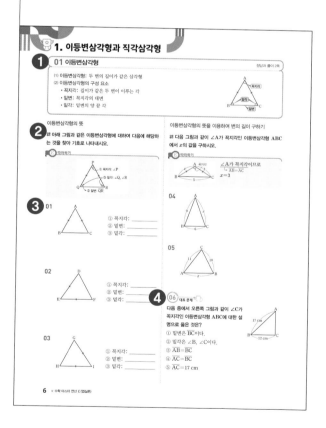

2 소단원 확인 문제

교과서 핵심 실전 문제로 소단원별 개념 학습 수준을 파악하는 이해도 평가 문제

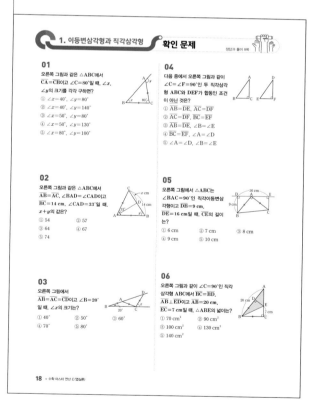

Contents 이 책의 차례

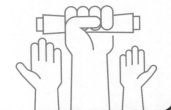

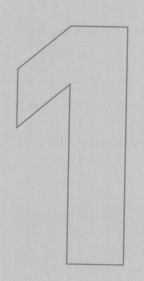

삼각형의 성질

1. 이등변삼각형과 직각삼각형

01 이등변삼각형

정답과 풀이 2쪽

(1) 이등변삼각형: 두 변의 길이가 같은 삼각형
(2) 이등변삼각형의 구성 요소
  • 꼭지각: 길이가 같은 두 변이 이루는 각
  • 밑변: 꼭지각의 대변
  • 밑각: 밑변의 양 끝 각

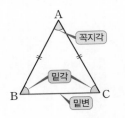

이등변삼각형의 뜻

❋ 아래 그림과 같은 이등변삼각형에 대하여 다음에 해당하는 것을 찾아 기호로 나타내시오.

 따라하기

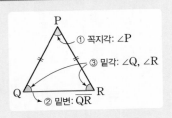

01

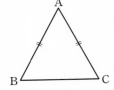

① 꼭지각: _____
② 밑변: _____
③ 밑각: _____

02

① 꼭지각: _____
② 밑변: _____
③ 밑각: _____

03

① 꼭지각: _____
② 밑변: _____
③ 밑각: _____

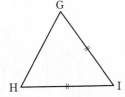

이등변삼각형의 뜻을 이용하여 변의 길이 구하기

❋ 다음 그림과 같이 ∠A가 꼭지각인 이등변삼각형 ABC에서 x의 값을 구하시오.

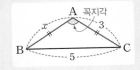 따라하기

∠A가 꼭지각이므로
$\overline{AB} = \overline{AC}$
$x = 3$

04

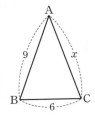

05

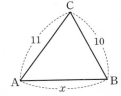

06 대표 문제

다음 중에서 오른쪽 그림과 같이 ∠C가 꼭지각인 이등변삼각형 ABC에 대한 설명으로 옳은 것은?

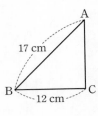

① 밑변은 $\overline{BC}$이다.
② 밑각은 ∠B, ∠C이다.
③ $\overline{AB} = \overline{BC}$
④ $\overline{AC} = \overline{BC}$
⑤ $\overline{AC} = 17$ cm

02 이등변삼각형의 성질(1)

이등변삼각형의 두 밑각의 크기는 같다.
→ △ABC에서 $\overline{AB}=\overline{AC}$이면
  ∠B = ∠C

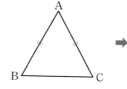 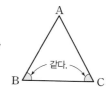

같다.

이등변삼각형의 성질(1)

✖ 다음 그림과 같이 $\overline{AB}=\overline{AC}$인 이등변삼각형 ABC에서 ∠$x$의 크기를 구하시오.

따라하기

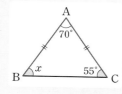

$\overline{AB}=\overline{AC}$이므로
  └ ∠B=∠C
∠x = 55°

01

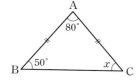

02

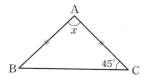

Tip 삼각형의 세 내각의 크기의 합은 180°임을 이용한다.

03

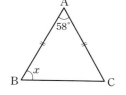

이등변삼각형의 성질(1)의 응용 – 외각

✖ 다음 그림과 같이 $\overline{AB}=\overline{AC}$인 이등변삼각형 ABC에서 ∠$x$의 크기를 구하시오.

따라하기

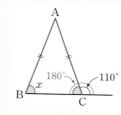

∠ACB = 180° − 110° = 70°
  └ 평각
$\overline{AB}=\overline{AC}$이므로
  └ ∠B=∠ACB
∠x = 70°

04

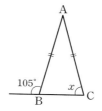

05

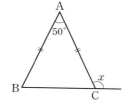

06 대표 문제

오른쪽 그림과 같이 $\overline{AB}=\overline{AC}$인 이등변삼각형 ABC에서 ∠BAD=100°일 때, ∠x의 크기는?

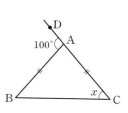

① 50°   ② 55°

③ 60°   ④ 65°

⑤ 70°

03 이등변삼각형의 성질(2)

정답과 풀이 2쪽

이등변삼각형의 꼭지각의 이등분선은 밑변을 수직이등분한다.

→ $\triangle ABC$에서 $\overline{AB}=\overline{AC}$, $\angle BAD=\angle CAD$이면
$\overline{AD}\perp\overline{BC}$, $\overline{BD}=\overline{CD}$

참고 (꼭지각의 이등분선)

= (밑변의 수직이등분선)

= (꼭지각의 꼭짓점에서 밑변에 그은 수선)

= (꼭지각의 꼭짓점과 밑변의 중점을 이은 선분)

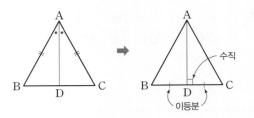

이등변삼각형의 성질(2)

❈ 다음 그림과 같이 $\overline{AB}=\overline{AC}$인 이등변삼각형 ABC에서 $\overline{AD}$는 $\angle A$의 이등분선일 때, x의 값을 구하시오.

 따라하기

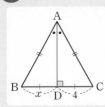

┌ $\overline{AD}$는 $\overline{BC}$를 수직이등분한다.

$\overline{AD}$는 $\angle A$의 이등분선이므로
$\overline{BD}=\overline{CD}=4$
따라서 $x=4$

01

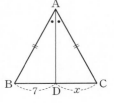

02

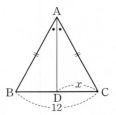

03

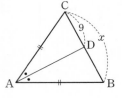

❈ 다음 그림과 같이 $\overline{AB}=\overline{AC}$인 이등변삼각형 ABC에서 $\angle BAD=\angle CAD$일 때, $\angle x$의 크기를 구하시오.

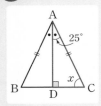 따라하기

┌ $\overline{AD}$는 꼭지각의 이등분선이다.

$\angle ADC=90°$이므로 $\triangle ADC$에서
$\angle x=180°-(25°+90°)=65°$
└ 삼각형의 세 내각의 크기의
합은 $180°$이다.

04

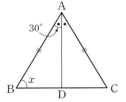

05

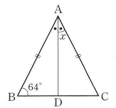

06 대표 문제

오른쪽 그림과 같이 $\overline{AB}=\overline{AC}$인 이등변삼각형 ABC에서 $\angle BAD=\angle CAD$일 때, $x+y$의 값은?

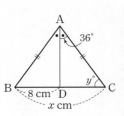

① 66 ② 68

③ 70 ④ 72

⑤ 74

04 이등변삼각형이 되는 조건

두 내각의 크기가 같은 삼각형은 이등변삼각형이다.
→ △ABC에서 ∠B=∠C이면
$\overline{AB}=\overline{AC}$

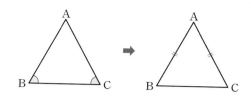

이등변삼각형이 되는 조건

❈ 다음 그림과 같은 △ABC에서 x의 값을 구하시오.

따라하기

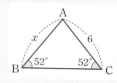

∠B=∠C이므로
→ $\overline{AB}=\overline{AC}$
$x=6$

01

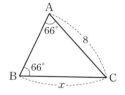

02

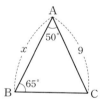

03

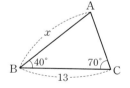

04

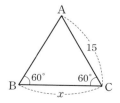

이등변삼각형이 되는 조건의 응용 – 외각

❈ 다음 그림과 같은 △ABC에서 x의 값을 구하시오.

따라하기

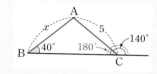

∠ACB=180°−140°=40°
→ 평각
∠B=∠ACB이므로
$x=5$ → $\overline{AB}=\overline{AC}=5$

05

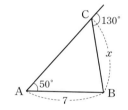

06

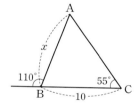

Tip 삼각형의 한 외각의 크기는 그와 이웃하지 않은 두 내각의 크기의 합과 같음을 이용한다.

07

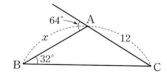

08 대표 문제

오른쪽 그림과 같은 △ABC에서 $\overline{AC}$의 길이를 구하시오.

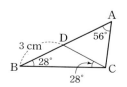

05 이등변삼각형의 성질의 활용

(1) $\overline{AB}=\overline{AC}$인 이등변삼각형 ABC에서 $\overline{BC}=\overline{BD}$이면
$\angle ABC=\angle ACB$, $\angle BCD=\angle BDC$

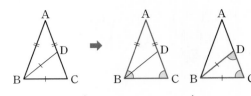

(2) $\triangle ABC$에서 $\overline{DA}=\overline{DB}=\overline{DC}$이면
$\angle DAB=\angle DBA$, $\angle DAC=\angle DCA$

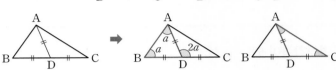

(3) 폭이 일정한 종이 접기
$\angle ABC=\angle DBC$(접은 각), $\angle ACB=\angle DBC$(엇각)이므로
$\angle ABC=\angle ACB$
따라서 $\triangle ABC$는 $\overline{AB}=\overline{AC}$인 이등변삼각형이다.

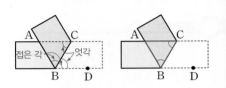

이등변삼각형의 성질의 응용 – 각의 이등분선(1)

✿ 다음 그림과 같은 $\triangle ABC$에서 $\overline{AB}=\overline{AC}$일 때, $\angle x$의 크기를 구하시오.

따라하기

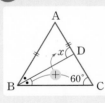

$\angle ABC=\angle C=60°$이므로 ($\overline{AB}=\overline{AC}$)
$\angle DBC=\dfrac{1}{2}\times 60°=30°$ ($\angle ABC$)
$\triangle DBC$에서 ($\angle DBC+\angle C$)
$\angle x=\underline{30°+60°}=90°$

01

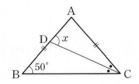

02

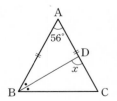

03

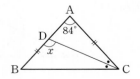

이등변삼각형의 성질의 응용 – 두 이등변삼각형

✿ 다음 그림과 같은 $\triangle ABC$에서 $\overline{AB}=\overline{AC}$, $\overline{BC}=\overline{BD}$일 때, $\angle x$의 크기를 구하시오.

따라하기

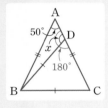

$\angle C=\dfrac{1}{2}\times(180°-50°)=65°$ ($\overline{AB}=\overline{AC}$)
이므로 $\angle BDC=\angle C=65°$ ($\overline{BC}=\overline{BD}$)
따라서 $\angle x=180°-65°=115°$

04

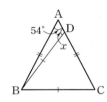

05

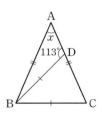

06 대표 문제

오른쪽 그림과 같은 $\triangle ABC$에서 $\overline{BA}=\overline{BC}$, $\overline{CA}=\overline{CD}$이고 $\angle A=78°$일 때, $\angle y-\angle x$의 크기를 구하시오.

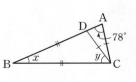

이등변삼각형의 성질의 응용 – 이웃한 이등변삼각형

✽ 다음 그림과 같은 △ABC에서 $\overline{DA}=\overline{DB}=\overline{DC}$일 때, ∠$x$, ∠$y$의 크기를 각각 구하시오.

 따라하기

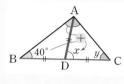

∠DAB=∠B=40°이므로 ⌐ $\overline{DA}=\overline{DB}$

$\angle x = 40° + 40° = 80°$

△DCA에서

$\angle y = \dfrac{1}{2} \times (180° - 80°) = 50°$ ⌐ $\overline{DA}=\overline{DC}$

07

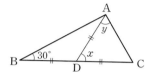

08

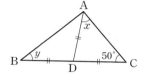

09

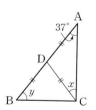

10

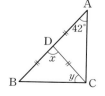

✽ 다음 그림에서 $\overline{AB}=\overline{AC}=\overline{CD}$일 때, ∠$x$의 크기를 구하시오.

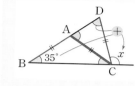 따라하기

∠ACB=∠B=35°이므로 ⌐ $\overline{AB}=\overline{AC}$

∠CAD=35°+35°=70°

∠D=∠CAD=70°이므로 ⌐ $\overline{CA}=\overline{CD}$

△BCD에서

$\angle x = 35° + 70° = 105°$ ⌐ ∠B+∠D

11

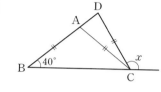

12

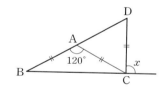

13

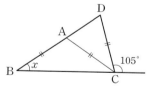

Tip ∠x에 대한 방정식을 세워 푼다.

14 대표 문제

오른쪽 그림에서 $\overline{AB}=\overline{AC}=\overline{CD}$이고 ∠DCE=114°일 때, ∠$x$의 크기를 구하시오.

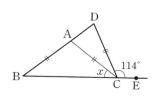

이등변삼각형의 성질의 응용 – 각의 이등분선 (2)

✿ 다음 그림과 같이 $\overline{AB}=\overline{AC}$인 △ABC에서 ∠$x$의 크기를 구하시오.

따라하기

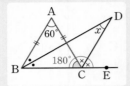

$∠ABC=\dfrac{1}{2}×(180°-60°)=60°$

이므로 $∠DBC=\dfrac{1}{2}×60°=30°$ ↳ ∠ABC

$∠DCE=\dfrac{1}{2}×(180°-60°)=60°$ ↳ ∠ACE

이므로 △BCD에서

$30°+∠x=60°,\ ∠x=30°$

15

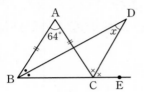

16

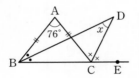

17

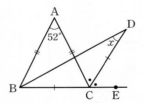

Tip △CDB가 $\overline{CB}=\overline{CD}$인 이등변삼각형임을 이용한다.

18

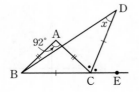

이등변삼각형의 성질의 활용 – 종이 접기

✿ 직사각형 모양의 종이를 다음 그림과 같이 접었을 때, x의 값을 구하시오.

따라하기

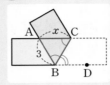

$∠ABC=∠ACB$이므로 $x=3$

↳ ∠ABC=∠DBC (접은 각), ∠ACB=∠DBC (엇각)

19

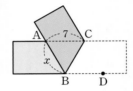

20

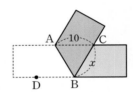

21

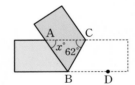

22

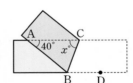

23 대표 문제

직사각형 모양의 종이를 오른쪽 그림과 같이 접었을 때, $x+y$의 값은?

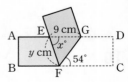

① 64 ② 72

③ 79 ④ 81

⑤ 85

06 직각삼각형의 합동 조건

정답과 풀이 5쪽

두 직각삼각형 ABC와 DEF는 다음 각 경우에 서로 합동이다.

(1) 두 직각삼각형의 빗변의 길이와 한 예각의 크기가 각각 같을 때
→ $\angle C = \angle F = 90°$, $\overline{AB} = \overline{DE}$, $\angle B = \angle E$이면
$\triangle ABC \equiv \triangle DEF$ (RHA 합동)

(2) 두 직각삼각형의 빗변의 길이와 다른 한 변의 길이가 각각 같을 때
→ $\angle C = \angle F = 90°$, $\overline{AB} = \overline{DE}$, $\overline{AC} = \overline{DF}$이면
$\triangle ABC \equiv \triangle DEF$ (RHS 합동)

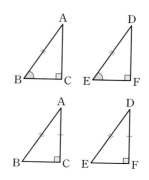

직각삼각형의 합동 조건 – RHA 합동

✖ 다음 그림과 같은 두 직각삼각형 ABC, DEF가 합동임을 기호 ≡를 사용하여 나타내고 그때의 합동 조건을 쓰시오.

 따라하기

$\triangle ABC$와 $\triangle DEF$에서
$\angle C = \angle F = 90°$, $\overline{AB} = \overline{DE} = 3$, $\angle B = \angle E = 40°$
 └R   └H   └A
이므로 $\triangle ABC \equiv \triangle DEF$ (RHA 합동)

01

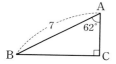

02

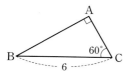

03

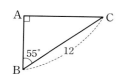

직각삼각형의 합동 조건 – RHS 합동

✖ 다음 그림과 같은 두 직각삼각형 ABC, DEF가 합동임을 기호 ≡를 사용하여 나타내고 그때의 합동 조건을 쓰시오.

따라하기

$\triangle ABC$와 $\triangle DEF$에서
$\angle B = \angle E = 90°$, $\overline{AC} = \overline{DF} = 5$, $\overline{BC} = \overline{EF} = 4$
 └R   └H   └S
이므로 $\triangle ABC \equiv \triangle DEF$ (RHS 합동)

04

05

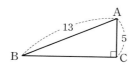

06

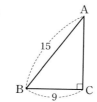

합동인 직각삼각형 찾기

❋ 다음 직각삼각형 중에서 직각삼각형 PQR와 합동인 것을 찾아 기호 ≡를 사용하여 나타내고, 합동 조건을 쓰시오.

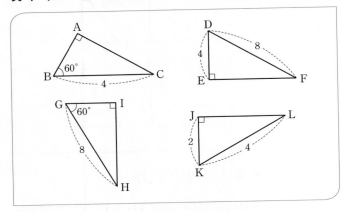

07

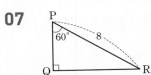

Tip 먼저 빗변의 길이가 같은 직각삼각형을 찾는다.

08

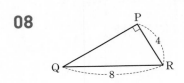

09

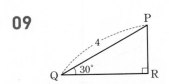

10

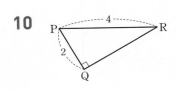

직각삼각형의 합동 조건을 이용하여 변의 길이 구하기

❋ 다음 그림과 같은 두 직각삼각형 ABC, DEF에서 x의 값을 구하시오.

3 따라하기

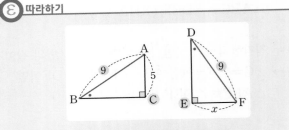

$\triangle ABC \equiv \triangle FDE$ (RHA 합동)이므로

$\overline{EF} = \overline{CA} = 5$, 즉 $x = 5$
  └ 대응변의 길이가 같다.

11

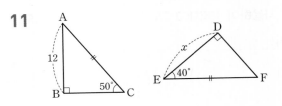

12

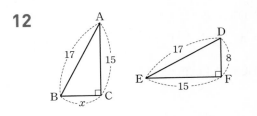

13

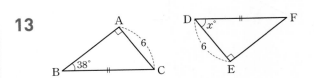

14 대표 문제

다음 그림과 같이 $\overline{AB}$와 $\overline{CD}$가 점 M에서 만날 때, $x + y$의 값을 구하시오.

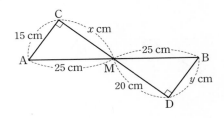

07 직각삼각형의 합동 조건의 응용

정답과 풀이 6쪽

(1) △ABC가 $\overline{AB}=\overline{AC}$인 직각이등변삼각형이면
△ADB≡△CEA (RHA 합동)

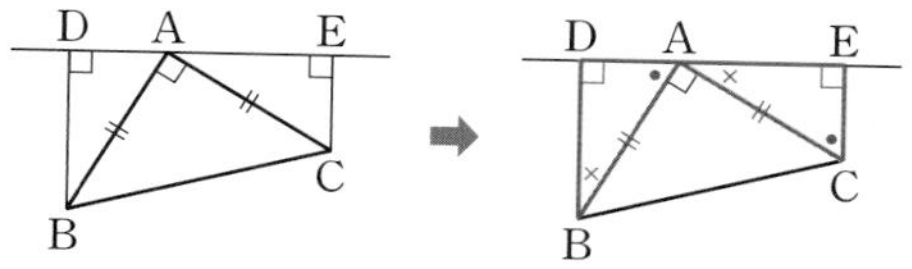

(2) △ABC에서 점 D가 $\overline{BC}$의 중점이면
△EBD≡△FCD (RHS 합동)

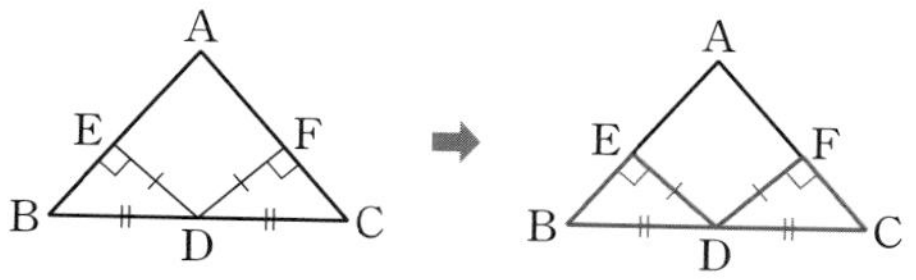

직각삼각형의 합동 조건의 응용 – RHA 합동

다음 그림에서 △ABC가 ∠BAC=90°인 직각이등변삼각형일 때, x의 값을 구하시오.

따라하기

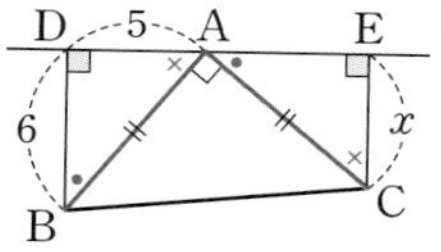

△ADB≡△CEA (RHA 합동)
이므로
$\overline{EC}=\overline{DA}=5$ ← 대응변의 길이가 같다.
따라서 $x=5$

01

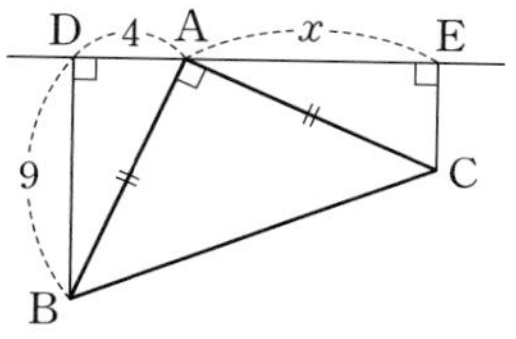

02

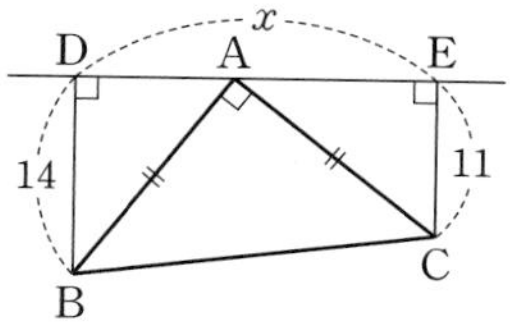

Tip $\overline{DE}=\overline{DA}+\overline{AE}$임을 이용한다.

03

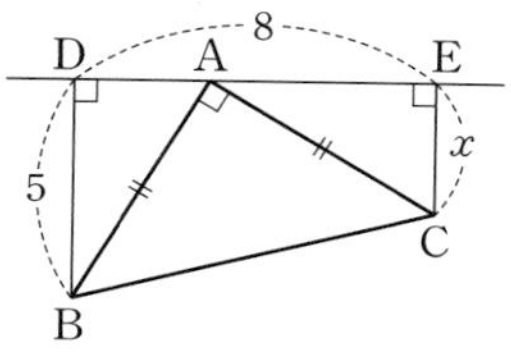

04

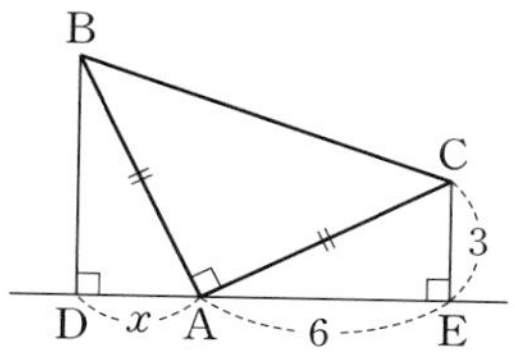

05

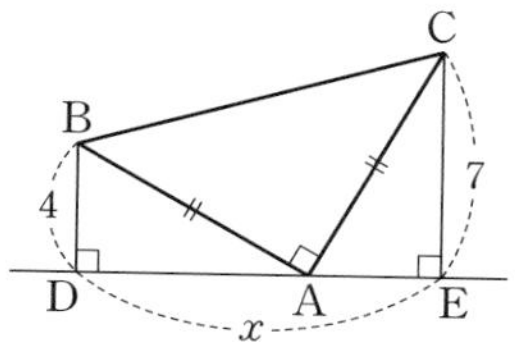

06

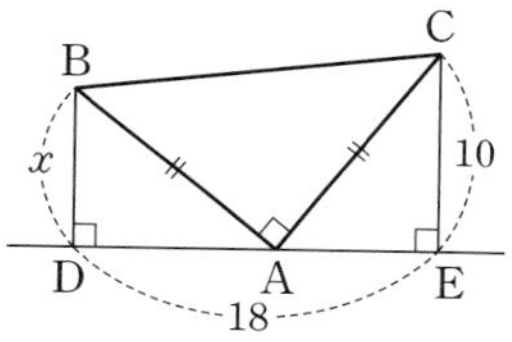

07 대표 문제

오른쪽 그림에서 △ABC가 $\overline{AB}=\overline{AC}$인 직각이등변삼각형이고 $\overline{BD}=8$ cm, $\overline{CE}=12$ cm일 때, 사각형 BDEC의 넓이를 구하시오.

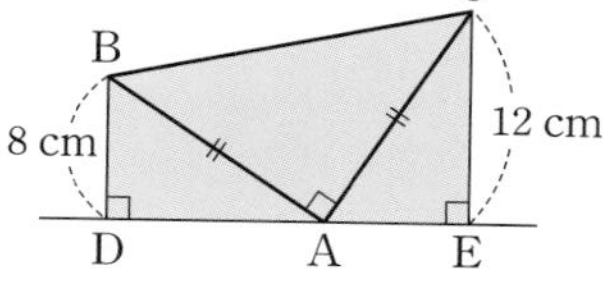

Tip (사다리꼴의 넓이)=
$\frac{1}{2}$×{(윗변의 길이)+(아랫변의 길이)}×(높이)임을 이용한다.

직각삼각형의 합동 조건의 응용－RHS 합동

다음 그림과 같은 △ABC에서 $\angle x$의 크기를 구하시오.

ε 따라하기

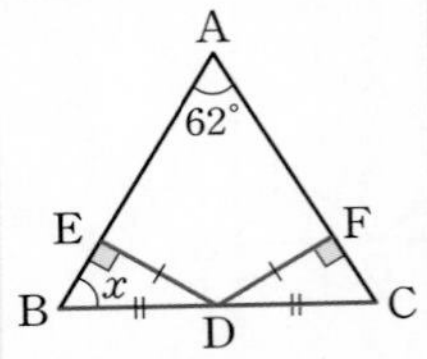

△EBD≡△FCD (RHS 합동)
이므로 $\angle B=\angle C$ ⌞ 대응각의 크기가 같다.
따라서
$\angle x=\frac{1}{2}\times(180^\circ-62^\circ)=59^\circ$

08

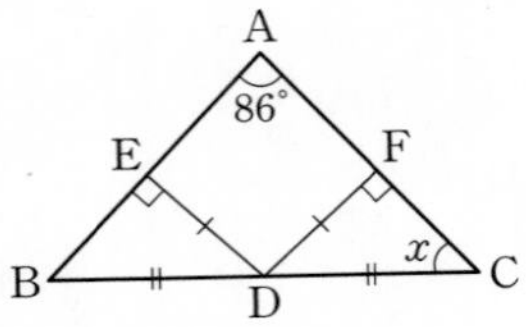

09

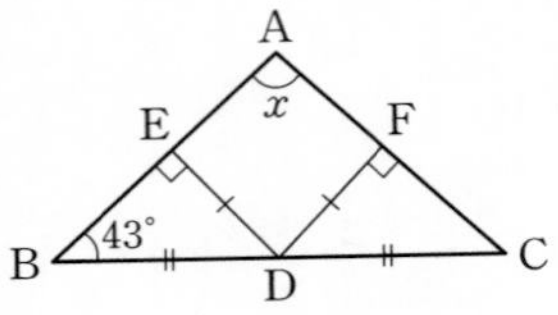

10

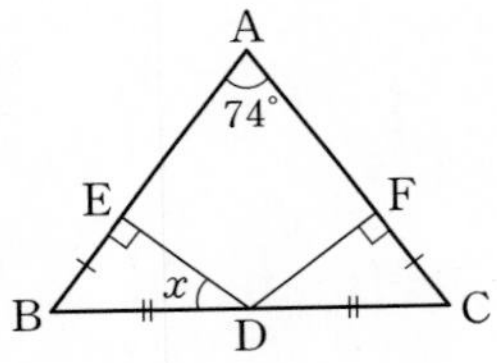

11

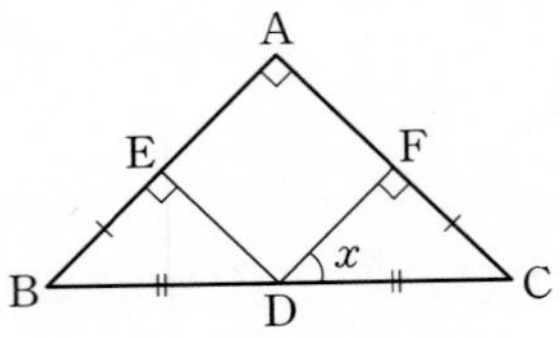

다음 그림과 같은 직각삼각형 ABC에서 x의 값을 구하시오.

ε 따라하기

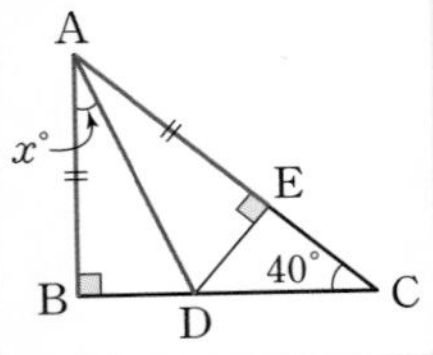

△ABD≡△AED (RHS 합동)
이므로 ┌ 대응각의 크기가 같다.
$\angle EAD=\angle BAD=x^\circ$
△ABC에서
$x^\circ+x^\circ+90^\circ+40^\circ=180^\circ$
$x^\circ=25^\circ$, 즉 $x=25$

12

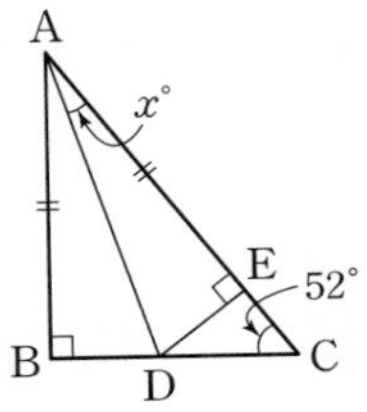

13

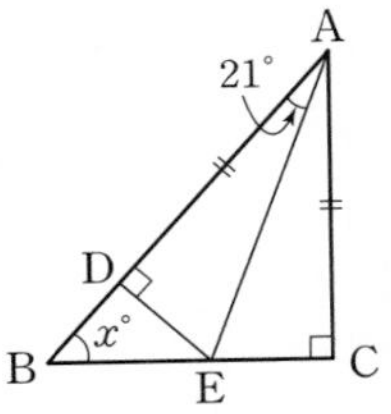

14

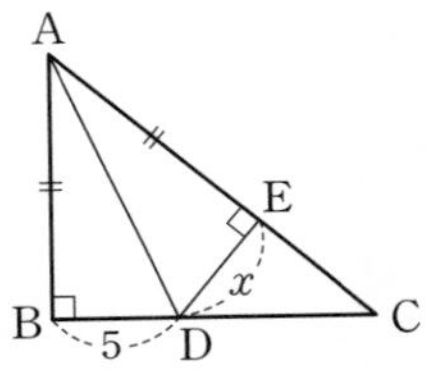

15 대표 문제

오른쪽 그림과 같이 $\angle B=90^\circ$인 직각삼각형 ABC에서 $\overline{AB}=\overline{AE}$, $\overline{AC}\perp\overline{DE}$이고 $\overline{AC}=12$ cm, $\overline{BD}=3$ cm일 때, △ADC의 넓이를 구하시오.

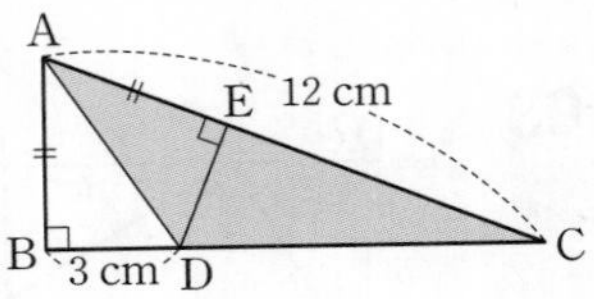

08 각의 이등분선의 성질

(1) 각의 이등분선 위의 한 점에서 그 각의 두 변에 이르는 거리는 같다.
→ ∠AOP＝∠BOP이면 $\overline{PQ}=\overline{PR}$

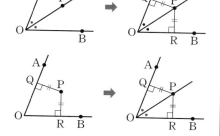

(2) 각의 두 변에서 같은 거리에 있는 점은 그 각의 이등분선 위에 있다.
→ $\overline{PQ}=\overline{PR}$이면 ∠AOP＝∠BOP

각의 이등분선의 성질 (1)

❖ 다음 그림에서 x의 값을 구하시오.

ε 따라하기

↱ △AOP≡△BOP (RHA 합동)
∠AOP＝∠BOP이므로
$\overline{PA}=\overline{PB}=4$
따라서 $x=4$

01

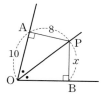

02

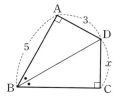

03

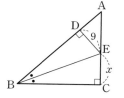

각의 이등분선의 성질 (2)

❖ 다음 그림에서 ∠x의 크기를 구하시오.

ε 따라하기

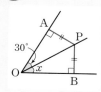

↱ △AOP≡△BOP (RHS 합동)
$\overline{PA}=\overline{PB}$이므로
∠BOP＝∠AOP＝30°
따라서 ∠x＝30°

04

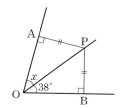

05

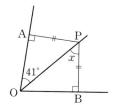

06 대표 문제 👉

오른쪽 그림과 같이 ∠C＝90°인 직각삼각형 ABC에서 ∠DBE＝∠CBE일 때, $\overline{AD}$의 길이를 구하시오.

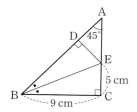

1. 삼각형의 성질 ★ **17**

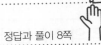
01

오른쪽 그림과 같은 △ABC에서
$\overline{CA}=\overline{CB}$이고 ∠C=80°일 때, ∠x,
∠y의 크기를 각각 구하면?

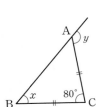

① ∠x=40°, ∠y=80°

② ∠x=40°, ∠y=140°

③ ∠x=50°, ∠y=80°

④ ∠x=50°, ∠y=130°

⑤ ∠x=80°, ∠y=100°

02

오른쪽 그림과 같은 △ABC에서
$\overline{AB}=\overline{AC}$, ∠BAD=∠CAD이고
$\overline{BC}=14$ cm, ∠CAD=33°일 때,
$x+y$의 값은?

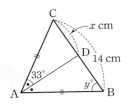

① 54   ② 57

③ 64   ④ 67

⑤ 74

03

오른쪽 그림에서
$\overline{AB}=\overline{AC}=\overline{CD}$이고 ∠B=20°
일 때, ∠x의 크기는?

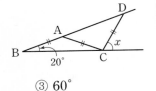

① 40°   ② 50°   ③ 60°

④ 70°   ⑤ 80°

04

다음 중에서 오른쪽 그림과 같이
∠C=∠F=90°인 두 직각삼각
형 ABC와 DEF가 합동인 조건
이 <u>아닌</u> 것은?

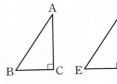

① $\overline{AB}=\overline{DE}$, $\overline{AC}=\overline{DF}$

② $\overline{AC}=\overline{DF}$, $\overline{BC}=\overline{EF}$

③ $\overline{AB}=\overline{DE}$, ∠B=∠E

④ $\overline{BC}=\overline{EF}$, ∠A=∠D

⑤ ∠A=∠D, ∠B=∠E

05

오른쪽 그림에서 △ABC는
∠BAC=90°인 직각이등변삼
각형이고 $\overline{DB}=9$ cm,
$\overline{DE}=16$ cm일 때, $\overline{CE}$의 길이
는?

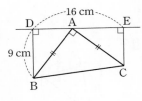

① 6 cm   ② 7 cm   ③ 8 cm

④ 9 cm   ⑤ 10 cm

06

오른쪽 그림과 같이 ∠C=90°인 직각
삼각형 ABC에서 $\overline{BC}=\overline{BD}$,
$\overline{AB}\perp\overline{ED}$이고 $\overline{AB}=20$ cm,
$\overline{EC}=7$ cm일 때, △ABE의 넓이는?

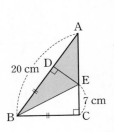

① 70 cm²   ② 90 cm²

③ 100 cm²   ④ 130 cm²

⑤ 140 cm²

2. 삼각형의 외심과 내심

01 삼각형의 외심

정답과 풀이 9쪽

(1) **삼각형의 외접원**: 삼각형의 세 꼭짓점이 한 원 위에 있을 때, 이 원은 그 삼각형에 외접한다고 하고, 이 원을 삼각형의 외접원이라 한다.

(2) **삼각형의 외심**: 삼각형의 외접원의 중심

(3) **삼각형의 외심의 성질**
- 삼각형의 세 변의 수직이등분선은 한 점(외심)에서 만난다.
- 삼각형의 외심에서 세 꼭짓점에 이르는 거리는 같다.
  → $\overline{OA}=\overline{OB}=\overline{OC}=$ (외접원 O의 반지름의 길이)

삼각형의 외심의 뜻

❀ 아래 보기에서 점 O가 △ABC의 외심인 것을 모두 고르려고 한다. 다음 조건을 만족시키는 것을 찾아 □ 안에 써넣으시오.

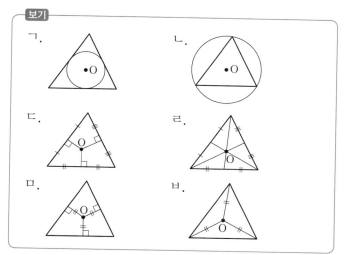

01 삼각형의 외심은 외접원의 중심이다. → □

02 삼각형의 외심은 세 변의 수직이등분선의 교점이다. → □

03 삼각형의 외심에서 세 꼭짓점에 이르는 거리는 모두 같다. → □

삼각형의 외심의 성질

❀ 오른쪽 그림에서 점 O는 △ABC의 외심일 때, 다음 중 옳은 것은 ○표, 옳지 않은 것은 ×표를 ( ) 안에 써넣으시오.

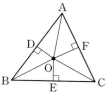

04 $\overline{OA}=\overline{OB}=\overline{OC}$ ( )

05 $\overline{AD}=\overline{AF}$ ( )

06 $\overline{BE}=\overline{CE}$ ( )

07 $\angle OAD=\angle OAF$ ( )

08 $\angle OCF=\angle OAF$ ( )

삼각형의 외심의 성질의 응용

❊ 다음 그림에서 점 O는 △ABC의 외심일 때, x의 값을 구하시오.

❊ 다음 그림에서 점 O는 △ABC의 외심일 때, x의 값을 구하시오.

③ 따라하기

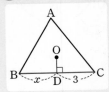

↱ 외심은 세 변의 수직이등분선의 교점이다.

$\overline{OD} \perp \overline{BC}$이므로

$\overline{BD} = \overline{CD}$

따라서 $x = 3$

③ 따라하기

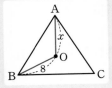

↱ 외심에서 세 꼭짓점에 이르는 거리는 같다.

$\overline{OA} = \overline{OB}$이므로

$x = 8$

09

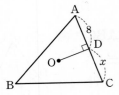

13

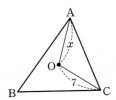

10

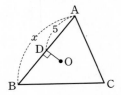

14

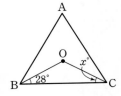

11

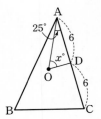

15

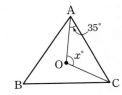

12

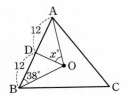

Tip 합동인 두 삼각형을 찾아본다.

16 대표 문제

오른쪽 그림에서 점 O는 △ABC의 외심일 때, $\angle x - \angle y$의 크기는?

① 12° ② 12.5°

③ 13° ④ 13.5°

⑤ 14°

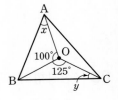

02 삼각형의 외심의 위치

삼각형의 외심 O의 위치는 삼각형의 모양에 따라 다음과 같다.

예각삼각형	직각삼각형	둔각삼각형
삼각형의 내부	빗변의 중점	삼각형의 외부

참고 직각삼각형에서 (외접원의 반지름의 길이)$=\dfrac{1}{2}\times$(빗변의 길이)이다.

직각삼각형의 외심의 위치

✿ 다음 그림에서 점 O는 직각삼각형 ABC의 빗변의 중점일 때, x의 값을 구하시오.

✑ 따라하기

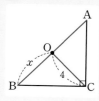

→ 점 O는 외심
$\overline{OA}=\overline{OB}=\overline{OC}=4$이므로
$x=4$

01

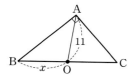

02

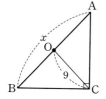

03

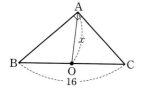

✿ 다음 그림에서 점 O는 직각삼각형 ABC의 빗변의 중점일 때, $\angle x$의 크기를 구하시오.

✑ 따라하기

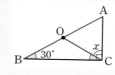

→ 점 O는 외심
$\overline{OA}=\overline{OB}=\overline{OC}$이므로
$\angle OCB=\angle OBC=30°$
따라서 $\angle x=90°-30°=60°$

04

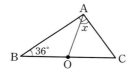

05

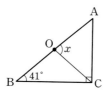

06

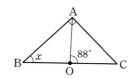

07 대표 문제 ☞

오른쪽 그림과 같이 $\angle C=90°$인 직각삼각형 ABC에서 점 O는 $\overline{AB}$의 중점일 때, $x+y$의 값을 구하시오.

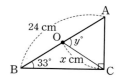

03 삼각형의 외심의 응용

점 O가 △ABC의 외심일 때
(1) $\angle x + \angle y + \angle z = 90°$

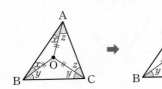

(2) $\angle BOC = 2\angle A$

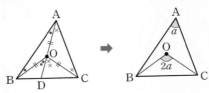

삼각형의 외심의 응용 (1)

✖ 다음 그림에서 점 O는 △ABC의 외심일 때, $\angle x$의 크기를 구하시오.

3 따라하기

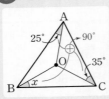

$25° + \angle x + 35° = 90°$이므로
$\angle x = 30°$

01

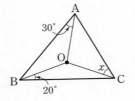

02

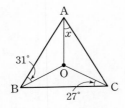

03

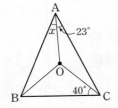

04

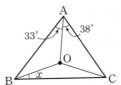

05

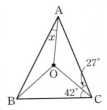

06

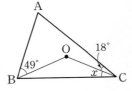

07

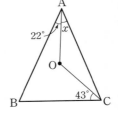

☘ 다음 그림에서 점 O는 △ABC의 외심일 때, ∠x의 크기를 구하시오.

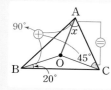

$\overline{OA}$를 그으면

$\angle OAB + 20° + 45° = 90°$

$\angle OAB = 25°$

또, △OCA에서 → $\overline{OA} = \overline{OC}$

$\angle OAC = \angle OCA = 45°$

따라서 $\angle x = 25° + 45° = 70°$

08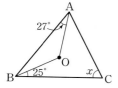

09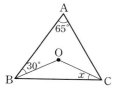

10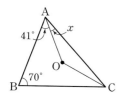

11 대표 문제 👈

오른쪽 그림에서 점 O는 △ABC의 외심일 때, ∠y − ∠x의 크기는?

① 92°   ② 94°

③ 96°   ④ 98°

⑤ 100°

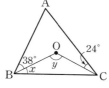

삼각형의 외심의 응용 (2)

☘ 다음 그림에서 점 O는 △ABC의 외심일 때, ∠x의 크기를 구하시오.

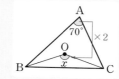

$\angle x = 2\angle A$

$= 2 \times 70° = 140°$

12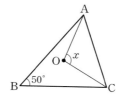

13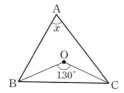

14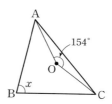

15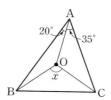

16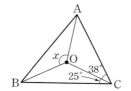

❋ 다음 그림에서 점 O는 △ABC의 외심일 때, ∠x의 크기를 구하시오.

3 따라하기

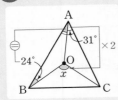

$\overrightarrow{OA}=\overrightarrow{OB}$

∠OAB=∠OBA=24°이므로

∠BAC=24°+31°=55°

따라서

∠x=2∠BAC=110°

17

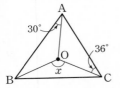

18

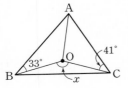

19

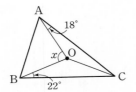

20

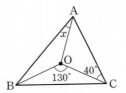

21

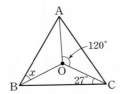

❋ 다음 그림에서 점 O는 △ABC의 외심일 때, ∠x의 크기를 구하시오.

3 따라하기

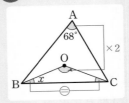

∠BOC=2∠A=136°이므로

$\angle x=\dfrac{1}{2}\times(180°-136°)=22°$

$\overrightarrow{OB}=\overrightarrow{OC}$

22

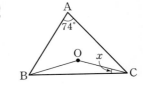

23

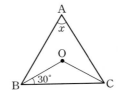

24

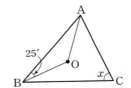

25 대표 문제 👈

오른쪽 그림에서 점 O는 △ABC의 외심이고 ∠OAC=34°일 때, ∠x의 크기는?

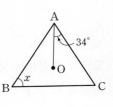

① 56°　　　　② 57°

③ 58°　　　　④ 59°

⑤ 60°

Tip $\overline{OC}$를 긋고 $\overline{OA}=\overline{OC}$임을 이용한다.

04 삼각형의 내심

(1) **삼각형의 내접원**: 삼각형의 세 변이 한 원에 접할 때, 이 원은 그 삼각형에 내접한다고 하고, 이 원을 삼각형의 내접원이라 한다.

(2) **삼각형의 내심**: 삼각형의 내접원의 중심

(3) **삼각형의 내심의 성질**
- 삼각형의 세 내각의 이등분선은 한 점(내심)에서 만난다.
- 삼각형의 내심에서 세 변에 이르는 거리는 같다.
  → $\overline{ID}=\overline{IE}=\overline{IF}=$ (내접원 I의 반지름의 길이)

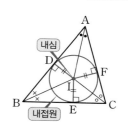

삼각형의 내심의 뜻

✿ 아래 보기에서 점 I가 △ABC의 내심인 것을 모두 고르려고 한다. 다음 조건을 만족시키는 것을 찾아 □ 안에 써넣으시오.

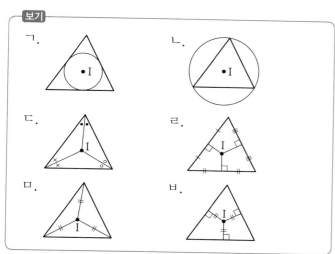

01 삼각형의 내심은 내접원의 중심이다. → □

02 삼각형의 내심은 세 내각의 이등분선의 교점이다. → □

03 삼각형의 내심에서 세 변에 이르는 거리는 모두 같다. → □

삼각형의 내심의 성질

✿ 오른쪽 그림에서 점 I는 △ABC의 내심일 때, 다음 중 옳은 것은 ○표, 옳지 않은 것은 ×표를 ( ) 안에 써넣으시오.

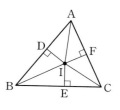

04 $\overline{IA}=\overline{IB}=\overline{IC}$ ( )

05 $\overline{ID}=\overline{IE}=\overline{IF}$ ( )

06 $\angle IAD=\angle IAF$ ( )

07 $\angle IBE=\angle ICE$ ( )

08 $\overline{AD}=\overline{BD}$ ( )

09 $\overline{CE}=\overline{CF}$ ( )

삼각형의 내심의 성질의 응용

✖ 다음 그림에서 점 I는 △ABC의 내심일 때, ∠x의 크기를 구하시오.

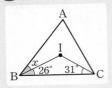

↳ 내심은 세 내각의 이등분선의 교점이다.
∠IBA = ∠IBC이므로
∠x = 26°

10

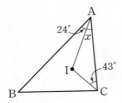

11

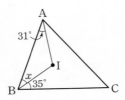

12

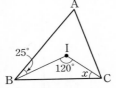

Tip △IBC에서 세 내각의 크기의 합이 180°임을 이용한다.

13

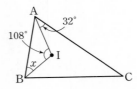

14

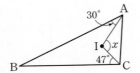

✖ 다음 그림에서 점 I는 △ABC의 내심일 때, x의 값을 구하시오.

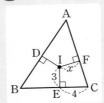

↳ 내심에서 세 변에 이르는 거리는 같다.
$\overline{IF} = \overline{IE}$이므로
$x = 3$

15

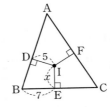

16

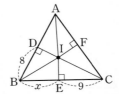

Tip △IBE와 합동인 삼각형을 찾아본다.

17

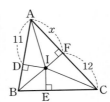

18 대표 문제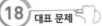

오른쪽 그림에서 점 I는 △ABC의 내심일 때, $x+y$의 값은?

① 30 ② 31
③ 32 ④ 33
⑤ 34

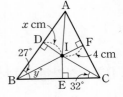

05 삼각형의 내심의 응용

정답과 풀이 12쪽

점 I가 △ABC의 내심일 때

(1) $\angle x+\angle y+\angle z=90^\circ$

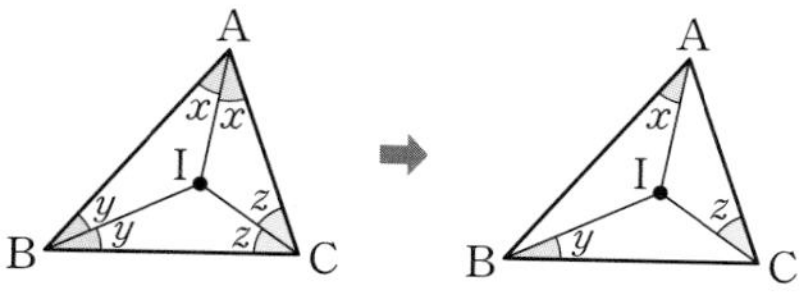

(2) $\angle \mathrm{BIC}=90^\circ+\frac{1}{2}\angle \mathrm{A}$

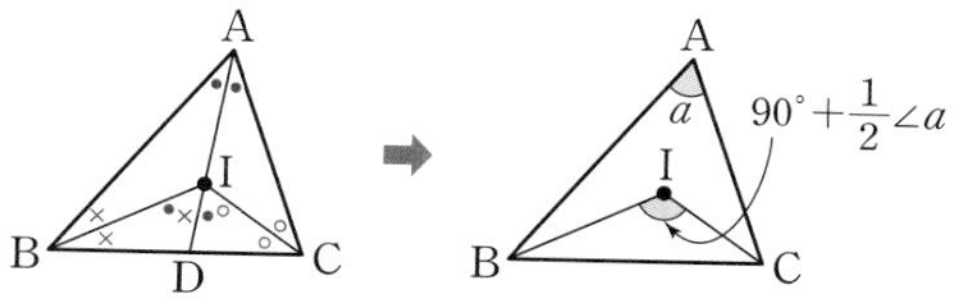

삼각형의 내심의 응용 (1)

다음 그림에서 점 I는 △ABC의 내심일 때, $\angle x$의 크기를 구하시오.

따라하기

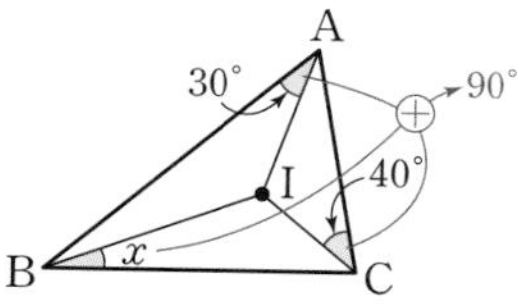

$30^\circ+\angle x+40^\circ=90^\circ$이므로

$\angle x=20^\circ$

01

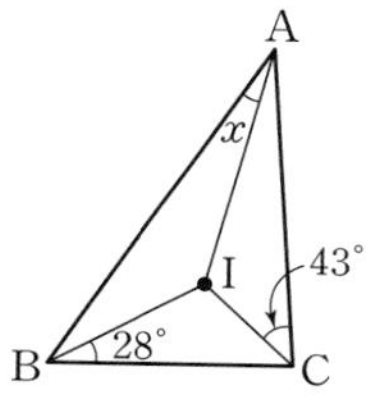

02

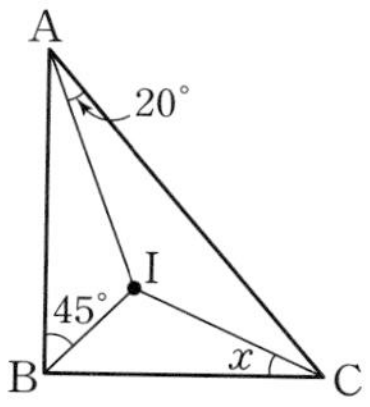

03

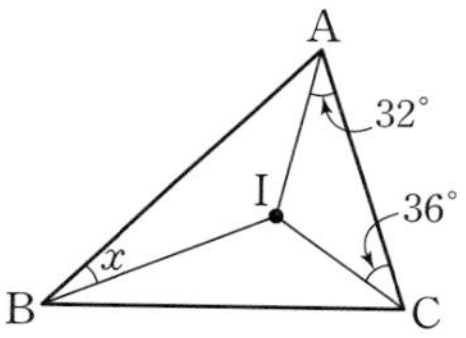

다음 그림에서 점 I는 △ABC의 내심일 때, $\angle x$, $\angle y$의 크기를 각각 구하시오.

04

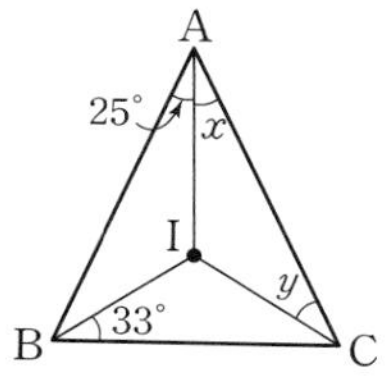

05

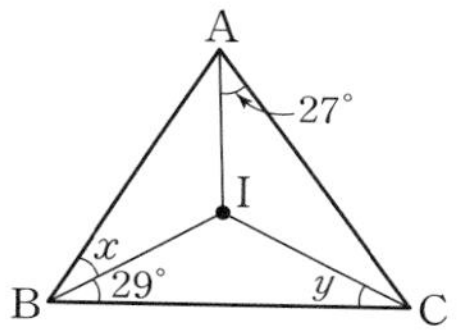

06

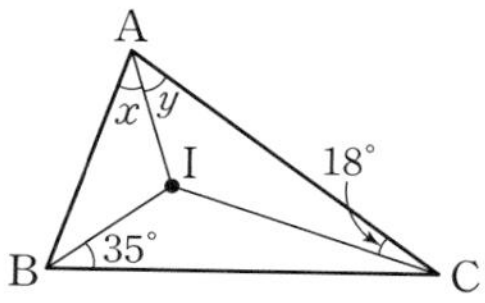

07

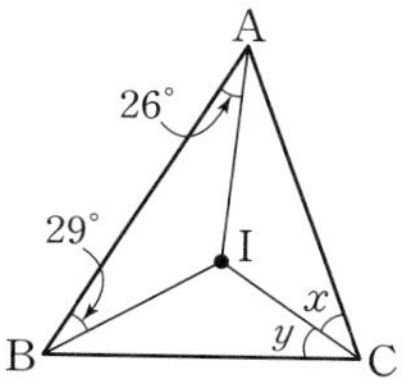

✖ 다음 그림에서 점 I는 △ABC의 내심일 때, ∠x의 크기
를 구하시오.

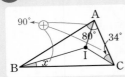

$\overline{\text{IA}}$를 그으면 $\frac{1}{2} \times 80° = 40°$

∠IAB=∠IAC=40°

40°+∠x+34°=90°이므로

∠x=16°

08

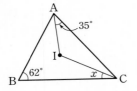

09

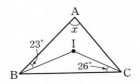

10

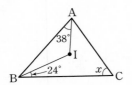

11

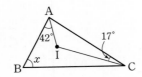

12

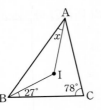

삼각형의 내심의 응용 (2)

✖ 다음 그림에서 점 I는 △ABC의 내심일 때, ∠x의 크기
를 구하시오.

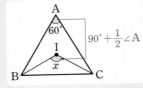

∠x=90°+$\frac{1}{2}$∠A

=90°+$\frac{1}{2}$×60°=120°

13

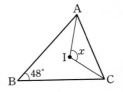

14

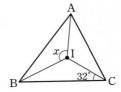

15

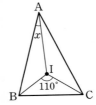

16

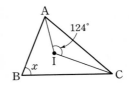

17

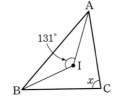

❈ 다음 그림에서 점 I는 △ABC의 내심일 때, ∠x, ∠y의 크기를 각각 구하시오.

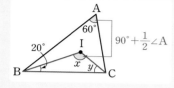

따라하기

$$\angle x = 90° + \frac{1}{2} \times 60°$$
$$= 120°$$

△IBC에서

$$120° + 20° + \angle y = 180°$$
$$\angle y = 40°$$

18

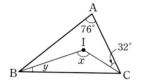

19

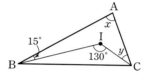

20

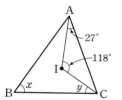

21

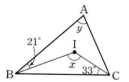

22

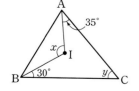

❈ 다음 그림에서 점 I는 △ABC의 내심이고 $\overline{DE} /\!/ \overline{BC}$일 때, x의 값을 구하시오.

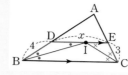

따라하기

∠DBI = ∠IBC = ∠DIB
$$\overline{DI} = \overline{DB} = 4,$$
∠ECI = ∠ICB = ∠EIC
$$\overline{EI} = \overline{EC} = 3$$이므로
$$\overline{DE} = 4 + 3 = 7$$
따라서 $x = 7$

23

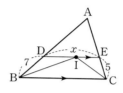

24

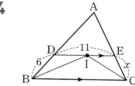

25

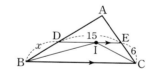

26 대표 문제 ✋

오른쪽 그림에서 점 I는 △ABC의 내심이고 $\overline{DE} /\!/ \overline{BC}$이다.
$\overline{AB} = 13$ cm, $\overline{AC} = 10$ cm일 때, △ADE의 둘레의 길이는?

① 20 cm   ② 21 cm   ③ 22 cm

④ 23 cm   ⑤ 24 cm

Tip $\overline{DI} = \overline{DB}$, $\overline{EI} = \overline{EC}$임을 이용하여 △ADE의 둘레의 길이를 두 선분의 길이의 합으로 나타내어 본다.

06 삼각형의 내접원의 응용(1)

점 I는 △ABC의 내심이고 세 점 D, E, F는 차례대로 내접원과 $\overline{AB}$, $\overline{BC}$, $\overline{CA}$의 교점일 때
$\overline{AD}=\overline{AF}$, $\overline{BD}=\overline{BE}$, $\overline{CE}=\overline{CF}$

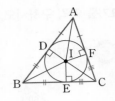

삼각형의 내접원의 응용(1)

❇ 다음 그림에서 점 I는 △ABC의 내심이고 세 점 D, E, F는 차례대로 내접원과 $\overline{AB}$, $\overline{BC}$, $\overline{CA}$의 교점일 때, x의 값을 구하시오.

③ 따라하기

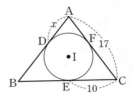

→ △IAD≡△IAF
$\overline{AF}=\overline{AD}=5$,
→ △ICE≡△ICF
$\overline{CF}=\overline{CE}=4$이므로
$\overline{AC}=5+4=9$
따라서 $x=9$

01

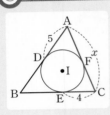

02

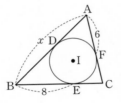

03

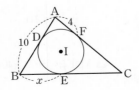

04

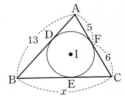

05

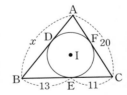

06

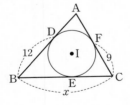

07 대표 문제

오른쪽 그림에서 점 I는 △ABC의 내심이고 세 점 D, E, F는 차례대로 내접원과 $\overline{AB}$, $\overline{BC}$, $\overline{CA}$의 교점일 때, $\overline{AC}$의 길이를 구하시오.

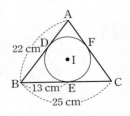

07 삼각형의 내접원의 응용 (2)

정답과 풀이 14쪽

> $\triangle ABC$의 세 변의 길이가 각각 a, b, c이고 $\triangle ABC$의 내접원 I의 반지름의 길이가 r일 때
> $\triangle ABC = \dfrac{1}{2} \times ($내접원 I의 반지름의 길이$) \times ($$\triangle ABC$의 둘레의 길이$)$
> $= \dfrac{1}{2} r(a+b+c)$

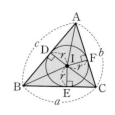

삼각형의 내접원의 응용 (2)

❈ 다음 그림에서 점 I는 $\triangle ABC$의 내심일 때, $\triangle ABC$의 넓이를 구하시오.

따라하기

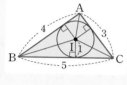

$\begin{array}{l} \rightarrow \triangle ABC = \triangle IAB + \triangle IBC + \triangle ICA \\ \triangle ABC \\ = \dfrac{1}{2} \times 1 \times (4+5+3) \\ = 6 \end{array}$

01

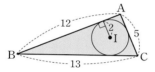

02

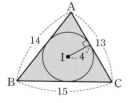

03

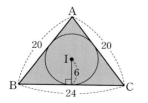

❈ 다음 그림에서 점 I는 $\triangle ABC$의 내심이고 $\triangle ABC$의 넓이가 다음과 같이 주어질 때, $\triangle ABC$의 둘레의 길이를 구하시오.

04 $\triangle ABC = 24$

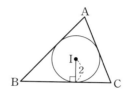

05 $\triangle ABC = 60$

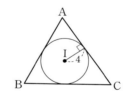

06 $\triangle ABC = 75$

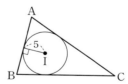

07 대표 문제

오른쪽 그림에서 점 I는 $\angle C = 90°$인 직각삼각형 ABC의 내심이고 $\overline{AB} = 17 \text{ cm}$, $\overline{BC} = 15 \text{ cm}$, $\overline{CA} = 8 \text{ cm}$일 때, 내접원의 반지름의 길이를 구하시오.

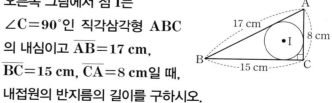

Tip $\triangle ABC = \dfrac{1}{2} \times \overline{BC} \times \overline{AC}$임을 이용한다.

08 삼각형의 외심과 내심의 응용

정답과 풀이 15쪽

삼각형의 외심(외접원의 중심)	삼각형의 내심(내접원의 중심)
(1) 삼각형의 세 변의 수직이등분선은 한 점(외심)에서 만난다. (2) 삼각형의 외심에서 세 꼭짓점에 이르는 거리는 같다. 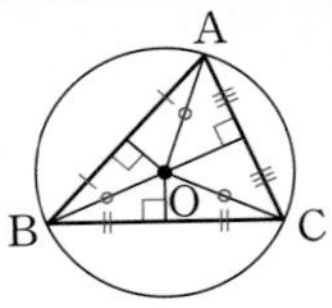 	(1) 삼각형의 세 내각의 이등분선은 한 점(내심)에서 만난다. (2) 삼각형의 내심에서 세 변에 이르는 거리는 같다. 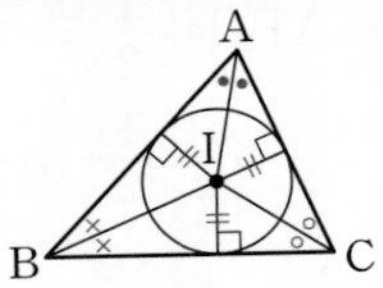
(1) $\angle x+\angle y+\angle z=90^\circ$ 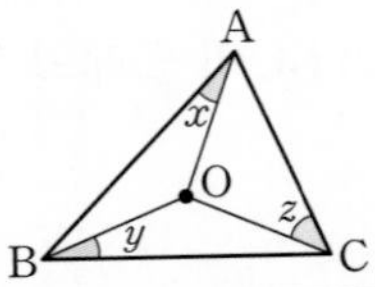 (2) $\angle \mathrm{BOC}=2\angle \mathrm{A}$ 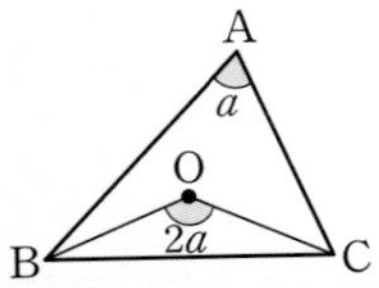 	(1) $\angle x+\angle y+\angle z=90^\circ$ 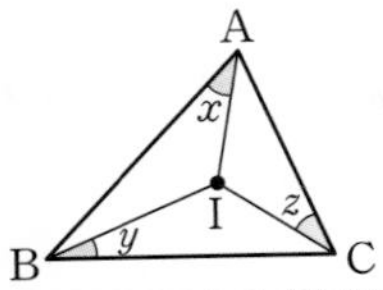 (2) $\angle \mathrm{BIC}=90^\circ+\frac{1}{2}\angle \mathrm{A}$ 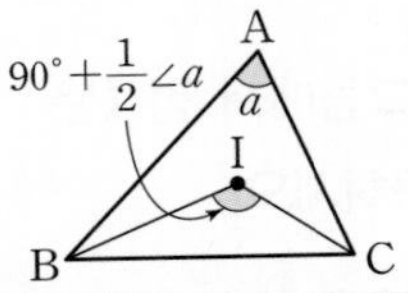

참고 ① 정삼각형의 외심과 내심은 일치한다.
② 이등변삼각형의 외심과 내심은 꼭지각의 이등분선 위에 있다.

삼각형의 외심과 내심의 성질

다음 중 옳은 것은 ○표, 옳지 않은 것은 ×표를 (   ) 안에 써넣으시오.

01 삼각형의 외심은 외접원의 중심이다. (   )

02 삼각형의 세 변의 이등분선은 외심에서 만난다. (   )

03 삼각형의 외심에서 세 변에 이르는 거리는 같다. (   )

04 직각삼각형의 외심은 빗변의 중점과 일치한다. (   )

05 삼각형의 내심은 세 내각의 이등분선의 교점이다. (   )

06 삼각형의 내심에서 세 꼭짓점에 이르는 거리는 같다. (   )

07 삼각형의 내심은 삼각형의 외부에 있다. (   )

08 정삼각형의 외심과 내심은 일치한다. (   )

09 대표 문제

다음 중에서 옳지 않은 것은?

① 삼각형의 외심은 세 변의 수직이등분선의 교점이다.
② 삼각형의 외심에서 세 꼭짓점에 이르는 거리는 같다.
③ 삼각형의 내심은 내접원의 중심이다.
④ 삼각형의 세 내각의 이등분선은 내심에서 만난다.
⑤ 이등변삼각형의 외심은 삼각형의 내부에 있다.

삼각형의 외심과 내심의 응용

❁ 다음 그림에서 두 점 O, I는 각각 △ABC의 외심, 내심일 때, ∠x, ∠y의 크기를 각각 구하시오.

❸ 따라하기

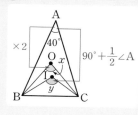

$\angle x = 2\angle A$ → 점 O는 외심
$= 2 \times 40° = 80°$

$\angle y = 90° + \dfrac{1}{2}\angle A$ → 점 I는 내심
$= 90° + \dfrac{1}{2} \times 40° = 110°$

10

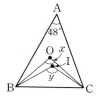

11

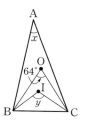

12

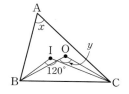

13

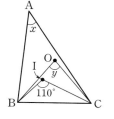

이등변삼각형의 외심과 내심

❁ 아래 그림에서 두 점 O, I는 각각 $\overline{AB}=\overline{AC}$인 이등변삼각형 ABC의 외심, 내심일 때, 다음 각의 크기를 구하시오.

❸ 따라하기

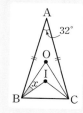

(1) $\angle BOC = 2\angle A = 64°$이므로
　　└ △OBC에서 $\overline{OB}=\overline{OC}$
$\angle OBC = \dfrac{1}{2} \times (180° - 64°) = 58°$
　　└ △ABC에서 $\overline{AB}=\overline{AC}$
(2) $\angle ABC = \dfrac{1}{2} \times (180° - 32°) = 74°$

이므로 $\angle IBC = \dfrac{1}{2}\angle ABC = 37°$

(3) $\angle x = 58° - 37° = 21°$
　　└ $\angle OBC - \angle IBC$

14

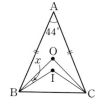

(1) ∠OBC
(2) ∠IBC
(3) ∠x

15

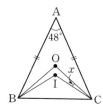

(1) ∠OCB
(2) ∠ICB
(3) ∠x

⑯ 대표 문제 👆

오른쪽 그림에서 두 점 O, I는 각각 △ABC의 외심, 내심이고 ∠IBA=30°, ∠ICB=40°일 때, ∠x+∠y의 크기를 구하시오.

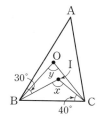

Tip $\overline{IA}$를 그어 ∠A의 크기를 구한다.

1. 삼각형의 성질 ★ **33**

01

오른쪽 그림에서 원 O는 △ABC의 외접원일 때, 다음 중에서 옳은 것을 모두 고르면? (정답 2개)

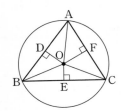

① $\overline{OA}=\overline{OB}=\overline{OC}$

② $\overline{OD}=\overline{OE}=\overline{OF}$

③ $\overline{BD}=\overline{BE}$

④ $\angle OAD=\angle OBD$

⑤ $\angle OCE=\angle OCF$

02

오른쪽 그림에서 점 O는 △ABC의 외심이고 ∠A=56°일 때, ∠OBA+∠OCA의 크기는?

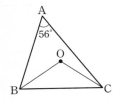

① 42°   ② 49°

③ 56°   ④ 63°

⑤ 70°

03

오른쪽 그림에서 점 O는 △ABC의 외심이고 ∠OAC=35°, ∠BOC=140°일 때, ∠x의 크기는?

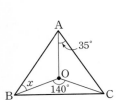

① 31°   ② 33°

③ 35°   ④ 37°

⑤ 39°

04

오른쪽 그림과 같은 △ABC에서 점 I 는 ∠B, ∠C의 이등분선의 교점이고 ∠IAC=23°일 때, ∠BIC의 크기는?

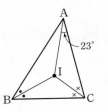

① 110°   ② 111°

③ 112°   ④ 113°

⑤ 114°

05

오른쪽 그림에서 점 I는 △ABC의 내심이고 세 점 D, E, F는 차례대로 내접원과 $\overline{AB}$, $\overline{BC}$, $\overline{CA}$의 교점이다. $\overline{AD}=9$ cm, $\overline{BD}=6$ cm, $\overline{AC}=13$ cm일 때, $\overline{BC}$의 길이는?

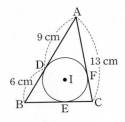

① 9 cm   ② 10 cm   ③ 11 cm

④ 12 cm   ⑤ 13 cm

06

오른쪽 그림은 ∠C=90°인 직각삼각형 ABC의 외접원과 내접원을 그린 것이다. △ABC의 외접원과 내접원의 반지름의 길이의 합을 구하시오.

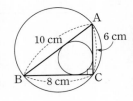

사각형의 성질

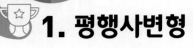
01 평행사변형

정답과 풀이 16쪽

(1) 사각형 ABCD: 사각형 ABCD를 기호로 □ABCD와 같이 나타낸다.

> 참고 사각형에서 마주 보는 변을 대변, 마주 보는 각을 대각이라 한다.

(2) 평행사변형: 두 쌍의 대변이 각각 평행한 사각형

→ □ABCD에서 $\overline{AB} /\!/ \overline{DC}$, $\overline{AD} /\!/ \overline{BC}$

> 참고 평행사변형의 두 쌍의 대변은 각각 평행하므로 이웃하는 두 내각의 크기의 합은 180°이다.
>
> → ∠A+∠B=180°, ∠B+∠C=180°, ∠C+∠D=180°, ∠D+∠A=180°

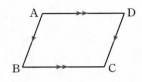

평행사변형의 뜻

�֎ 오른쪽 그림과 같은 평행사변형 ABCD에서 다음을 구하시오.

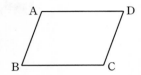

01 $\overline{AD}$와 평행한 변

02 $\overline{DC}$와 평행한 변

03 $\overline{AB}$의 대변

04 $\overline{BC}$의 대변

05 ∠A의 대각

06 ∠D의 대각

평행사변형의 뜻을 이용하여 각의 크기 구하기

✖ 다음 그림과 같은 평행사변형 ABCD에서 ∠x, ∠y의 크기를 각각 구하시오. (단, 점 O는 두 대각선의 교점이다.)

ᘓ 따라하기

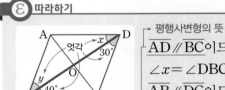

→ 평행사변형의 뜻

$\overline{AD} /\!/ \overline{BC}$이므로

∠x=∠DBC=40° (엇각)

$\overline{AB} /\!/ \overline{DC}$이므로

∠y=∠BDC=30° (엇각)

07

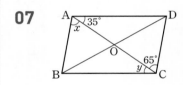

08

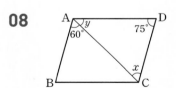

> Tip 삼각형의 세 내각의 크기의 합은 180°임을 이용한다.

09

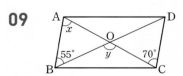

> Tip 삼각형의 한 외각의 크기는 그와 이웃하지 않는 두 내각의 크기의 합과 같음을 이용한다.

02 평행사변형의 성질

정답과 풀이 16쪽

(1) 평행사변형은 두 쌍의 대변의 길이가 각각 같다.
→ $\overline{AB}=\overline{DC}$, $\overline{AD}=\overline{BC}$

(2) 평행사변형은 두 쌍의 대각의 크기가 각각 같다.
→ $\angle A=\angle C$, $\angle B=\angle D$

(3) 평행사변형의 두 대각선은 서로 다른 것을 이등분한다.
→ $\overline{OA}=\overline{OC}$, $\overline{OB}=\overline{OD}$

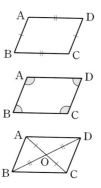

평행사변형의 성질 확인하기

✖ 다음 중 오른쪽 그림과 같은 평행사변형 ABCD에 대한 설명으로 옳은 것은 ○표, 옳지 않은 것은 ×표를 ( ) 안에 써넣으시오.

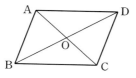

(단, 점 O는 두 대각선의 교점이다.)

01 $\overline{AB}=\overline{BC}$ ( )

02 $\angle ABC=\angle ADC$ ( )

03 $\overline{OB}=\overline{OC}$ ( )

04 $\overline{AC}=\overline{BD}$ ( )

05 $\angle BAD+\angle ADC=180°$ ( )

06 $\angle BAC=\angle BCA$ ( )

평행사변형의 성질 (1) – 대변

✖ 다음 그림과 같은 평행사변형 ABCD에 대하여 x, y의 값을 각각 구하시오.

❸ 따라하기

$\overline{AB}=\overline{DC}$이므로 $x=5$
$\overline{AD}=\overline{BC}$이므로 $y=6$
└→ 평행사변형은 두 쌍의 대변의 길이가 각각 같다.

07

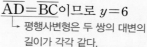

08

09

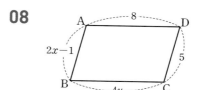

평행사변형의 성질⑵ - 대각

❀ 다음 그림과 같은 평행사변형 ABCD에서 ∠x, ∠y의 크기를 각각 구하시오.

따라하기

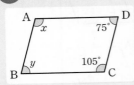

∠A=∠C이므로 ∠x=105°

∠B=∠D이므로 ∠y=75°
   └ 평행사변형은 두 쌍의 대각의 크기가 각각 같다.

10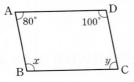

11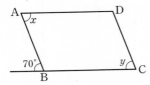

Tip 평행한 두 직선이 다른 한 직선과 만날 때 생기는 엇각의 크기는 같음을 이용한다.

12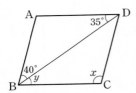

13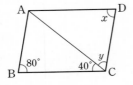

평행사변형의 성질⑶ - 대각선

❀ 다음 그림과 같은 평행사변형 ABCD에서 x, y의 값을 각각 구하시오. (단, 점 O는 두 대각선의 교점이다.)

따라하기

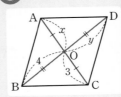

$\overline{OA}=\overline{OC}$이므로 x=3

$\overline{OB}=\overline{OD}$이므로 y=4
   └ 평행사변형의 두 대각선은 서로 다른 것을 이등분한다.

14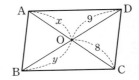

15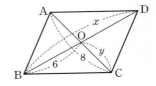

16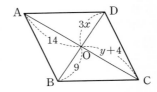

17 대표 문제

오른쪽 그림과 같은 평행사변형 ABCD에서 x+y의 값은?

① 81   ② 82

③ 83   ④ 84

⑤ 85

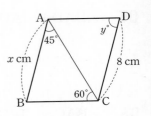

03 평행사변형의 성질의 응용

정답과 풀이 17쪽

다음 그림과 같은 평행사변형 ABCD에서 $\overline{AE}$가 $\angle A$의 이등분선일 때

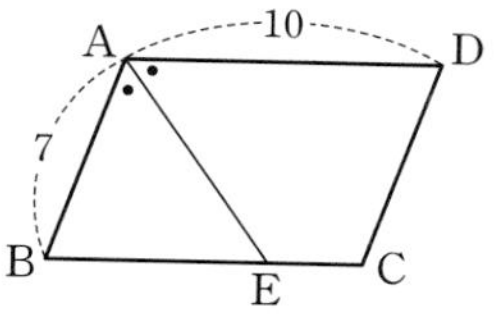

→

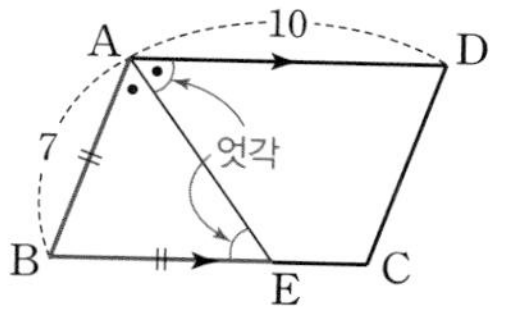

$\angle BAE = \angle DAE = \angle BEA$이므로
$\overline{BE} = \overline{BA} = 7$

→

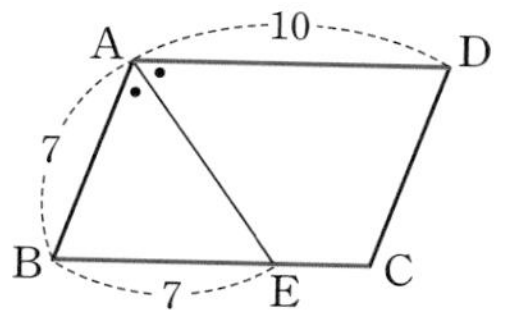

$\overline{BC} = \overline{AD} = 10$이므로
$\overline{EC} = 10 - 7 = 3$

각의 이등분선이 주어지는 경우

다음 그림과 같은 평행사변형 ABCD에서 x의 값을 구하시오.

따라하기

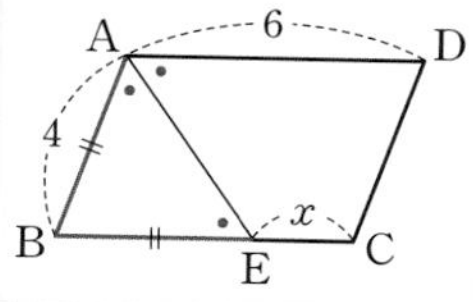

$\angle BAE = \underline{\angle DAE = \angle BEA}$ (엇각)
이므로
$\overline{BE} = \overline{BA} = 4$
$\overline{BC} = \overline{AD} = 6$이므로 (평행사변형의 성질)
$\overline{EC} = 6 - 4 = 2$
따라서 $x = 2$

01

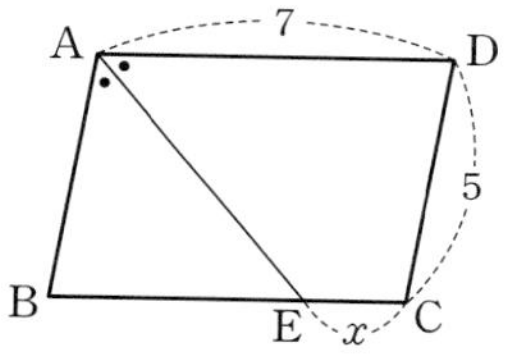

02

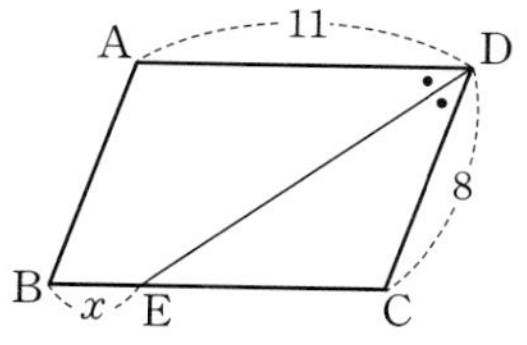

03

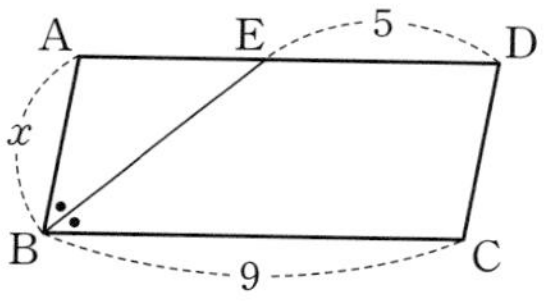

04

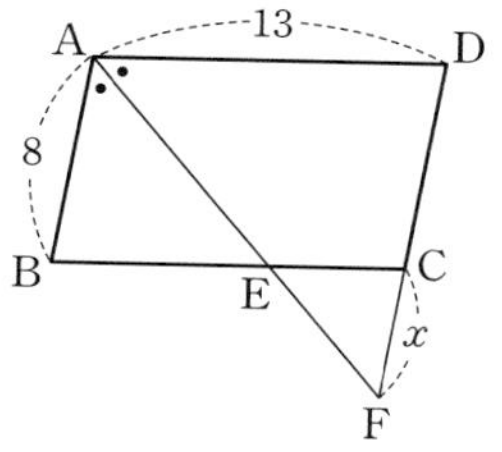

05

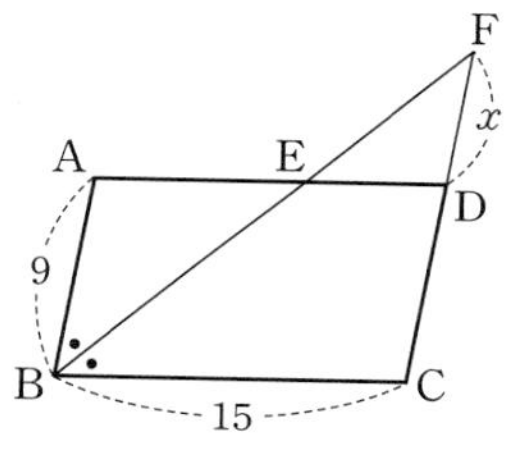

06

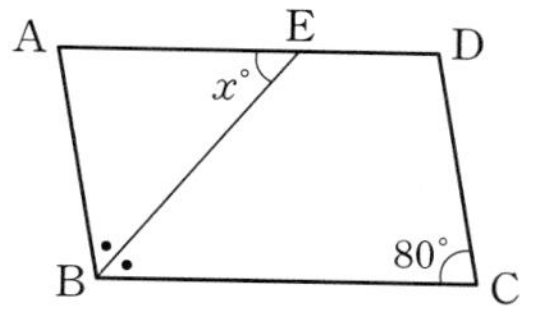

Tip 평행사변형의 이웃하는 두 내각의 크기의 합은 180°임을 이용하여 $\angle ABC$의 크기를 구한다.

07

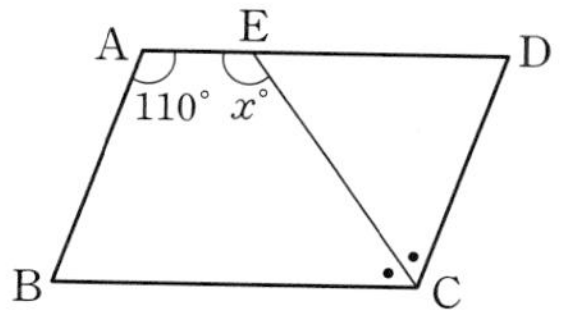

변의 중점을 지나는 선분이 주어지는 경우

�֍ 다음 그림과 같은 평행사변형 ABCD에서 x의 값을 구하시오.

ε 따라하기

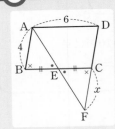

$\triangle ABE \equiv \triangle FCE$ (ASA 합동)

이므로 $\overline{FC}=\overline{AB}=4$

따라서 $x=4$

08

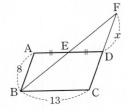

09

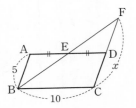

10

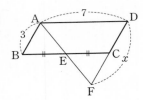

11 대표 문제

오른쪽 그림과 같은 평행사변형 ABCD에서 $\overline{AB}=11$ cm, $\overline{BF}=18$ cm일 때, x의 값은?

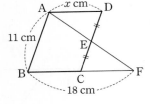

① 8　　　　② 9

③ 10　　　④ 11

⑤ 12

각의 크기의 비가 주어지는 경우

✧ 아래 그림과 같은 평행사변형 ABCD에서 각의 크기의 비가 다음과 같이 주어질 때, $\angle x$의 크기를 구하시오.

ε 따라하기

$\angle A : \angle B = 1 : 2$

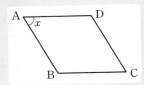

$\angle A+\angle B=180°$

$\angle A=\dfrac{1}{1+2}\times 180°=60°$

이므로 $\angle x=60°$

12 $\angle A : \angle B = 3 : 1$

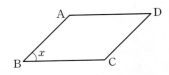

13 $\angle B : \angle C = 3 : 2$

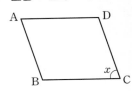

14 $\angle C : \angle D = 5 : 7$

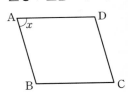

15 대표 문제

오른쪽 그림과 같은 평행사변형 ABCD에서 $\angle A : \angle D=5 : 4$일 때, $\angle C$의 크기는?

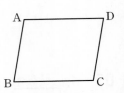

① 92°　　　② 94°

③ 96°　　　④ 98°

⑤ 100°

04 평행사변형이 되는 조건

사각형이 다음 조건 중 어느 하나를 만족시키면 평행사변형이 된다.

(1) 두 쌍의 대변이 각각 평행하다.
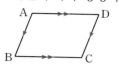
→ $\overline{AB} /\!/ \overline{DC}$, $\overline{AD} /\!/ \overline{BC}$

(2) 두 쌍의 대변의 길이가 각각 같다.
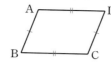
→ $\overline{AB} = \overline{DC}$, $\overline{AD} = \overline{BC}$

(3) 두 쌍의 대각의 크기가 각각 같다.
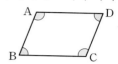
→ $\angle A = \angle C$, $\angle B = \angle D$

(4) 두 대각선이 서로 다른 것을 이등분한다.
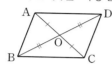
→ $\overline{OA} = \overline{OC}$, $\overline{OB} = \overline{OD}$

(5) 한 쌍의 대변이 평행하고 그 길이가 같다.
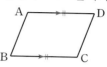
→ $\overline{AD} /\!/ \overline{BC}$, $\overline{AD} = \overline{BC}$
(또는 $\overline{AB} /\!/ \overline{DC}$, $\overline{AB} = \overline{DC}$)

평행사변형이 되는 조건

✿ 오른쪽 그림과 같은 □ABCD가 평행사변형이 되도록 다음 □ 안에 알맞은 것을 써넣으시오.
(단, 점 O는 두 대각선의 교점이다.)

01 $\overline{AB} /\!/ \overline{DC}$, $\overline{AD} /\!/ \boxed{}$

02 $\boxed{} = \overline{DC}$, $\boxed{} = \overline{BC}$

03 $\angle ABC = \angle \boxed{}$, $\angle BAD = \angle BCD$

04 $\overline{OA} = \boxed{}$, $\boxed{} = \overline{OD}$

05 $\boxed{} /\!/ \overline{DC}$, $\boxed{} = \overline{DC}$

✿ 다음 그림과 같은 □ABCD가 평행사변형이면 ○표, 평행사변형이 아니면 ×표를 ( ) 안에 써넣으시오.
(단, 점 O는 두 대각선의 교점이다.)

06 (　　　)
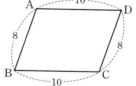

07 (　　　)
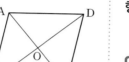

08 (　　　)
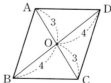

09 (　　　)

� 다음 그림과 같은 □ABCD가 평행사변형이 되도록 하는 x, y의 값을 각각 구하시오.

(단, 점 O는 두 대각선의 교점이다.)

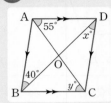

두 쌍의 대변이 각각 평행해야 한다.

$\overline{AB}/\!/\overline{DC}$이어야 하므로
$x=40$ → ∠CDB=∠ABD=40° (엇각)

$\overline{AD}/\!/\overline{BC}$이어야 하므로
$y=55$ → ∠BCA=∠DAC=55° (엇각)

10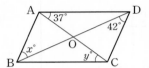

11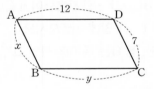

12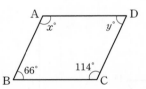

13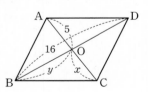

14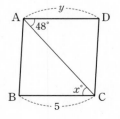

✖ 다음 중 오른쪽 그림과 같은 □ABCD가 평행사변형이 되는 조건인 것은 ○표, 아닌 것은 ×표를 ( ) 안에 써넣으시오.

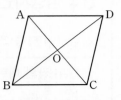

(단, 점 O는 두 대각선의 교점이다.)

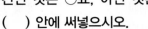
같다.
$\overline{AB}=4$, $\overline{BC}=9$, $\overline{CD}=4$, $\overline{DA}=9$ → 두 쌍의 대변의 길이가 각각 같다.
같다.
→ □ABCD는 평행사변형이다.

15 ∠BAD=125°, ∠ABC=55°, ∠ADC=55°
( )

16 ∠BAD=110°, ∠ABC=70° ( )

17 ∠BAC=∠DCA=54°,
∠DAC=∠BCA=38° ( )

18 $\overline{OA}=10$, $\overline{OB}=10$, $\overline{OC}=7$, $\overline{OD}=7$
( )

19 $\overline{AB}=8$, $\overline{BC}=5$, $\overline{CD}=5$, $\overline{AB}/\!/\overline{CD}$
( )

20 ∠DAC=50°, ∠BCA=50°, $\overline{AD}=\overline{BC}=11$
( )

평행사변형이 되는 사각형

❇ 다음은 주어진 평행사변형 ABCD에 대하여 색칠한 사각형이 평행사변형임을 설명하는 과정이다. □ 안에 알맞은 것을 써넣으시오. (단, 점 O는 두 대각선의 교점이다.)

21

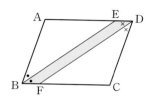

∠ABC=∠ADC이므로

$\angle EBF = \frac{1}{2} \angle ABC$

$\quad\quad = \frac{1}{2} \angle ADC = \angle EDF$ ...... ㉠

이때 ∠AEB=∠[　　　] (엇각),

∠DFC=∠[　　　] (엇각)이므로

∠AEB=∠DFC

즉, ∠BED=∠[　　　] ...... ㉡

㉠, ㉡에서 □EBFD는 두 쌍의 [　　　]의 크기가 각각 같으므로 평행사변형이다.

22

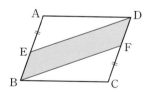

$\overline{AB} /\!/ \overline{DC}$이므로 $\overline{EB} /\!/$ [　　　] ...... ㉠

$\overline{AB} = \overline{DC}$이므로

$\overline{EB} = \overline{AB} -$ [　　　]

$\quad\quad = \overline{DC} -$ [　　　]

$\quad\quad =$ [　　　] ...... ㉡

㉠, ㉡에서 □EBFD는 한 쌍의 대변이 [　　　]하고 그 길이가 같으므로 평행사변형이다.

23

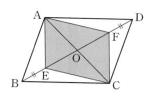

평행사변형의 두 대각선은 서로 다른 것을 이등분하므로

$\overline{OA} =$ [　　　], $\overline{OB} =$ [　　　] ...... ㉠

이때 $\overline{BE} = \overline{DF}$이므로

$\overline{OE} = \overline{OB} -$ [　　　]

$\quad = \overline{OD} -$ [　　　]

$\quad =$ [　　　] ...... ㉡

㉠, ㉡에서 □AECF는 두 [　　　]이 서로 다른 것을 이등분하므로 평행사변형이다.

㉔ 대표 문제 👈

다음 중에서 □ABCD가 평행사변형이 아닌 것은?

(단, 점 O는 두 대각선의 교점이다.)

①

②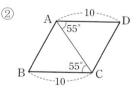

③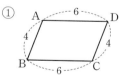

④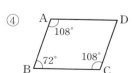

⑤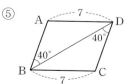

05 평행사변형과 넓이

(1) 평행사변형의 넓이는 한 대각선에 의하여 이등분된다.

→ $\triangle ABC = \triangle ACD = \dfrac{1}{2} \square ABCD$

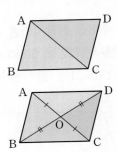

(2) 평행사변형의 넓이는 두 대각선에 의하여 사등분된다.

→ $\triangle ABO = \triangle BCO = \triangle CDO = \triangle DAO = \dfrac{1}{4} \square ABCD$

참고 평행사변형의 내부의 한 점 P에 대하여

$\triangle PAB + \triangle PCD = \triangle PBC + \triangle PDA = \dfrac{1}{2} \square ABCD$

평행사변형과 넓이

❋ 다음 그림과 같은 평행사변형 ABCD의 넓이가 20일 때, 색칠한 부분의 넓이를 구하시오.

(단, 점 O는 두 대각선의 교점이다.)

3 따라하기

$($색칠한 부분의 넓이$)$

$= \dfrac{1}{2} \square ABCD$

$\;\;\longrightarrow \triangle ABC = \triangle ACD$

$= \dfrac{1}{2} \times 20 = 10$

01
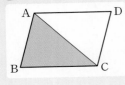

02
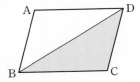

03
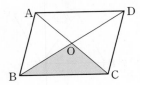

❋ 아래 그림과 같은 평행사변형 ABCD에서 도형의 넓이가 다음과 같이 주어질 때, 색칠한 부분의 넓이를 구하시오.

(단, 점 O는 두 대각선의 교점이다.)

04 $\triangle BCD = 15$
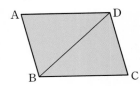

05 $\triangle OAB = 7$
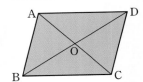

06 $\square ABCD = 40$
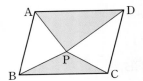

07 대표 문제

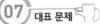

오른쪽 그림과 같이 평행사변형 ABCD의 내부에 한 점 P가 있다. $\square ABCD = 120$, $\triangle PAB = 25$일 때, $\triangle PCD$의 넓이를 구하시오.

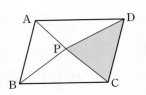

정답과 풀이 19쪽

01

오른쪽 그림과 같은 평행사변형 ABCD에서 ∠ADB=32°, ∠ACB=58°일 때, ∠AOD의 크기는?

(단, 점 O는 두 대각선의 교점이다.)

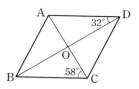

① 88°　　② 90°　　③ 92°

④ 94°　　⑤ 96°

02

오른쪽 그림과 같은 평행사변형 ABCD에서 $\overline{BC}$의 길이는?

① 9　　② 10

③ 11　　④ 12

⑤ 13

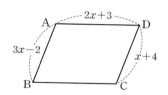

03

오른쪽 그림과 같은 평행사변형 ABCD에서 $\overline{AB}=8$, $\overline{BD}=14$, $\overline{OA}=5$일 때, △OCD의 둘레의 길이는?

(단, 점 O는 두 대각선의 교점이다.)

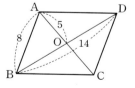

① 16　　② 17　　③ 18

④ 19　　⑤ 20

04

오른쪽 그림과 같은 평행사변형 ABCD에서 $\overline{AB}=7$, $\overline{AD}=11$이고 $\overline{BE}=\overline{CE}$이다. $\overline{AE}$의 연장선이 $\overline{DC}$의 연장선과 만나는 점을 F라 할 때, $\overline{DF}$의 길이는?

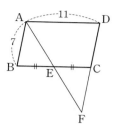

① 14　　② 15

③ 16　　④ 17

⑤ 18

05

다음 중에서 오른쪽 그림과 같은 □ABCD가 평행사변형이 되는 조건이 아닌 것은?

(단, 점 O는 두 대각선의 교점이다.)

① $\overline{AB}=\overline{DC}=4$, $\overline{AD}=\overline{BC}=6$

② $\overline{OA}=\overline{OC}=10$, $\overline{OB}=\overline{OD}=12$

③ $\overline{AB}=\overline{DC}$, ∠ABC+∠BCD=180°

④ $\overline{AB}/\!/\overline{DC}$, $\overline{AD}=\overline{BC}=8$

⑤ $\overline{AB}/\!/\overline{DC}$, ∠BAD=∠BCD=115°

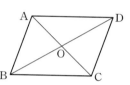

06

오른쪽 그림과 같은 평행사변형 ABCD에서 △OBC=9일 때, □ABCD의 넓이는?

(단, 점 O는 두 대각선의 교점이다.)

① 18　　② 20　　③ 24

④ 32　　⑤ 36

2. 여러 가지 사각형

정답과 풀이 20쪽

01 직사각형

(1) **직사각형**: 네 내각의 크기가 모두 같은 사각형
→ ∠A = ∠B = ∠C = ∠D = 90°
(2) **직사각형의 성질**: 두 대각선은 길이가 같고 서로 다른 것을 이등분한다.
→ $\overline{AC} = \overline{BD}$, $\overline{OA} = \overline{OB} = \overline{OC} = \overline{OD}$
참고 직사각형은 두 쌍의 대각의 크기가 각각 같으므로 평행사변형이다.

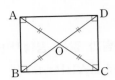

직사각형의 뜻과 성질

✖ 다음 중 오른쪽 그림과 같은 직사각형 ABCD에 대한 설명으로 옳은 것은 ○표, 옳지 않은 것은 ×표를 ( ) 안에 써넣으시오.

(단, 점 O는 두 대각선의 교점이다.)

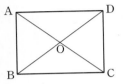

01 $\overline{AB} = \overline{BC}$ ( )

02 ∠BCD = 90° ( )

03 $\overline{OC} = \overline{OD}$ ( )

04 ∠OBA = ∠OBC ( )

✖ 다음 그림과 같은 직사각형 ABCD에서 x, y의 값을 각각 구하시오. (단, 점 O는 두 대각선의 교점이다.)

Ɛ 따라하기

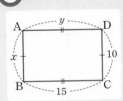

$\overline{AB} = \overline{DC}$이므로 $x = 10$
$\overline{AD} = \overline{BC}$이므로 $y = 15$
└→ 직사각형의 성질

05

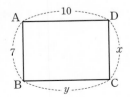

06

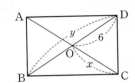

07

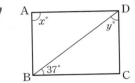

08

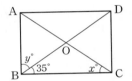

Tip 두 대각선의 길이가 같고 서로 다른 것을 이등분함을 이용하여 이등변삼각형을 찾아본다.

09

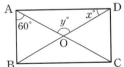

10  대표 문제

오른쪽 그림과 같은 직사각형 ABCD에서 점 O는 두 대각선의 교점일 때, $x + y$의 값은?

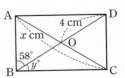

① 38 ② 40
③ 42 ④ 44
⑤ 46

02 평행사변형이 직사각형이 되는 조건

정답과 풀이 20쪽

평행사변형이 다음 조건 중 어느 하나를 만족시키면 직사각형이 된다.

(1) 한 내각이 직각이다. ➡ $\angle A = 90°$

(2) 두 대각선의 길이가 같다. ➡ $\overline{AC} = \overline{BD}$

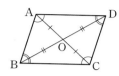 한 내각이 직각이거나 두 대각선의 길이가 같다.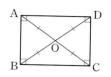

평행사변형이 직사각형이 되는 조건

❀ 다음 중 오른쪽 그림과 같은 평행사변형 ABCD가 직사각형이 되는 조건인 것은 ○표, 아닌 것은 ×표를 ( ) 안에 써넣으시오.

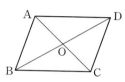

(단, 점 O는 두 대각선의 교점이다.)

01 $\angle BAD = 90°$ (   )

02 $\angle ABC = \angle BCD$ (   )

03 $\angle BAD = \angle BCD$ (   )

04 $\overline{AC} = \overline{BD}$ (   )

05 $\overline{OA} = \overline{OC}$ (   )

06 $\overline{OC} = \overline{OD}$ (   )

07 $\overline{BC} = \overline{CD}$ (   )

08 $\overline{AC} \perp \overline{BD}$ (   )

❀ 다음 그림과 같이 평행사변형 ABCD가 직사각형이 되도록 ☐ 안에 알맞은 수를 써넣으시오.

(단, 점 O는 두 대각선의 교점이다.)

09  ➡ $\angle C = \boxed{}°$

10 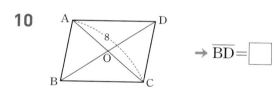 ➡ $\overline{BD} = \boxed{}$

11 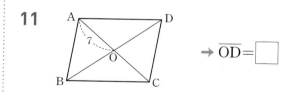 ➡ $\overline{OD} = \boxed{}$

12 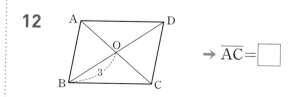 ➡ $\overline{AC} = \boxed{}$

03 마름모

정답과 풀이 21쪽

(1) 마름모: 네 변의 길이가 모두 같은 사각형

→ $\overline{AB}=\overline{BC}=\overline{CD}=\overline{DA}$

(2) 마름모의 성질: 두 대각선은 서로 다른 것을 수직이등분한다.

→ $\overline{AC}\perp\overline{BD}$, $\overline{OA}=\overline{OC}$, $\overline{OB}=\overline{OD}$

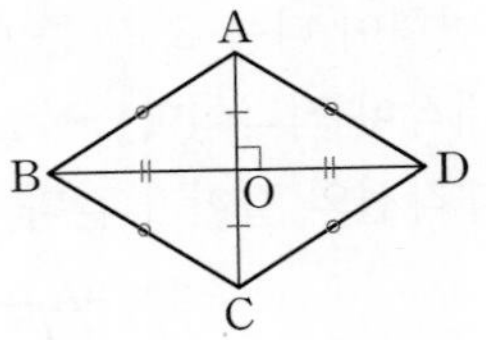

참고 마름모는 두 쌍의 대변의 길이가 각각 같으므로 평행사변형이다.

마름모의 뜻과 성질

다음 중 오른쪽 그림과 같은 마름모 ABCD에 대한 설명으로 옳은 것은 ○표, 옳지 않은 것은 ×표를 ( ) 안에 써넣으시오. (단, 점 O는 두 대각선의 교점이다.)

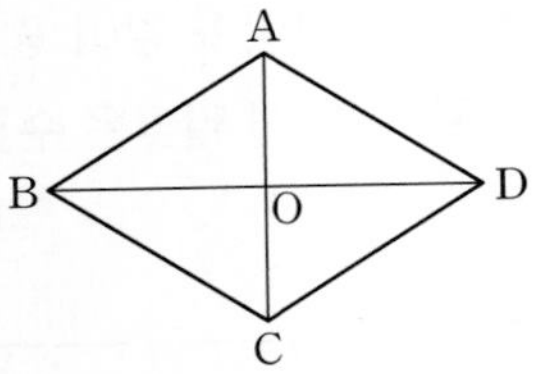

01 $\overline{AC}\perp\overline{BD}$ ( )

02 $\overline{AC}=\overline{BD}$ ( )

03 $\overline{OB}=\overline{OD}$ ( )

04 $\angle ABC=\angle BCD$ ( )

다음 그림과 같은 마름모 ABCD에서 x, y의 값을 각각 구하시오. (단, 점 O는 두 대각선의 교점이다.)

ε 따라하기

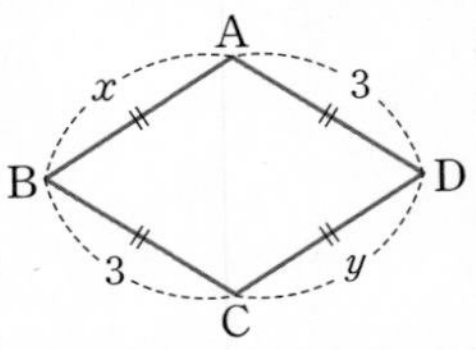

$\overline{AB}=\overline{BC}=\overline{CD}=\overline{DA}$이므로 ← 마름모의 뜻

$x=y=3$

05

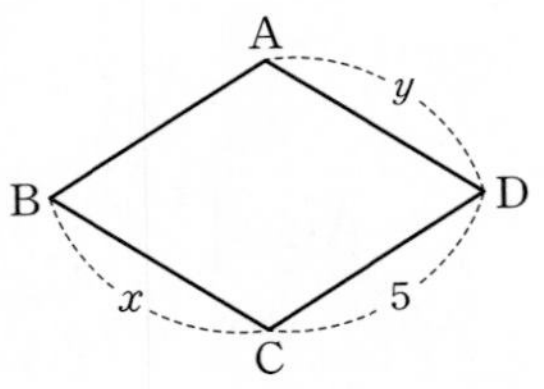

06

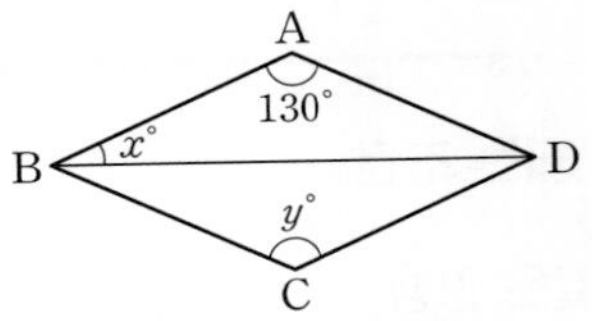

Tip △ABD는 $\overline{AB}=\overline{AD}$인 이등변삼각형임을 이용한다.

07

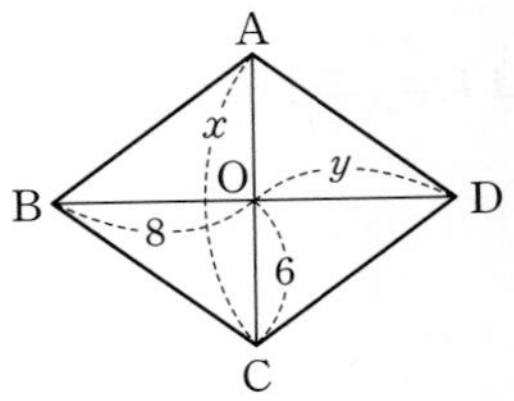

08

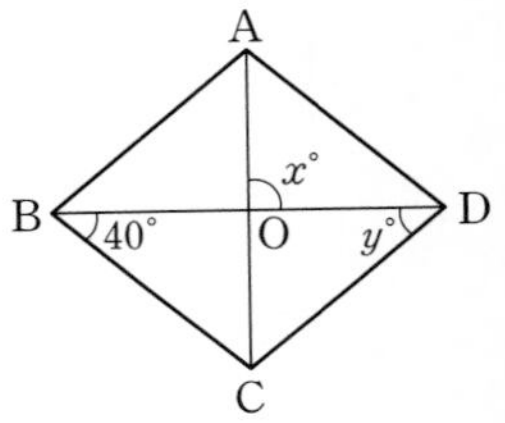

09

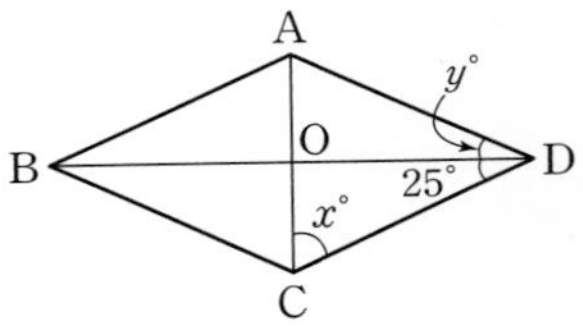

Tip $\overline{AB}/\!/\overline{DC}$이므로 $\angle ABD=\angle CDB$ (엇각)임을 이용한다.

10 대표 문제

오른쪽 그림과 같은 마름모 ABCD에서 $y-x$의 값은?

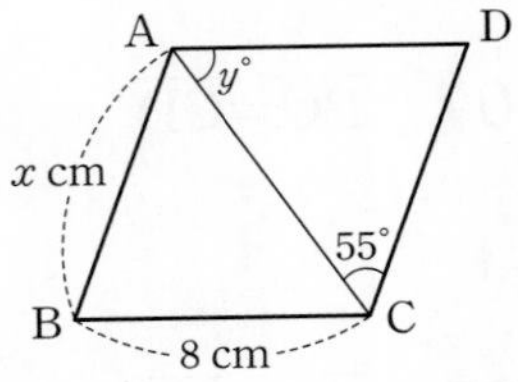

① 45 ② 46 ③ 47 ④ 48 ⑤ 49

04 평행사변형이 마름모가 되는 조건

정답과 풀이 21쪽

평행사변형이 다음 조건 중 어느 하나를 만족시키면 마름모가 된다.
(1) 이웃하는 두 변의 길이가 같다. ➡ $\overline{AB}=\overline{BC}$
(2) 두 대각선이 서로 수직이다. ➡ $\overline{AC}\perp\overline{BD}$

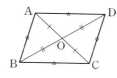 이웃하는 두 변의 길이가 같거나
두 대각선이 서로 수직이다.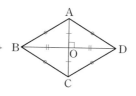

평행사변형이 마름모가 되는 조건

�֎ 다음 중 오른쪽 그림과 같은 평행사변형 ABCD가 마름모가 되는 조건인 것은 ○표, 아닌 것은 ×표를 ( ) 안에 써넣으시오.

(단, 점 O는 두 대각선의 교점이다.)

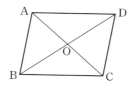

01 $\angle AOD=90°$　　　　　(　　)

02 $\angle OAD=\angle ODA$　　　(　　)

03 $\angle BAD=\angle BCD$　　　(　　)

04 $\overline{AC}\perp\overline{BD}$　　　　　(　　)

05 $\overline{AB}\perp\overline{BC}$　　　　　(　　)

06 $\overline{OB}=\overline{OD}$　　　　　(　　)

07 $\angle ABD=\angle CBD$　　　(　　)

08 $\overline{BC}=\overline{CD}$　　　　　(　　)

�֎ 다음 그림과 같이 평행사변형 ABCD가 마름모가 되도록 □ 안에 알맞은 수를 써넣으시오.

(단, 점 O는 두 대각선의 교점이다.)

09
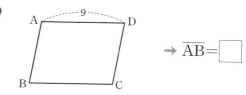

➡ $\overline{AB}=$ □

10
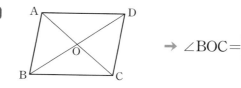

➡ $\angle BOC=$ □ °

11
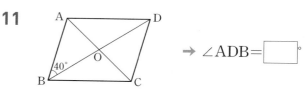

➡ $\angle ADB=$ □ °

12
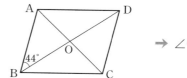

➡ $\angle OAB=$ □ °

05 정사각형

정답과 풀이 21쪽

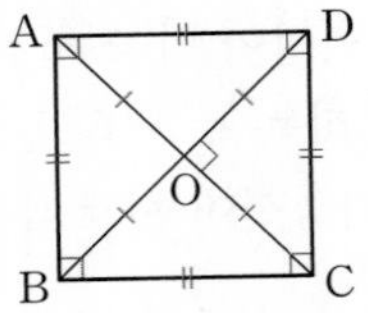

(1) 정사각형: 네 내각의 크기가 모두 같고, 네 변의 길이가 모두 같은 사각형

→ $\angle A=\angle B=\angle C=\angle D$, $\overline{AB}=\overline{BC}=\overline{CD}=\overline{DA}$

(2) 정사각형의 성질: 두 대각선은 길이가 같고 서로 다른 것을 수직이등분한다.

→ $\overline{AC}=\overline{BD}$, $\overline{AC}\perp\overline{BD}$, $\overline{OA}=\overline{OB}=\overline{OC}=\overline{OD}$

참고 정사각형은 네 내각의 크기가 모두 같으므로 직사각형이고, 네 변의 길이가 모두 같으므로 마름모이다.

정사각형의 뜻과 성질

다음 중 오른쪽 그림과 같은 정사각형 ABCD에 대한 설명으로 옳은 것은 ○표, 옳지 않은 것은 ×표를 ( ) 안에 써넣으시오.

(단, 점 O는 두 대각선의 교점이다.)

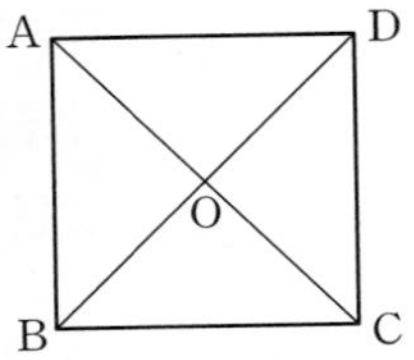

01 $\overline{AB}=\overline{AC}$ ( )

02 $\overline{AC}=\overline{BD}$ ( )

03 $\angle AOB=\angle AOD$ ( )

04 $\angle BAD=\angle ADC$ ( )

다음 그림과 같은 정사각형 ABCD에서 x, y의 값을 각각 구하시오. (단, 점 O는 두 대각선의 교점이다.)

ε 따라하기

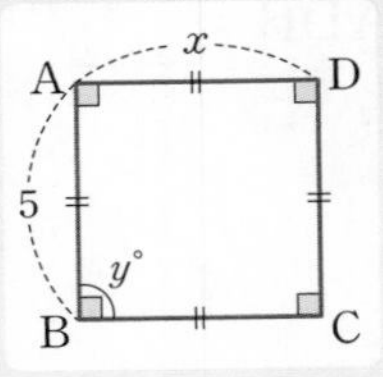

$\overline{AB}=\overline{BC}=\overline{CD}=\overline{DA}$이므로

$x=5$ → 정사각형의 뜻

$\angle A=\angle B=\angle C=\angle D$이므로

$y=90$

05

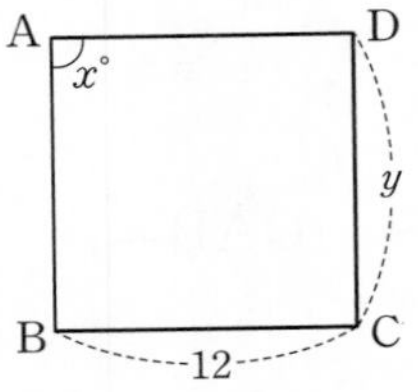

06

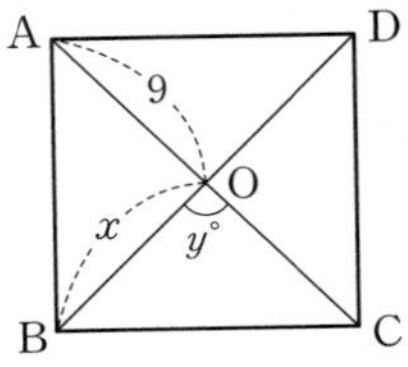

07

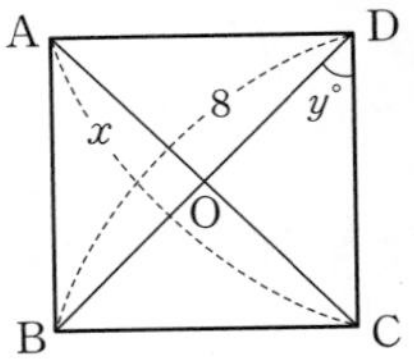

Tip △CDB는 직각이등변삼각형임을 이용한다.

08

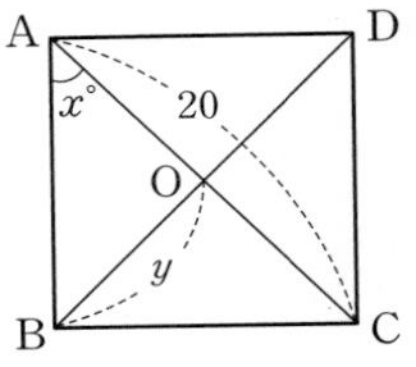

09

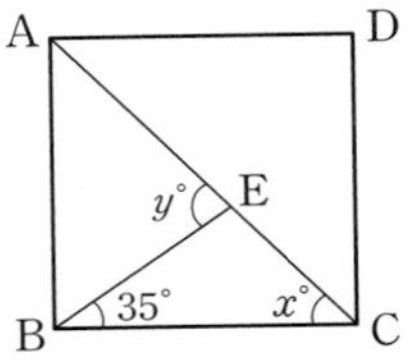

10 대표 문제

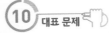

다음 중에서 오른쪽 그림과 같은 정사각형 ABCD에 대한 설명으로 옳지 않은 것은?

(단, 점 O는 두 대각선의 교점이다.)

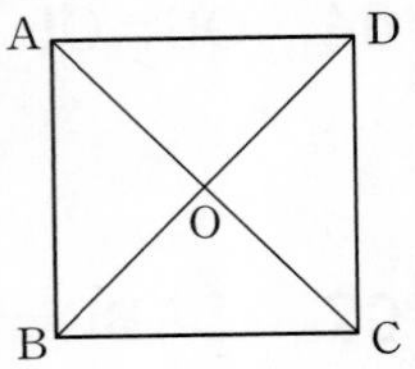

① $\overline{AC}=\overline{BD}$
② $\overline{CD}=\overline{BD}$
③ $\overline{AC}\perp\overline{BD}$
④ $\angle ADO=45^\circ$
⑤ $\overline{OA}=\overline{OD}$

06 정사각형이 되는 조건

정답과 풀이 22쪽

(1) 직사각형이 정사각형이 되는 조건
- 이웃하는 두 변의 길이가 같다. → $\overline{AB}=\overline{BC}$
- 두 대각선이 서로 수직이다. → $\overline{AC}\perp\overline{BD}$

(2) 마름모가 정사각형이 되는 조건
- 한 내각이 직각이다. → $\angle A=90°$
- 두 대각선의 길이가 같다. → $\overline{AC}=\overline{BD}$

이웃하는 두 변의 길이가 같거나 두 대각선이 서로 수직이다.

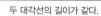 한 내각이 직각이거나 두 대각선의 길이가 같다.

정사각형이 되는 조건

✿ 다음 중 오른쪽 그림과 같은 직사각형 ABCD가 정사각형이 되는 조건인 것은 ○표, 아닌 것은 ×표를 ( ) 안에 써넣으시오.

(단, 점 O는 두 대각선의 교점이다.)

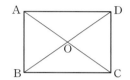

01 $\overline{AB}=\overline{AD}$　　　　(　　)

02 $\overline{AB}\perp\overline{BC}$　　　　(　　)

03 $\overline{AC}=\overline{BD}$　　　　(　　)

04 $\angle BOC=90°$　　　　(　　)

✿ 다음 중 오른쪽 그림과 같은 마름모 ABCD가 정사각형이 되는 조건인 것은 ○표, 아닌 것은 ×표를 ( ) 안에 써넣으시오.
(단, 점 O는 두 대각선의 교점이다.)

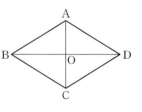

05 $\angle ABD=\angle CBD$　　　　(　　)

06 $\overline{OA}=\overline{OD}$　　　　(　　)

07 $\angle ADC=90°$　　　　(　　)

08 $\overline{AC}\perp\overline{BD}$　　　　(　　)

✿ 다음 그림과 같은 직사각형 ABCD가 정사각형이 되도록 □ 안에 알맞은 수를 써넣으시오.

(단, 점 O는 두 대각선의 교점이다.)

09
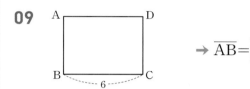
→ $\overline{AB}=\boxed{}$

10
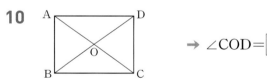
→ $\angle COD=\boxed{}°$

✿ 다음 그림과 같은 마름모 ABCD가 정사각형이 되도록 □ 안에 알맞은 수를 써넣으시오.

(단, 점 O는 두 대각선의 교점이다.)

11
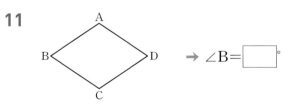
→ $\angle B=\boxed{}°$

12
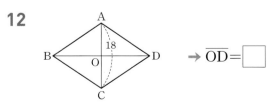
→ $\overline{OD}=\boxed{}$

07 등변사다리꼴

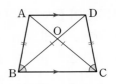

(1) 등변사다리꼴: 아랫변의 양 끝 각의 크기가 같은 사다리꼴
   → $\overline{AD} /\!/ \overline{BC}$, ∠B=∠C
(2) 등변사다리꼴의 성질
   • 평행하지 않은 한 쌍의 대변의 길이가 같다. → $\overline{AB}=\overline{DC}$
   • 두 대각선의 길이가 같다. → $\overline{AC}=\overline{BD}$

등변사다리꼴의 뜻과 성질

❀ 다음 그림과 같이 $\overline{AD} /\!/ \overline{BC}$인 등변사다리꼴 ABCD에서 x, y의 값을 각각 구하시오.

(단, 점 O는 두 대각선의 교점이다.)

 따라하기

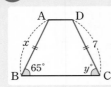

$\overline{AB}=\overline{DC}$이므로 $x=7$
└ 등변사다리꼴의 성질
∠B=∠C이므로 $y=65$
└ 등변사다리꼴의 뜻

01

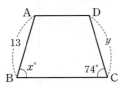

02

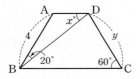

03

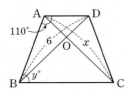

04

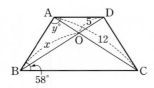

❀ 다음 그림과 같이 $\overline{AD} /\!/ \overline{BC}$인 등변사다리꼴 ABCD에서 ∠$x$의 크기를 구하시오.

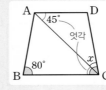 따라하기

┌ $\overline{AD} /\!/ \overline{BC}$이므로
∠ACB=∠DAC=45° (엇각)
∠DCB=∠B=80°이므로
∠x+45°=80°, ∠x=35°

05

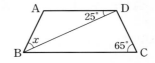

06

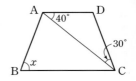

07

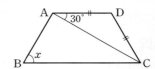

08 대표 문제

오른쪽 그림과 같이 $\overline{AD} /\!/ \overline{BC}$인 등변사다리꼴 ABCD에서 $\overline{AB}=\overline{AD}$이고 ∠C=72°일 때, ∠$x$의 크기를 구하시오.

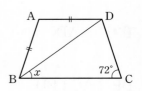

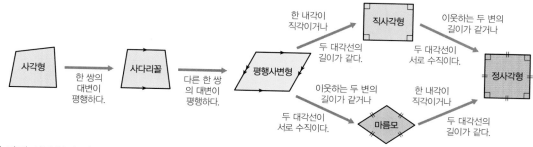

참고 여러 가지 사각형의 대각선의 성질

① 두 대각선이 서로 다른 것을 이등분한다.

→ 평행사변형, 직사각형, 마름모, 정사각형

② 두 대각선의 길이가 같다.

→ 직사각형, 정사각형, 등변사다리꼴

③ 두 대각선이 서로 수직이다.

→ 마름모, 정사각형

여러 가지 사각형 사이의 관계

❈ 아래 그림과 같이 어떤 사각형에 조건을 추가하면 다른 모양의 사각형이 된다. 다음에 알맞은 조건을 보기에서 모두 골라 ( ) 안에 써넣으시오.

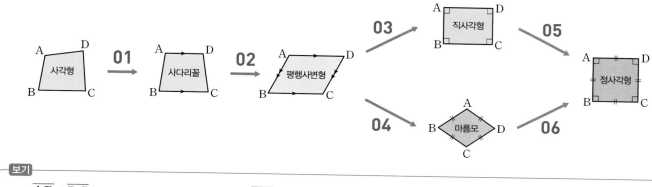

보기

ㄱ. $\overline{AB} /\!/ \overline{DC}$ ㄴ. $\overline{AD} /\!/ \overline{BC}$ ㄷ. $\angle A = 90°$

ㄹ. $\overline{AB} = \overline{BC}$ ㅁ. $\overline{AC} \perp \overline{BD}$ ㅂ. $\overline{AC} = \overline{BD}$

01 (   ) 02 (   ) 03 (   )

04 (   ) 05 (   ) 06 (   )

✖ 오른쪽 그림과 같은 평행사변형 ABCD가 다음 조건을 만족시키면 어떤 사각형이 되는지 말하시오. (단, 점 O는 두 대각선의 교점이다.)

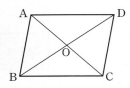

 따라하기

$\overline{AB}=\overline{AD}$, $\overline{AC}=\overline{BD}$

→ $\overline{AB}=\overline{AD}$이므로 평행사변형 ABCD는 마름모가 된다. └─ 이웃하는 두 변의 길이가 같다.

또, $\overline{AC}=\overline{BD}$이므로 마름모 ABCD는 정사각형이 된다. └─ 두 대각선의 길이가 같다.

07 $\angle ABC=90°$

08 $\overline{AC}\perp\overline{BD}$

09 $\overline{BC}=\overline{CD}$, $\angle ADC=90°$

10 $\overline{OA}=\overline{OD}$

✖ 다음 중 옳은 것은 ○표, 옳지 않은 것은 ×표를 ( ) 안에 써넣으시오.

11 마름모는 직사각형이다. ( )

12 직사각형은 평행사변형이다. ( )

13 정사각형은 마름모이다. ( )

14 사다리꼴은 평행사변형이다. ( )

여러 가지 사각형의 대각선의 성질

✖ 다음 조건을 만족시키는 사각형을 보기에서 모두 고르시오.

보기
ㄱ. 사다리꼴   ㄴ. 평행사변형
ㄷ. 직사각형   ㄹ. 마름모
ㅁ. 정사각형   ㅂ. 등변사다리꼴

15 두 대각선의 길이가 같다.

16 두 대각선이 서로 다른 것을 이등분한다.

17 두 대각선이 서로 수직이다.

18 두 대각선의 길이가 같고, 서로 다른 것을 이등분한다.

19 두 대각선의 길이가 같고, 서로 다른 것을 수직이등분한다.

20 대표 문제 👈

오른쪽 그림과 같은 평행사변형 ABCD에 조건을 추가하면 어떤 사각형이 되는지 연결한 것으로 옳지 않은 것은?

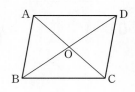

① $\overline{AC}=\overline{BD}$ → 직사각형
② $\angle BOC=90°$ → 마름모
③ $\angle BCD=90°$ → 직사각형
④ $\overline{OA}=\overline{OB}=\overline{OC}=\overline{OD}$ → 마름모
⑤ $\overline{BC}=\overline{CD}$, $\overline{AB}\perp\overline{BC}$ → 정사각형

09 평행선과 삼각형의 넓이

정답과 풀이 22쪽

두 직선 l, m이 평행할 때, $\triangle ABC$와 $\triangle DBC$는 밑변 BC가 공통이고 높이는 h로 같으므로 두 삼각형의 넓이는 같다.

→ $l /\!/ m$이면 $\triangle ABC = \triangle DBC$

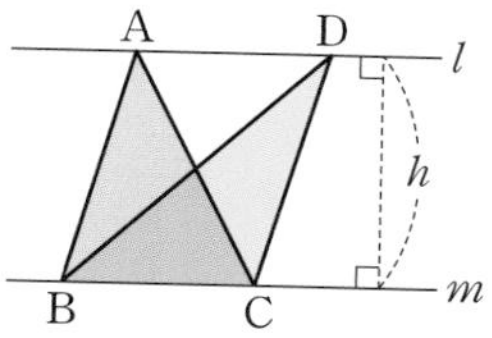

사다리꼴에서 평행선과 삼각형의 넓이

✤ 다음 그림과 같이 $\overline{AD} /\!/ \overline{BC}$인 사다리꼴 ABCD에서 색칠한 부분과 넓이가 같은 삼각형을 찾으시오.

(단, 점 O는 두 대각선의 교점이다.)

따라하기

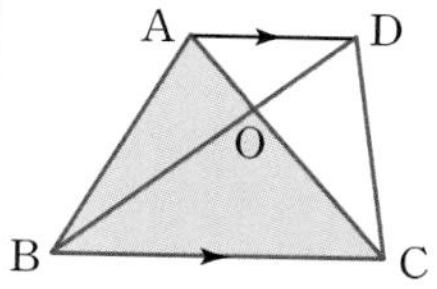

$\triangle ABC$는 $\triangle DBC$와 밑변 BC가 공통이고 높이가 같으므로 (← $\overline{AD} /\!/ \overline{BC}$이므로)

$\triangle ABC = \triangle DBC$

01

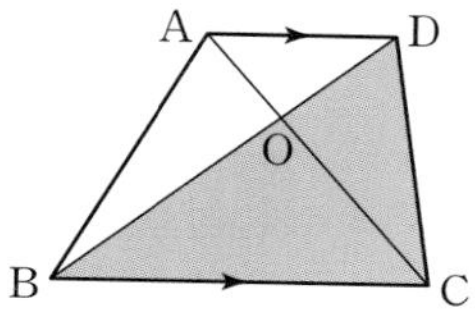

02

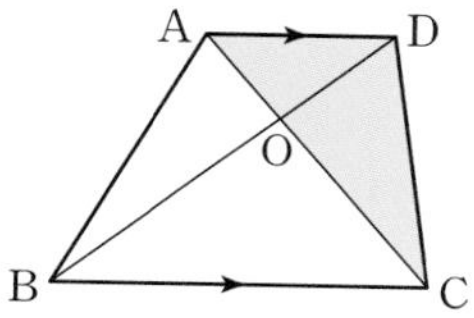

03

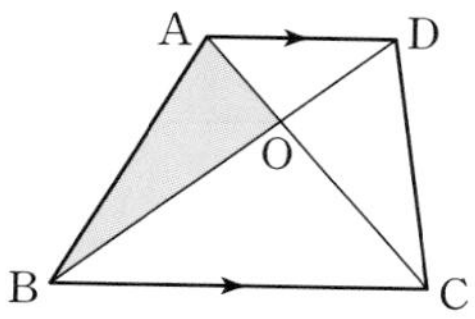

Tip $\triangle ABO = \triangle ABC - \triangle OBC$임을 이용한다.

✤ 아래 그림과 같이 $\overline{AD} /\!/ \overline{BC}$인 사다리꼴 ABCD에서 삼각형의 넓이가 다음과 같이 주어질 때, 색칠한 부분의 넓이를 구하시오. (단, 점 O는 두 대각선의 교점이다.)

따라하기

$\triangle DBC = 20$, $\triangle OBC = 12$

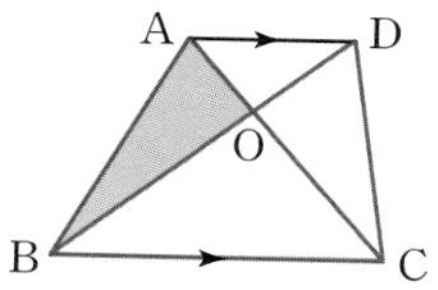

$\triangle ABC = \triangle DBC$이므로 (← $\overline{AD} /\!/ \overline{BC}$이므로)

(색칠한 부분의 넓이)

$= \triangle ABC - \triangle OBC$

$= \triangle DBC - \triangle OBC$

$= 20 - 12 = 8$

04 $\triangle ABD = 30$, $\triangle ODA = 10$

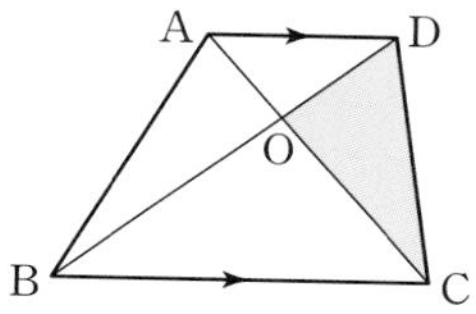

05 $\triangle ABC = 40$, $\triangle OCD = 15$

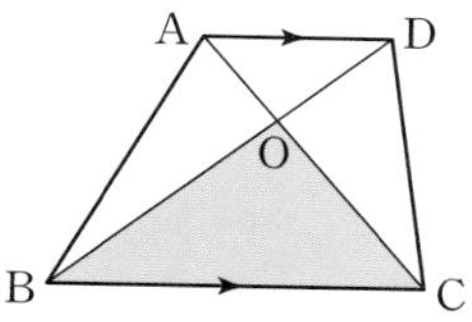

06 $\triangle ABC = 120$, $\triangle OBC = 80$, $\triangle ODA = 30$

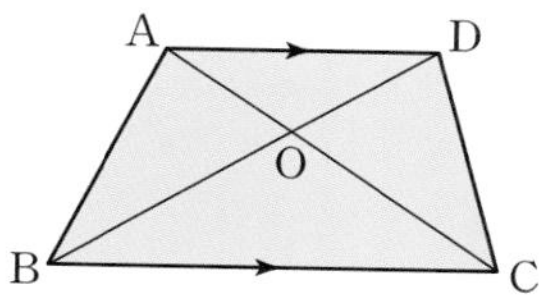

사각형에서 평행선과 삼각형의 넓이

✜ 다음 그림과 같은 □ABCD에서 $\overline{AC}\,/\!/\,\overline{DE}$일 때, 색칠한 부분과 넓이가 같은 도형을 찾으시오.

3 따라하기

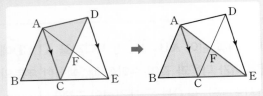

$\overline{AC}\,/\!/\,\overline{DE}$이므로
△ACD＝△ACE이므로
□ABCD＝△ABC＋△ACD
　　　　＝△ABC＋△ACE＝△ABE

07

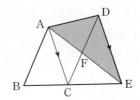

08

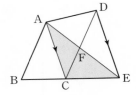

09

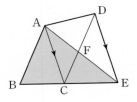

10

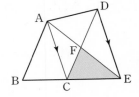

✜ 아래 그림에서 $\overline{AC}\,/\!/\,\overline{DE}$이고 도형의 넓이가 다음과 같이 주어질 때, 색칠한 부분의 넓이를 구하시오.

3 따라하기

△ABC＝12, △ACE＝8

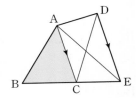

$\overline{AC}\,/\!/\,\overline{DE}$이므로
△ACD＝△ACE이므로
(색칠한 부분의 넓이)
＝△ABC＋△ACD
＝△ABC＋△ACE
＝12＋8＝20

11 □ABCD＝40, △ACE＝18

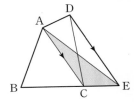

12 □ABCD＝26, △ABC＝16

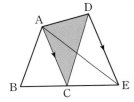

13 △ABC＝18, △ABE＝38

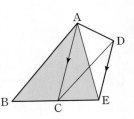

14 대표 문제

오른쪽 그림에서 $\overline{AC}\,/\!/\,\overline{DE}$이고
△ABC＝17 cm²,
△ACD＝15 cm²일 때, △ABE
의 넓이는?

① 28 cm²　　② 29 cm²

③ 30 cm²　　④ 31 cm²

⑤ 32 cm²

10 높이가 같은 삼각형의 넓이의 비

높이가 같은 두 삼각형의 넓이의 비는 두 삼각형의 밑변의 길이의 비와 같다.

→ $\overline{BC} : \overline{CD} = m : n$이면 $\triangle ABC : \triangle ACD = m : n$

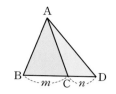

높이가 같은 삼각형의 넓이의 비

❈ 아래 그림에서 △ABC의 넓이가 120이고 선분의 길이의 비가 다음과 같이 주어질 때, 색칠한 부분의 넓이를 구하시오.

⑧ 따라하기

$\overline{BD} : \overline{DC} = 1 : 2$

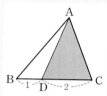

$\triangle ABD : \triangle ADC = \overline{BD} : \overline{DC} = 1 : 2$

(색칠한 부분의 넓이)

$= \dfrac{2}{1+2} \triangle ABC$

$= \dfrac{2}{3} \times 120 = 80$

01 $\overline{BD} : \overline{DC} = 5 : 3$

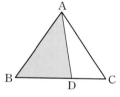

02 $\overline{AD} : \overline{DC} = 3 : 2$

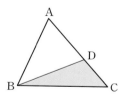

03 $\overline{AD} : \overline{DB} = 7 : 5$

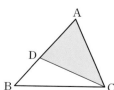

평행사변형에서 높이가 같은 삼각형의 넓이의 비

❈ 아래 그림에서 평행사변형 ABCD의 넓이가 140이고 선분의 길이의 비가 다음과 같이 주어질 때, 색칠한 부분의 넓이를 구하시오.

⑧ 따라하기

$\overline{BE} : \overline{EC} = 5 : 2$

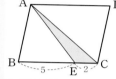

$\triangle ABC = \dfrac{1}{2} \times 140 = 70$

이므로　$\vdash \dfrac{1}{2} \square ABCD$

(색칠한 부분의 넓이)

$\triangle ABE : \triangle AEC = \overline{BE} : \overline{EC}$
$= 5 : 2$

$= \dfrac{2}{5+2} \triangle ABC$

$= \dfrac{2}{7} \times 70 = 20$

04 $\overline{BE} : \overline{EC} = 4 : 3$

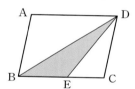

05 $\overline{BE} : \overline{ED} = 2 : 3$

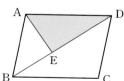

06 $\overline{AE} : \overline{EC} = 4 : 1$

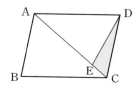

01

오른쪽 그림과 같은 직사각형 ABCD에서 점 O가 두 대각선의 교점일 때, $\overline{\text{BD}}$의 길이는?

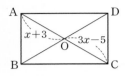

① 14 　② 15 　③ 16

④ 17 　⑤ 18

02

다음 중에서 오른쪽 그림과 같은 평행사변형 ABCD가 마름모가 되는 조건인 것을 모두 고르면? (단, 점 O는 두 대각선의 교점이다.)

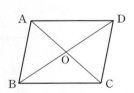

(정답 2개)

① $\angle \text{BCD} = 90°$ 　② $\overline{\text{BC}} = \overline{\text{CD}}$
③ $\overline{\text{AC}} = \overline{\text{BD}}$ 　④ $\overline{\text{OA}} = \overline{\text{OB}}$
⑤ $\overline{\text{AC}} \perp \overline{\text{BD}}$

03

오른쪽 그림과 같은 정사각형 ABCD에서 $\overline{\text{BD}} = 10$ cm일 때, □ABCD의 넓이를 구하시오.
　(단, 점 O는 두 대각선의 교점이다.)

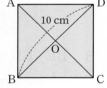

04

오른쪽 그림과 같이 $\overline{\text{AD}} /\!/ \overline{\text{BC}}$인 등변사다리꼴 ABCD에서 $\angle x - \angle y$의 크기를 구하시오.

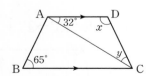

05

다음 보기 중에서 두 대각선의 길이가 같은 사각형은 모두 몇 개인가?

> 보기
> ㄱ. 정사각형　　ㄴ. 직사각형　　ㄷ. 마름모
> ㄹ. 평행사변형　　ㅁ. 등변사다리꼴

① 1개 　② 2개 　③ 3개

④ 4개 　⑤ 5개

06

오른쪽 그림과 같이 $\overline{\text{AD}} /\!/ \overline{\text{BC}}$인 사다리꼴 ABCD에서 $\triangle \text{ABC} = 48$ cm^2, $\triangle \text{OCD} = 12$ cm^{2}일 때, $\triangle \text{OBC}$의 넓이는? (단, 점 O는 두 대각선의 교점이다.)

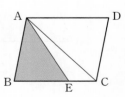

① 32 cm^2 　② 34 cm^2 　③ 36 cm^2

④ 38 cm^2 　⑤ 40 cm^2

07

오른쪽 그림과 같은 평행사변형 ABCD에서 $\overline{\text{BE}} : \overline{\text{EC}} = 2 : 1$이고 □ABCD의 넓이가 18 cm^{2}일 때, $\triangle \text{ABE}$의 넓이는?

① 5 cm^2 　② 6 cm^2 　③ 7 cm^2

④ 8 cm^2 　⑤ 9 cm^2

3 도형의 닮음

01 닮은 도형

정답과 풀이 24쪽

(1) **닮은 도형**: 한 도형을 일정한 비율로 확대 또는 축소한 도형이 다른 도형과 합동일 때, 이 두 도형은 닮음인 관계에 있다고 하고, 닮음인 관계에 있는 두 도형을 닮은 도형이라 한다.

(2) △ABC와 △DEF가 닮은 도형일 때, 기호 ∽를 사용하여 다음과 같이 나타낸다.

→ △ABC∽△DEF ← 닮은 도형을 기호로 나타낼 때, 두 도형의 꼭짓점은 대응하는 순서대로 쓴다.

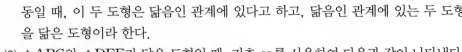

참고 △ABC∽△DEF일 때
① 대응점: 점 A와 점 D, 점 B와 점 E, 점 C와 점 F
② 대응변: $\overline{AB}$와 $\overline{DE}$, $\overline{BC}$와 $\overline{EF}$, $\overline{AC}$와 $\overline{DF}$
③ 대응각: ∠A와 ∠D, ∠B와 ∠E, ∠C와 ∠F

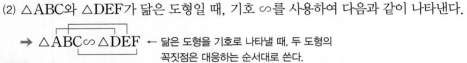

닮은 도형

❖ 아래 그림에서 □ABCD∽□EFGH일 때, 다음을 구하시오.

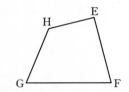

01 점 A의 대응점

02 점 H의 대응점

03 $\overline{BC}$의 대응변

04 $\overline{EF}$의 대응변

05 ∠C의 대응각

06 ∠F의 대응각

❖ 아래 그림에서 두 삼각기둥은 닮은 도형이고 △DEF∽△JKL일 때, 다음을 구하시오.

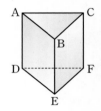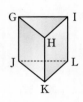

07 점 C의 대응점

08 $\overline{BE}$에 대응하는 모서리

09 면 ADEB에 대응하는 면

항상 닮음인 도형

❖ 다음 두 도형이 항상 닮은 도형이면 ○표, 아니면 ×표를 ( ) 안에 써넣으시오.

10 두 정사각형 ( )

11 두 직각삼각형 ( )

12 두 부채꼴 ( )

13 두 구 ( )

02 평면도형에서의 닮음의 성질

(1) 평면도형에서의 닮음의 성질

　닮은 두 평면도형에서

　• 대응변의 길이의 비는 일정하다.

　• 대응각의 크기는 각각 같다.

(2) **닮음비**: 닮은 두 평면도형에서 대응변의 길이의 비

참고 ① 일반적으로 닮음비는 가장 간단한 자연수의 비로 나타낸다.

　　② 합동인 두 도형은 닮음비가 1 : 1인 닮은 도형으로 생각할 수 있다.

평면도형에서의 닮음의 성질

❅ 아래 그림에서 △ABC∽△DEF일 때, 다음을 구하시오.

 따라하기

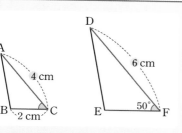

① 닮음비는 $\overline{AC}$: $\overline{DF}$=4 : 6=2 : 3

　↳ 대응변의 길이의 비는 일정하다.

② $\overline{BC}$: $\overline{EF}$=2 : 3이므로

　2 : $\overline{EF}$=2 : 3, $\overline{EF}$=3(cm)

③ ∠C=∠F=50° → 대응각의 크기는 각각 같다.

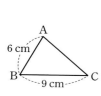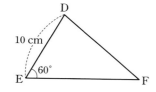

01 △ABC와 △DEF의 닮음비

02 $\overline{EF}$의 길이

03 ∠B의 크기

❅ 아래 그림에서 □ABCD∽□EFGH일 때, 다음을 구하시오.

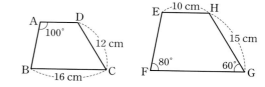

04 □ABCD와 □EFGH의 닮음비

05 $\overline{AD}$의 길이

06 $\overline{FG}$의 길이

07 ∠B의 크기

08 ∠H의 크기

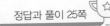

❇ 아래 그림에서 △ABC∽△DEF이고 닮음비가 2 : 1일 때, 다음을 구하시오.

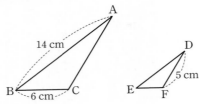

09 $\overline{DE}$의 길이

10 $\overline{EF}$의 길이

11 △DEF의 둘레의 길이

❇ 아래 그림에서 △ABC∽△DEF이고 닮음비가 1 : 3일 때, 다음을 구하시오.

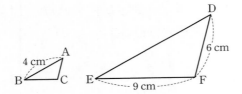

12 $\overline{AC}$의 길이

13 $\overline{BC}$의 길이

14 △ABC의 둘레의 길이

❇ 아래 그림에서 □ABCD∽□EFGH이고 닮음비가 3 : 2일 때, 다음을 구하시오.

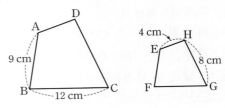

15 $\overline{AD}$의 길이

16 $\overline{CD}$의 길이

17 $\overline{EF}$의 길이

18 $\overline{FG}$의 길이

19 □ABCD의 둘레의 길이

20 □EFGH의 둘레의 길이

21 대표 문제 👈

다음 그림에서 △ABC∽△DEF이고 닮음비가 3 : 4일 때, $x+y$의 값은?

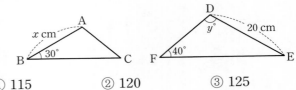

① 115   ② 120   ③ 125
④ 130   ⑤ 135

03 입체도형에서의 닮음의 성질

(1) 입체도형에서의 닮음의 성질
  닮은 두 입체도형에서
  • 대응하는 모서리의 길이의 비는 일정하다.
  • 대응하는 면은 닮은 도형이다.
(2) 닮음비: 닮은 두 입체도형에서 대응하는 모서리의 길이의 비

입체도형에서의 닮음의 성질

❖ 아래 그림에서 두 삼각기둥은 닮은 도형이고 △ABC에 대응하는 면이 △GHI일 때, 다음을 구하시오.

따라하기

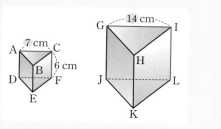

① 닮음비는 $\overline{AC} : \overline{GI} = 7 : 14 = 1 : 2$
  ┌ 대응하는 모서리의 길이의 비는 일정하다.
② $\overline{CF} : \overline{IL} = 1 : 2$이므로
  $6 : \overline{IL} = 1 : 2$, $\overline{IL} = 12 (cm)$

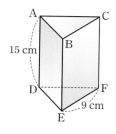 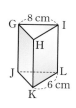

01 면 ADFC에 대응하는 면

02 두 삼각기둥의 닮음비

03 $\overline{AC}$의 길이

04 $\overline{GJ}$의 길이

❖ 아래 그림에서 두 직육면체는 닮은 도형이고 면 ABCD에 대응하는 면이 면 IJKL일 때, 다음을 구하시오.

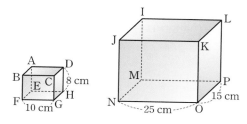

05 두 직육면체의 닮음비

06 $\overline{GH}$의 길이

07 $\overline{LP}$의 길이

❖ 아래 그림에서 두 삼각뿔은 닮은 도형이고 △ABC에 대응하는 면이 △EFG일 때, 다음을 구하시오.

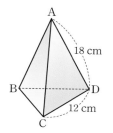

08 두 삼각뿔의 닮음비

09 $\overline{BC}$의 길이

10 $\overline{GH}$의 길이

❈ 아래 그림에서 두 원기둥 A, B가 닮은 도형일 때, 다음을 구하시오.

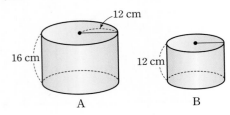

11 두 원기둥 A, B의 닮음비

Tip 서로 닮은 두 원기둥에서
(닮음비) = (높이의 비)
= (밑면의 반지름의 길이의 비)

12 원기둥 B의 밑면의 반지름의 길이

13 원기둥 A의 밑면의 둘레의 길이

14 원기둥 B의 밑면의 둘레의 길이

15 두 원기둥 A, B의 밑면의 둘레의 길이의 비

❈ 아래 그림에서 두 원뿔 A, B가 닮은 도형일 때, 다음을 구하시오.

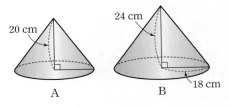

16 두 원뿔 A, B의 닮음비

17 원뿔 A의 밑면의 반지름의 길이

18 두 원뿔 A, B의 밑면의 둘레의 길이의 비

19  대표 문제

아래 그림에서 두 직육면체는 닮은 도형이고 면 ABCD에 대응하는 면이 면 IJKL일 때, 다음 중에서 옳지 않은 것은?

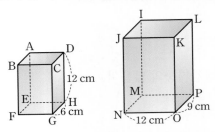

① 면 BFGC에 대응하는 면은 면 JNOK이다.
② $\overline{BF} : \overline{JN} = \overline{EH} : \overline{MP}$
③ 두 직육면체의 닮음비는 2 : 3이다.
④ $\overline{FG} = 10$ cm
⑤ $\overline{LP} = 18$ cm

04 삼각형의 닮음 조건

정답과 풀이 26쪽

두 삼각형이 다음 조건 중 어느 하나를 만족시키면 닮은 도형이다.

(1) 세 쌍의 대응변의 길이의 비가 같다. (SSS 닮음)

→ $a : a' = b : b' = c : c'$

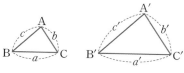

(2) 두 쌍의 대응변의 길이의 비가 같고, 그 끼인각의 크기가 같다. (SAS 닮음)

→ $a : a' = c : c'$, $\angle B = \angle B'$

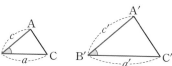

(3) 두 쌍의 대응각의 크기가 각각 같다. (AA 닮음)

→ $\angle B = \angle B'$, $\angle C = \angle C'$

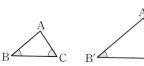

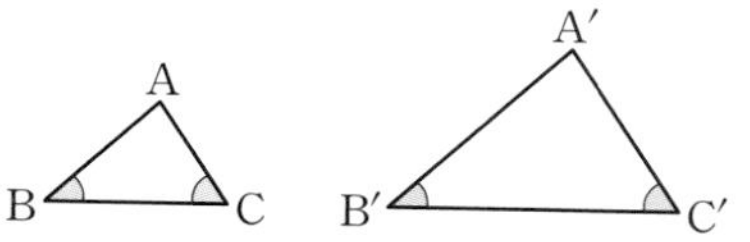

삼각형의 닮음 조건

� 다음은 주어진 △ABC와 △DEF가 닮음임을 설명하는 과정이다. ☐ 안에 알맞은 것을 써넣으시오.

01

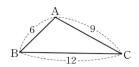 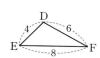

△ABC와 △DEF에서

$\overline{AB} : \overline{DE} = 6 : 4 = \boxed{} : \boxed{}$

$\overline{BC} : \overline{EF} = 12 : \boxed{} = \boxed{} : \boxed{}$

$\overline{CA} : \overline{FD} = 9 : \boxed{} = \boxed{} : \boxed{}$

이므로 △ABC∽△DEF ($\boxed{}$ 닮음)

02

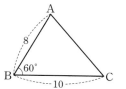

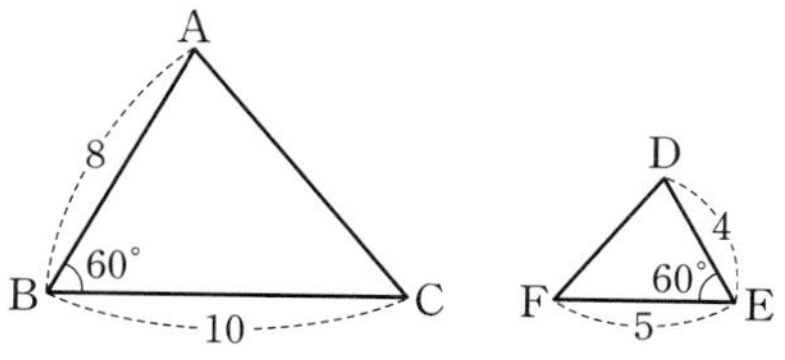

△ABC와 △DEF에서

$\overline{AB} : \overline{DE} = 8 : 4 = \boxed{} : \boxed{}$

$\overline{BC} : \overline{EF} = 10 : \boxed{} = \boxed{} : \boxed{}$

$\angle B = \angle \boxed{} = \boxed{}°$

이므로 △ABC∽△DEF ($\boxed{}$ 닮음)

03

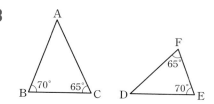

△ABC와 △DEF에서

$\angle B = \angle \boxed{} = \boxed{}°$

$\angle C = \angle \boxed{} = \boxed{}°$

이므로 △ABC∽△DEF ($\boxed{}$ 닮음)

04

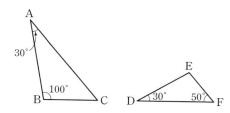

△DEF에서

$\angle E = 180° - (30° + 50°) = \boxed{}°$

△ABC와 △DEF에서

$\angle A = \angle D = \boxed{}°$

$\angle B = \angle \boxed{} = \boxed{}°$

이므로 △ABC∽△DEF ($\boxed{}$ 닮음)

Tip 주어진 각의 크기만으로 대응각의 크기가 같은지 알 수 없을 때에는 주어지지 않은 삼각형의 내각의 크기를 구해 본다.

닮은 삼각형 찾기

❈ 다음 삼각형 중에서 △PQR와 닮은 것을 찾아 기호 ∽를 사용하여 나타내고, 닮음 조건을 쓰시오.

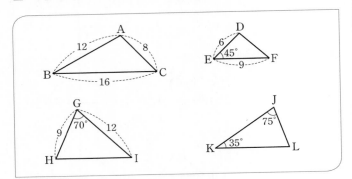

05

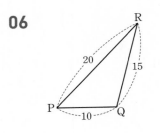

06

07

08

❈ 다음 그림에서 △ABC와 닮은 삼각형을 찾아 기호 ∽를 사용하여 나타내고, 닮음 조건을 쓰시오.

따라하기

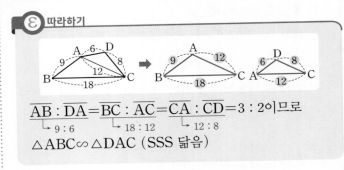

$\overline{AB}:\overline{DA}=\overline{BC}:\overline{AC}=\overline{CA}:\overline{CD}=3:2$이므로
$\quad\quad\rightarrow 9:6 \quad\quad \rightarrow 18:12 \quad\quad \rightarrow 12:8$

$\triangle ABC \infty \triangle DAC$ (SSS 닮음)

09

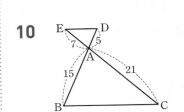

10

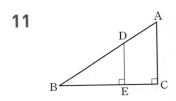

11

12 대표 문제

다음 중에서 오른쪽 그림의 삼각형과 닮음인 것은?

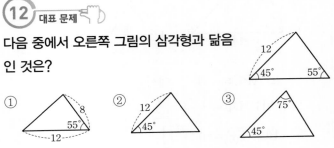

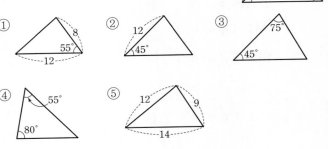

05 삼각형의 닮음 조건의 응용 – SAS 닮음

공통인 각을 찾은 후 그 각을 끼인각으로 하는 두 쌍의 대응하는 변의 길이의 비가 같은 두 삼각형을 찾는다.

⟪예⟫ 오른쪽 그림에서

$\overline{AB} : \overline{EB} = 6 : 3 = 2 : 1$, ∠B는 공통, $\overline{BC} : \overline{BD} = 8 : 4 = 2 : 1$

이므로 △ABC∽△EBD (SAS 닮음)

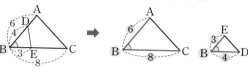

삼각형의 닮음 조건의 응용 – SAS 닮음

✖ 다음 그림에서 x의 값을 구하시오.

⦗3⦘ 따라하기

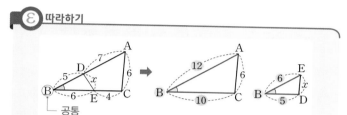

∠B는 공통, $\overline{AB} : \overline{EB} = \overline{BC} : \overline{BD} = 2 : 1$

△ABC∽△EBD (SAS 닮음)이므로

$\overline{AC} : \overline{ED} = 2 : 1$, $6 : x = 2 : 1$, $x = 3$

└ 닮음비

01

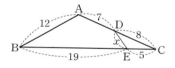

02

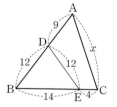

03

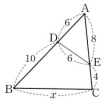

✖ 다음 그림에서 x의 값을 구하시오.

⦗3⦘ 따라하기

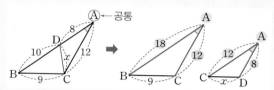

∠A는 공통, $\overline{AB} : \overline{AC} = \overline{AC} : \overline{AD} = 3 : 2$

△ABC∽△ACD (SAS 닮음)이므로

$\overline{BC} : \overline{CD} = 3 : 2$, $9 : x = 3 : 2$, $x = 6$

└ 닮음비

04

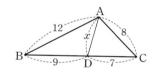

05

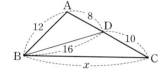

⦗06⦘ 대표 문제 👈

오른쪽 그림과 같은 △ABC에서 $\overline{CD}$
의 길이는?

① 4 cm   ② $\dfrac{9}{2}$ cm

③ 5 cm   ④ $\dfrac{11}{2}$ cm

⑤ 6 cm

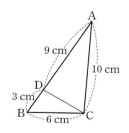

공통인 각을 찾은 후 다른 한 내각의 크기가 같은 두 삼각형을 찾는다.

예 오른쪽 그림에서

$\angle$B는 공통, $\angle$C$=\angle$BDE

이므로 $\triangle$ABC$\backsim$$\triangle$EBD (AA 닮음)

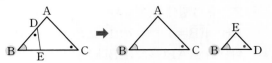

삼각형의 닮음 조건의 응용 – AA 닮음

✖ 다음 그림에서 x의 값을 구하시오.

𝟛 따라하기

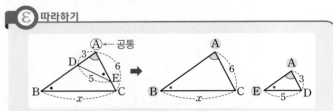

$\angle$A는 공통, $\angle$B$=\angle$AED

$\triangle$ABC$\backsim$$\triangle$AED (AA 닮음)이므로

$\overline{BC}:\overline{ED}=2:1$, $x:5=2:1$, $x=10$

닮음비 → $\overline{AC}:\overline{AD}=6:3=2:1$

01

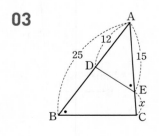

02

03

✖ 다음 그림에서 x의 값을 구하시오.

𝟛 따라하기

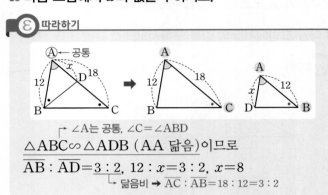

$\angle$A는 공통, $\angle$C$=\angle$ABD

$\triangle$ABC$\backsim$$\triangle$ADB (AA 닮음)이므로

$\overline{AB}:\overline{AD}=3:2$, $12:x=3:2$, $x=8$

닮음비 → $\overline{AC}:\overline{AB}=18:12=3:2$

04

05

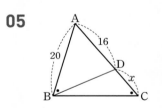

06 대표 문제

오른쪽 그림과 같은 $\triangle$ABC에서 $\angle$ABC$=\angle$ACD일 때, $x+y$ 의 값은?

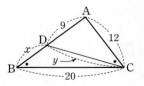

① 22   ② 23

③ 24   ④ 25

⑤ 26

07 직각삼각형의 닮음

(1) **직각삼각형의 닮음:** 두 직각삼각형에서 한 예각의 크기가 같으면 두 삼각형은 닮은 도형이다.

(2) **직각삼각형의 닮음의 응용:** $\angle A = 90°$인 직각삼각형 ABC의 꼭짓점 A에서 빗변 BC에 내린 수선의 발을 D라 하면

- $\triangle ABC \backsim \triangle DBA$ (AA 닮음)이므로 $\overline{AB} : \overline{DB} = \overline{BC} : \overline{BA}$
  따라서 $\overline{AB}^2 = \overline{BD} \times \overline{BC}$

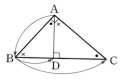

- $\triangle ABC \backsim \triangle DAC$ (AA 닮음)이므로 $\overline{BC} : \overline{AC} = \overline{AC} : \overline{DC}$
  따라서 $\overline{AC}^2 = \overline{CD} \times \overline{CB}$

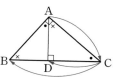

- $\triangle DBA \backsim \triangle DAC$ (AA 닮음)이므로 $\overline{BD} : \overline{AD} = \overline{AD} : \overline{CD}$
  따라서 $\overline{AD}^2 = \overline{BD} \times \overline{CD}$

직각삼각형의 닮음

�֎ **다음 그림에서 x의 값을 구하시오.**

🔒 **따라하기**

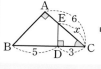 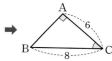

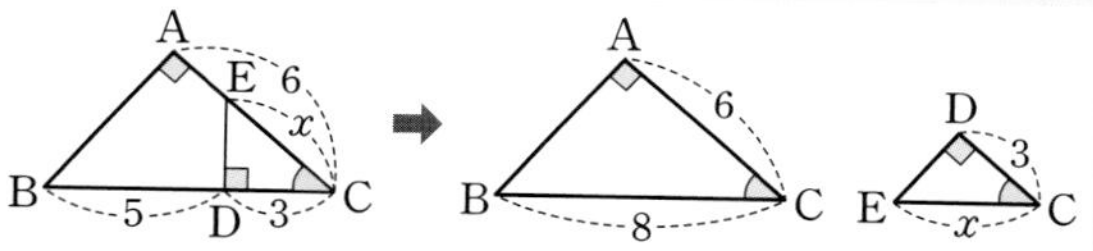

┌ $\angle A = \angle EDC = 90°$, $\angle C$는 공통
$\triangle ABC \backsim \triangle DEC$ (AA 닮음)이므로
$\overline{BC} : \overline{EC} = 2 : 1$, $8 : x = 2 : 1$, $x = 4$
└ 닮음비 ➡ $\overline{AC} : \overline{DC} = 6 : 3 = 2 : 1$

01

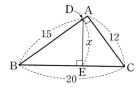

02

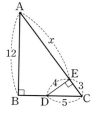

✖ **다음 그림에서 x의 값을 구하시오.**

🔒 **따라하기**

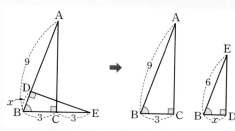

┌ $\angle BCA = \angle BDE = 90°$, $\angle B$는 공통
$\triangle ABC \backsim \triangle EBD$ (AA 닮음)이므로
$\overline{BC} : \overline{BD} = 3 : 2$, $3 : x = 3 : 2$, $x = 2$
└ 닮음비 ➡ $\overline{AB} : \overline{EB} = 9 : 6 = 3 : 2$

03

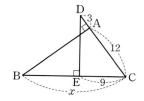

04

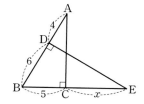

직각삼각형의 닮음의 응용

✖ 다음 그림에서 x의 값을 구하시오.

③ 따라하기

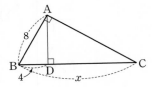

$\overline{AB}^2 = \overline{BD} \times \overline{BC}$이므로
$6^2 = x \times 9$, $x = 4$

05

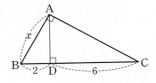

06

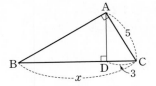

07

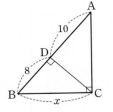

Tip $\overline{AC}^2 = \overline{CD} \times \overline{CB}$임을 이용한다.

08

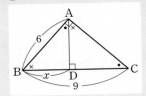

✖ 다음 그림에서 x의 값을 구하시오.

③ 따라하기

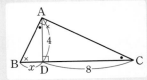

$\overline{AD}^2 = \overline{BD} \times \overline{CD}$이므로
$4^2 = x \times 8$, $x = 2$

09

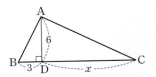

10

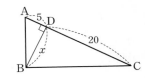

11

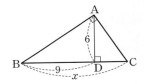

⑫ 대표 문제

오른쪽 그림과 같이 ∠A = 90°인
직각삼각형 ABC에서 $\overline{AD} \perp \overline{BC}$
일 때, $x + y$의 값은?

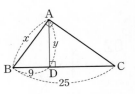

① 26   ② 27

③ 28   ④ 29

⑤ 30

확인 문제

정답과 풀이 28쪽

01

다음 중에서 항상 닮은 도형이라 할 수 없는 것은?

① 두 원
② 두 원뿔
③ 두 정삼각형
④ 두 정육면체
⑤ 두 직각이등변삼각형

02

아래 그림에서 □ABCD∽□EFGH일 때, 다음 중에서 옳지 않은 것을 모두 고르면? (정답 2개)

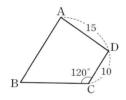

① ∠A=85°
② ∠H=100°
③ $\overline{EH}$=12
④ $\overline{AB}=\dfrac{4}{5}\overline{EF}$
⑤ $\overline{BC}$: $\overline{FG}$=5 : 4

03

다음 삼각형 중에서 오른쪽 그림의 삼각형과 닮음인 것은?

①
②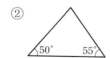
③
④
⑤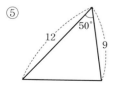

04

오른쪽 그림에서 ∠ACB=∠D일 때, $\overline{AB}$의 길이는?

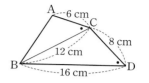

① 7 cm
② 8 cm
③ 9 cm
④ 10 cm
⑤ 11 cm

05

오른쪽 그림과 같이 ∠B=90°인 직각삼각형 ABC에서 $\overline{AE}=\overline{CE}$, $\overline{AC}\perp\overline{DE}$이고 $\overline{AB}$=10 cm, $\overline{AC}$=12 cm일 때, $\overline{AD}$의 길이는?

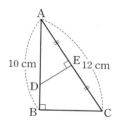

① $\dfrac{32}{5}$ cm
② $\dfrac{33}{5}$ cm
③ $\dfrac{34}{5}$ cm
④ 7 cm
⑤ $\dfrac{36}{5}$ cm

06

오른쪽 그림과 같이 ∠A=90°인 직각삼각형 ABC에서 $\overline{AD}\perp\overline{BC}$이고 $\overline{BD}$=9 cm, $\overline{CD}$=4 cm일 때, △ABC의 넓이는?

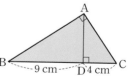

① 39 cm²
② 40 cm²
③ 41 cm²
④ 42 cm²
⑤ 43 cm²

2. 닮음의 활용

01 닮은 두 평면도형의 둘레의 길이의 비와 넓이의 비

정답과 풀이 29쪽

닮은 두 평면도형의 닮음비가 $m : n$이면
(1) 둘레의 길이의 비 ➡ $m : n$
(2) 넓이의 비 ➡ $m^2 : n^2$

닮은 두 평면도형의 둘레의 길이의 비와 넓이의 비

❀ 아래 그림에서 △ABC∽△DEF일 때, 다음을 구하시오.

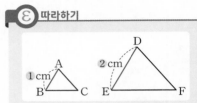

① 닮음비는 $1 : 2$
② 둘레의 길이의 비는
  $1 : 2$
③ 넓이의 비는
  $1^2 : 2^2 = 1 : 4$
  └ 닮음비의 제곱

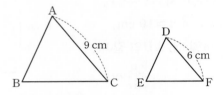

01 △ABC와 △DEF의 닮음비

02 △ABC와 △DEF의 둘레의 길이의 비

03 △ABC와 △DEF의 넓이의 비

❀ 아래 그림의 두 원 O, O′에 대하여 다음을 구하시오.

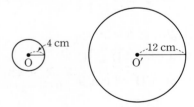

04 두 원 O, O′의 닮음비

05 두 원 O, O′의 둘레의 길이의 비

06 두 원 O, O′의 넓이의 비

❀ 아래 그림에서 □ABCD∽□EFGH일 때, 다음을 구하시오.

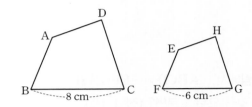

07 □ABCD와 □EFGH의 닮음비

08 □ABCD와 □EFGH의 둘레의 길이의 비

09 □ABCD와 □EFGH의 넓이의 비

10 □ABCD의 둘레의 길이가 36 cm일 때, □EFGH의 둘레의 길이

11 □EFGH의 넓이가 45 cm²일 때, □ABCD의 넓이

❋ 아래 그림에서 두 원 O, O'의 반지름의 길이의 비가 2 : 5일 때, 다음을 구하시오.

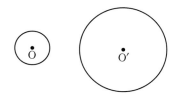

12 두 원 O, O'의 닮음비

13 두 원 O, O'의 둘레의 길이의 비

14 두 원 O, O'의 넓이의 비

15 원 O'의 둘레의 길이가 15π cm일 때, 원 O의 둘레의 길이

16 원 O의 넓이가 20π cm²일 때, 원 O'의 넓이

❋ 오른쪽 그림과 같은 △ABC에서 $\overline{BC}\,//\,\overline{DE}$이고 △ABC의 넓이가 54 cm²일 때, 다음을 구하시오.

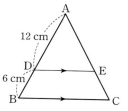

17 △ADE와 △ABC의 닮음비

18 △ADE와 △ABC의 넓이의 비

19 △ADE의 넓이

20 □DBCE의 넓이

Tip □DBCE＝△ABC－△ADE임을 이용한다.

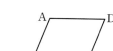 **대표 문제**

아래 그림에서 □ABCD∽□EFGH이고 $\overline{BC}=8$ cm, $\overline{FG}=10$ cm이다. □ABCD의 넓이가 80 cm²일 때, □EFGH의 넓이는?

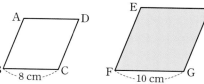

① 100 cm²　　② 105 cm²　　③ 110 cm²
④ 120 cm²　　⑤ 125 cm²

02 닮은 두 입체도형의 겉넓이의 비와 부피의 비

닮은 두 입체도형의 닮음비가 $m:n$이면
(1) 겉넓이의 비 $\rightarrow m^2:n^2$
(2) 부피의 비 $\rightarrow m^3:n^3$

닮은 두 입체도형의 겉넓이의 비와 부피의 비

❄ 아래 그림에서 두 삼각기둥 A, B가 닮은 도형일 때, 다음을 구하시오.

따라하기

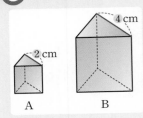

① 닮음비는 $1:2$
② 겉넓이의 비는
$1^2:2^2=1:4$
└ 닮음비의 제곱
③ 부피의 비는
$1^3:2^3=1:8$
└ 닮음비의 세제곱

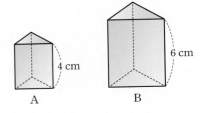

01 두 삼각기둥 A, B의 닮음비

02 두 삼각기둥 A, B의 밑넓이의 비

03 두 삼각기둥 A, B의 겉넓이의 비

04 두 삼각기둥 A, B의 부피의 비

❄ 아래 그림에서 두 원뿔 A, B가 닮은 도형일 때, 다음을 구하시오.

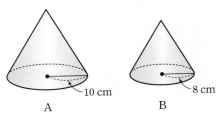

05 두 원뿔 A, B의 닮음비

06 두 원뿔 A, B의 밑면의 둘레의 길이의 비

07 두 원뿔 A, B의 밑넓이의 비

08 두 원뿔 A, B의 겉넓이의 비

09 두 원뿔 A, B의 부피의 비

✿ 아래 그림에서 두 사각뿔 A, B가 닮은 도형일 때, 다음을 구하시오.

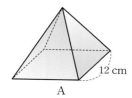 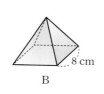

12 cm

8 cm

A   B

10 두 사각뿔 A, B의 닮음비

11 두 사각뿔 A, B의 겉넓이의 비

12 두 사각뿔 A, B의 부피의 비

13 사각뿔 A의 겉넓이가 54 cm²일 때, 사각뿔 B의 겉넓이

14 사각뿔 B의 부피가 80 cm³일 때, 사각뿔 A의 부피

✿ 아래 그림에서 두 원기둥 A, B가 닮은 도형일 때, 다음을 구하시오.

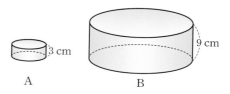

3 cm   9 cm

A   B

15 두 원기둥 A, B의 닮음비

16 두 원기둥 A, B의 겉넓이의 비

17 두 원기둥 A, B의 부피의 비

18 원기둥 A의 겉넓이가 25π cm²일 때, 원기둥 B의 겉넓이

19 원기둥 B의 부피가 162π cm³일 때, 원기둥 A의 부피

20 대표 문제

오른쪽 그림과 같은 두 구 A, B의 반지름의 길이의 비가 2 : 5이고 구 A의 부피가 32π cm³일 때, 구 B의 부피는?

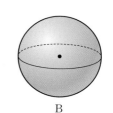

A   B

① 420π cm³   ② 440π cm³   ③ 460π cm³

④ 480π cm³   ⑤ 500π cm³

03 닮음의 활용

(1) **축도와 축척**: 직접 측정하기 어려운 높이나 거리 등은 도형의 닮음을 이용하여 축도를 그려서 구할 수 있다.
- **축도**: 어떤 도형을 일정한 비율로 줄여 그린 그림
- **축척**: 축도에서의 길이와 실제 길이의 비율

→ $(축척) = \dfrac{(축도에서의 길이)}{(실제 길이)}$

(2) **닮음의 활용**: 닮음을 이용하여 길이를 구하는 문제는 다음과 같은 순서대로 구한다.
- 닮은 두 도형을 찾는다.
- 닮음비를 이용하여 비례식을 세워 길이를 구한다.

축도와 축척

❖ **다음과 같은 지도의 축척을 구하시오.**

③ 따라하기

실제 거리가 60 m인 두 지점 사이의 거리를 3 cm로 나타낸 지도의 축척은

$(축척) = \dfrac{(축도에서의 길이)}{(실제 길이)}$

$= \dfrac{3\,cm}{60\,m} = \dfrac{3\,cm}{6000\,cm} = \dfrac{1}{2000}$

단위 통일

01 실제 거리가 50 m인 두 지점 사이의 거리를 2 cm로 나타낸 지도

02 실제 거리가 400 m인 두 지점 사이의 거리를 8 cm로 나타낸 지도

03 실제 거리가 2 km인 두 지점 사이의 거리를 10 cm로 나타낸 지도

04 실제 거리가 4.5 km인 두 지점 사이의 거리를 9 cm로 나타낸 지도

❖ **축척이 $\dfrac{1}{10000}$인 지도에서 다음 물음에 답하시오.**

③ 따라하기

축척이 $\dfrac{1}{500}$이고 지도에서의 거리가 2 cm인 두 지점 사이의 실제 거리는

$(실제 거리) = \dfrac{(축도에서의 길이)}{(축척)}$

$= 2(cm) \div \dfrac{1}{500} = 2(cm) \times 500$

$= 1000(cm) = 10(m)$ 역수

05 지도에서의 거리가 5 cm인 두 지점 사이의 실제 거리는 몇 m인지 구하시오.

06 지도에서의 거리가 40 cm인 두 지점 사이의 실제 거리는 몇 km인지 구하시오.

07 실제 거리가 6 km인 두 지점 사이의 지도에서의 거리는 몇 cm인지 구하시오.

Tip (지도에서의 거리) = (실제 거리) × (축척)임을 이용한다.

08 실제 거리가 1.5 km인 두 지점 사이의 지도에서의 거리는 몇 cm인지 구하시오.

닮음의 활용

❋ 어느 날 같은 시각에 가로등과 막대의 그림자의 길이를 재었더니 각각 **6 m, 1.5 m**이었다. 이 막대의 길이가 **1 m**일 때, 다음 물음에 답하시오.

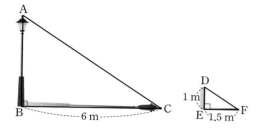

09 △ABC와 닮은 삼각형을 찾고, 닮음비를 구하시오.

10 가로등의 높이는 몇 m인지 구하시오.

❋ 아래 그림과 같이 키가 **1.2 m**인 지민이의 그림자의 끝이 나무의 그림자의 끝과 일치할 때, 다음 물음에 답하시오.

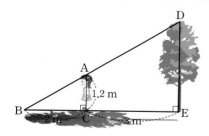

11 △ABC와 닮은 삼각형을 찾고, 닮음비를 구하시오.

12 나무의 높이는 몇 m인지 구하시오.

13 건물의 높이를 구하기 위하여 건물에서 **8 m** 떨어진 지점에 길이가 **2 m**인 막대를 세웠더니 그 그림자의 끝이 건물의 그림자의 끝과 일치하였다. 두 지점 A, B 사이의 거리가 **4 m**일 때, 건물의 높이는 몇 m인지 구하시오.

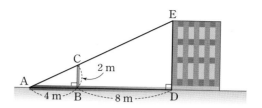

14 주현이가 전봇대에서 **6 m** 떨어진 지점에 거울을 놓고, 거울에서 **1.2 m** 떨어진 지점에 섰더니 거울에 전봇대의 끝이 보였다. 주현이의 눈높이가 **1.8m**이고 ∠ACB＝∠DCE일 때, 전봇대의 높이는 몇 m인지 구하시오.

(단, 거울의 두께는 생각하지 않는다.)

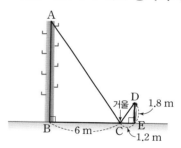

 **15** 대표 문제 👈

어느 날 같은 시각에 하람이와 탑의 그림자의 길이를 재었더니 하람이의 그림자의 길이는 **3 m**, 탑의 그림자의 길이는 **4.5 m**이었다. 하람이의 키가 **1.6 m**일 때, 탑의 높이는?

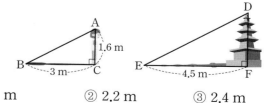

① 2 m   ② 2.2 m   ③ 2.4 m

④ 2.6 m   ⑤ 2.8 m

01

오른쪽 그림에서
△ABC∽△DEF이고
$\overline{BC}=12$ cm, $\overline{EF}=4$ cm
이다. △ABC의 넓이가
72 cm²일 때, △DEF의 넓이는?

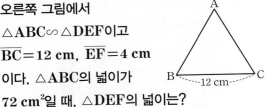

① 6 cm²   ② 7 cm²   ③ 8 cm²

④ 9 cm²   ⑤ 10 cm²

02

오른쪽 그림과 같은 △ABC에서
$\overline{BC}/\!/\overline{DE}$이고 $\overline{AD}=6$ cm,
$\overline{DB}=9$ cm이다. △ABC의 넓이
가 75 cm²일 때, □DBCE의 넓
이는?

① 59 cm²   ② 60 cm²   ③ 61 cm²

④ 62 cm²   ⑤ 63 cm²

03

겉넓이의 비가 81 : 25인 닮은 두 사각뿔의 닮음비는?

① 3 : 1   ② 9 : 1   ③ 9 : 5

④ 27 : 1   ⑤ 27 : 5

04

오른쪽 그림의 두 원기둥 모양의 캔 A,
B는 닮음비가 2 : 3인 닮은 도형이다. 캔
B의 부피가 135 cm³일 때, 캔 A의 부피
는?

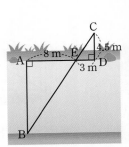

① 40 cm³   ② 45 cm³   ③ 50 cm³

④ 55 cm³   ⑤ 60 cm³

05

축척이 $\dfrac{1}{20000}$인 지도에서 거리가 25 cm인 두 지점 사이
의 실제 거리는?

① 80 m   ② 500 m   ③ 800 m

④ 5 km   ⑤ 8 km

06

오른쪽 그림은 강의 폭을 구하기 위
하여 필요한 거리를 측정한 것이다.
점 E는 $\overline{AD}$와 $\overline{BC}$의 교점이고
$\overline{AE}=8$ m, $\overline{ED}=3$ m,
$\overline{CD}=4.5$ m일 때, 두 지점 A, B
사이의 거리는?

① 11 m   ② 12 m   ③ 13 m

④ 14 m   ⑤ 15 m

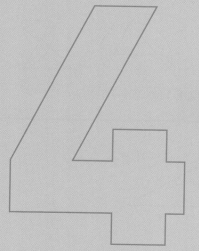

평행선 사이의
선분의 길이의 비

01 삼각형에서 평행선과 선분의 길이의 비

△ABC에서 $\overline{AB}$, $\overline{AC}$ 또는 그 연장선 위에 각각 점 D, E가 있을 때

(1) $\overline{BC} /\!/ \overline{DE}$이면

$\overline{AB} : \overline{AD} = \overline{AC} : \overline{AE} = \overline{BC} : \overline{DE}$

(2) $\overline{BC} /\!/ \overline{DE}$이면

$\overline{AD} : \overline{DB} = \overline{AE} : \overline{EC}$

 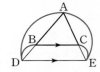

참고 $\overline{AD} : \overline{DB} \ne \overline{DE} : \overline{BC}$임에 주의한다.

삼각형에서 평행선과 선분의 길이의 비 (1)

❋ 다음 그림에서 $\overline{BC} /\!/ \overline{DE}$일 때, x의 값을 구하시오.

 따라하기

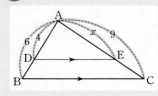

$6 : 4 = 9 : x$이므로
$\quad \llcorner \overline{AB} : \overline{AD} = \overline{AC} : \overline{AE}$
$x = 6$

01

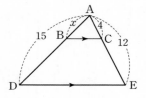

02

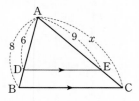

03

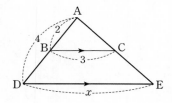

04

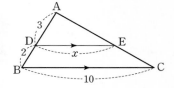

05

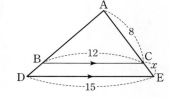

06

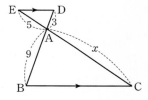

07

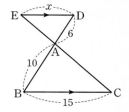

삼각형에서 평행선과 선분의 길이의 비 (2)

✿ 다음 그림에서 $\overline{BC} /\!/ \overline{DE}$일 때, x의 값을 구하시오.

따라하기

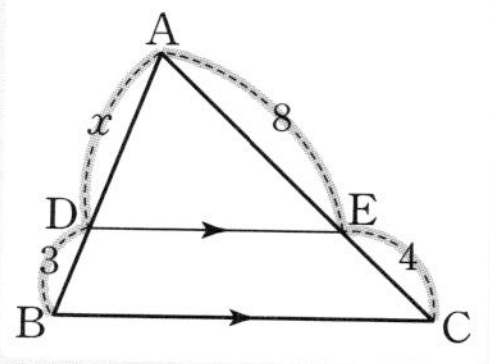

$x : 3 = 8 : 4$이므로
└→ $\overline{AD} : \overline{DB} = \overline{AE} : \overline{EC}$
$x = 6$

08

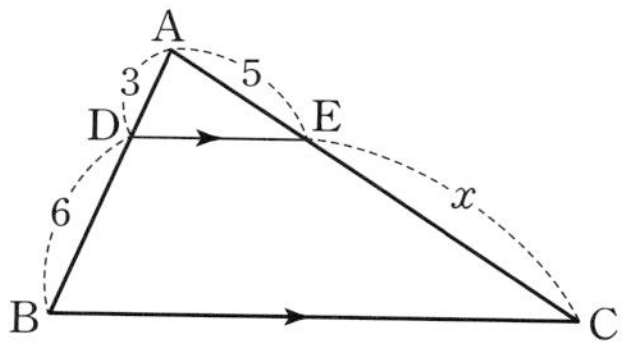

09

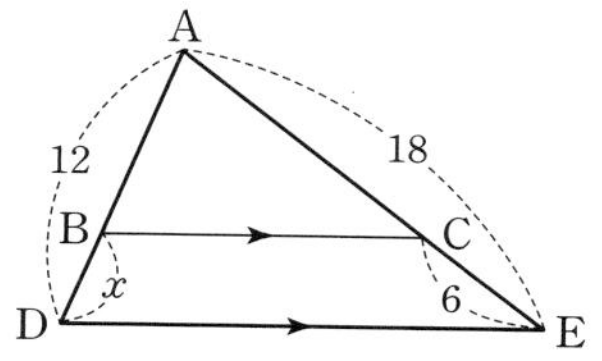

10

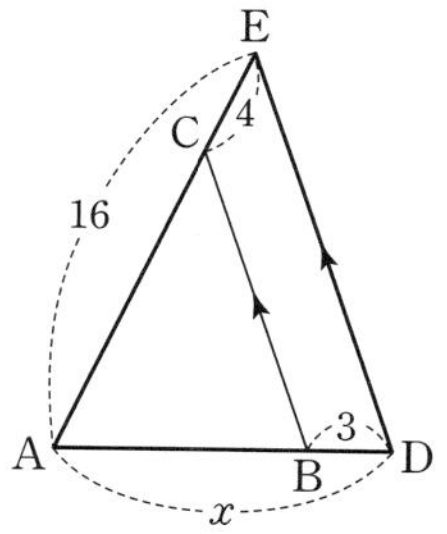

11

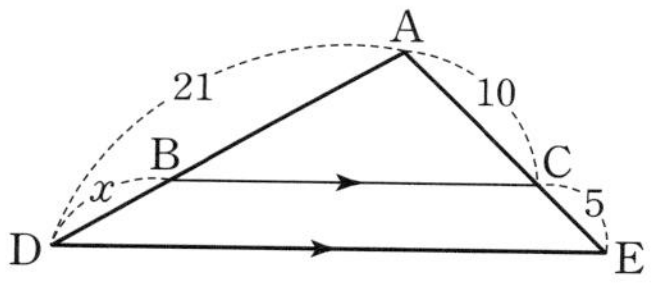

12

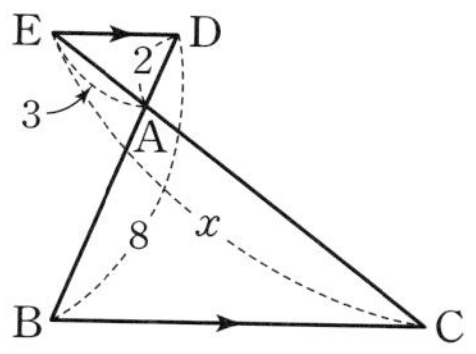

13

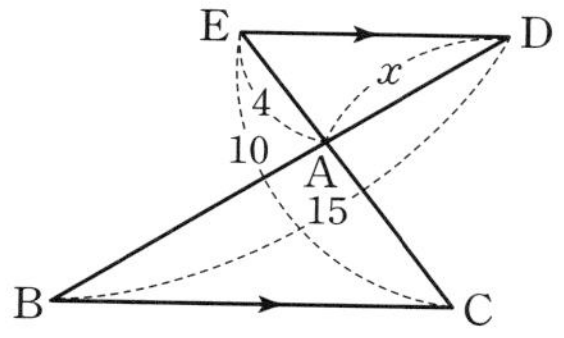

✿ 다음 그림에서 $\overline{BC} /\!/ \overline{DE}$일 때, x, y의 값을 각각 구하시오.

14

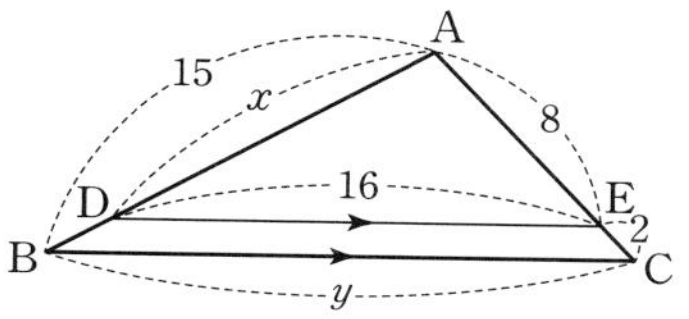

15

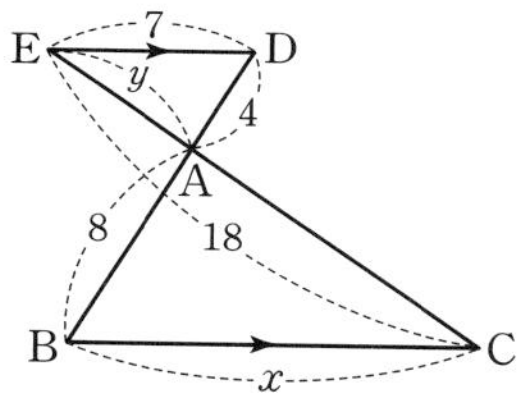

16 대표 문제

오른쪽 그림에서 $\overline{BC} /\!/ \overline{DE}$일 때, $x+y$의 값은?

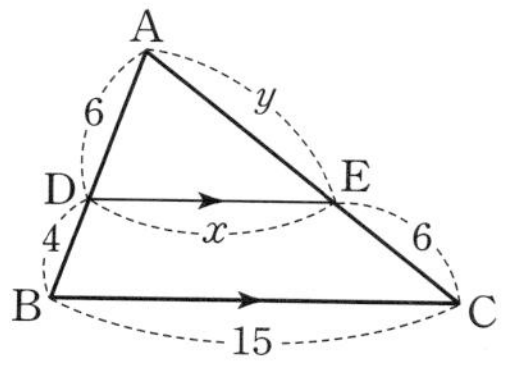

① 15 ② 16
③ 17 ④ 18
⑤ 19

02 선분의 길이의 비를 이용하여 평행선 찾기

△ABC에서 $\overline{AB}$, $\overline{AC}$ 또는 그 연장선 위에 각각 점 D, E가 있을 때

(1) $\overline{AB} : \overline{AD} = \overline{AC} : \overline{AE} = \overline{BC} : \overline{DE}$이면
$\overline{BC} /\!/ \overline{DE}$

(2) $\overline{AD} : \overline{DB} = \overline{AE} : \overline{EC}$이면
$\overline{BC} /\!/ \overline{DE}$

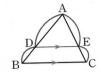

삼각형에서 평행선 찾기

✖ 다음 그림에서 $\overline{BC} /\!/ \overline{DE}$인 것에는 ○표, 아닌 것에는 ×표를 하시오.

 따라하기

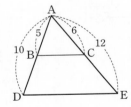

$\overline{AB} : \overline{AD} = 6 : 2 = 3 : 1$
$\overline{AC} : \overline{AE} = 10 : 4 = 5 : 2$
따라서
$\overline{AB} : \overline{AD} \neq \overline{AC} : \overline{AE}$이므로
$\overline{BC}$와 $\overline{DE}$는 평행하지 않다.

01

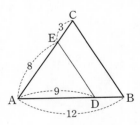

(   )

02

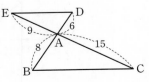

(   )

03

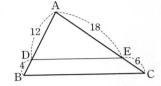

(   )

04

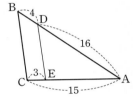

(   )

05

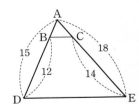

(   )

06

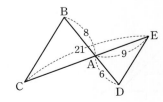

(   )

07

(   )

03 삼각형의 내각의 이등분선

△ABC에서 ∠A의 이등분선이 $\overline{BC}$와 만나는 점을 D라 하면
$$\overline{AB} : \overline{AC} = \overline{BD} : \overline{CD}$$

삼각형의 내각의 이등분선

❈ 다음 그림과 같은 △ABC에서 $\overline{AD}$가 ∠A의 이등분선일 때, x의 값을 구하시오.

 따라하기

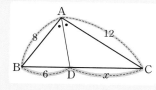

$8:12=6:x$이므로
$\overline{AB}:\overline{AC}=\overline{BD}:\overline{CD}$
$x=9$

01

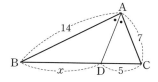

02

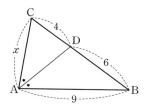

03

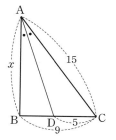

04

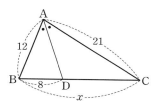

삼각형의 내각의 이등분선과 넓이

❈ 다음 그림과 같은 △ABC에서 $\overline{AD}$가 ∠A의 이등분선일 때, 색칠한 부분의 넓이를 구하시오.

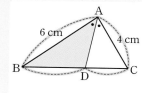 따라하기

$\overline{BD}:\overline{CD}=6:4=3:2$이므로
$\overline{AB}:\overline{AC}$
△ABD : △ACD=3 : 2
↳ 높이가 같은 두 삼각형의 넓이의 비는 밑변의 길이의 비와 같다.

△ABC=15 cm²

$$△ABD=15 \times \frac{3}{3+2}$$
$$=9(\text{cm}^2)$$

05

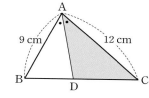

△ABC=49 cm²

06

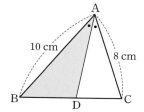

△ACD=36 cm²

07 대표 문제

오른쪽 그림과 같은 △ABC에서 $\overline{AD}$가 ∠A의 이등분선일 때, $\overline{BD}$의 길이를 구하시오.

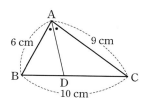

04 삼각형의 외각의 이등분선

△ABC에서 ∠A의 외각의 이등분선이 $\overline{BC}$의 연장선과 만나는 점을 D라 하면
$\overline{AB} : \overline{AC} = \overline{BD} : \overline{CD}$

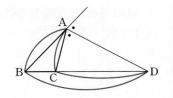

삼각형의 외각의 이등분선

✽ 다음 그림과 같은 △ABC에서 ∠A의 외각의 이등분선과 $\overline{BC}$의 연장선의 교점을 D라 할 때, x의 값을 구하시오.

따라하기

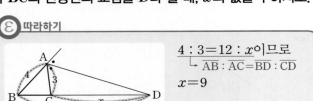

$4 : 3 = 12 : x$이므로
$\overline{AB} : \overline{AC} = \overline{BD} : \overline{CD}$
$x = 9$

01

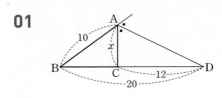

02

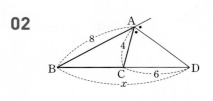

03

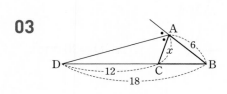

04

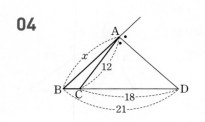

05

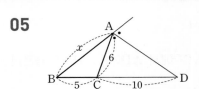

06

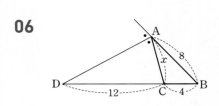

07

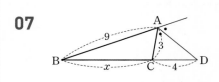

08

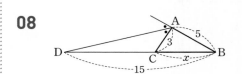

09 대표 문제

오른쪽 그림과 같은 △ABC에서 ∠A의 외각의 이등분선과 $\overline{BC}$의 연장선의 교점을 D라 할 때, $\overline{CD}$의 길이는?

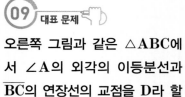

① 4 cm ② 5 cm ③ 6 cm
④ 7 cm ⑤ 8 cm

정답과 풀이 35쪽

세 개 이상의 평행선이 다른 두 직선과 만날 때, 평행선 사이에 생기는 선분의 길이의 비는 같다.

→ $l /\!/ m /\!/ n$이면 $a : b = c : d$

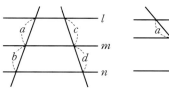
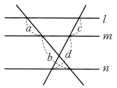

평행선 사이의 선분의 길이의 비 (1)

✖ 다음 그림에서 $l /\!/ m /\!/ n$일 때, x의 값을 구하시오.

🅱 따라하기

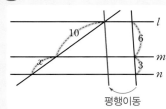

$10 : x = 6 : 3$이므로
$x = 5$

평행이동

01

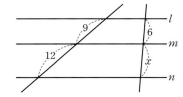

02

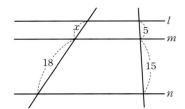

03

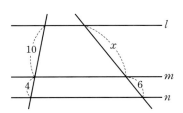

04

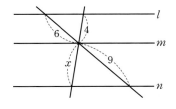

05

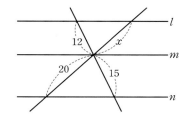

06

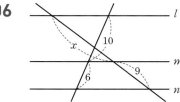

07

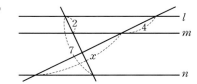

08

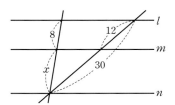

09 대표 문제 👈

오른쪽 그림에서 $l /\!/ m /\!/ n$일 때, x의 값은?

① 18 ② 20

③ 22 ④ 24

⑤ 26

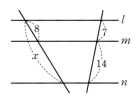

평행선 사이의 선분의 길이의 비 (2)

❈ 다음 그림에서 $l /\!/ m /\!/ n$일 때, x, y의 값을 각각 구하시오.

10

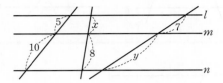

11

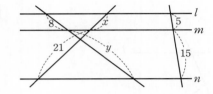

12

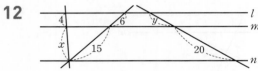

13

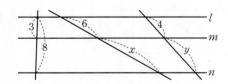

14

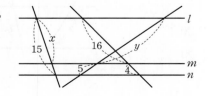

평행선 사이의 선분의 길이의 비 (3)

❈ 다음 그림에서 $k /\!/ l /\!/ m /\!/ n$일 때, x, y의 값을 각각 구하시오.

15

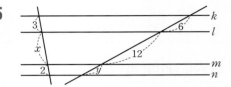

16

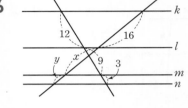

17

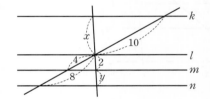

18

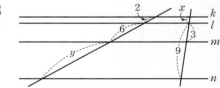

19 대표 문제

다음 그림에서 $l /\!/ m /\!/ n$이고 $\overline{AG} : \overline{GF} = 3 : 2$일 때, xy의 값은?

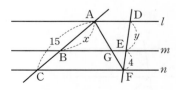

① 46   ② 48   ③ 50

④ 52   ⑤ 54

06 사다리꼴에서 평행선과 선분의 길이의 비 (1)

사다리꼴 ABCD에서 $\overline{AD} /\!/ \overline{EF} /\!/ \overline{BC}$일 때, 평행선을 이용하여 $\overline{EF}$의 길이를 다음과 같은 순서대로 구할 수 있다.

① 꼭짓점 A를 지나고 $\overline{DC}$에 평행한 직선 AH를 긋는다.
② 평행사변형 AHCD에서 $\overline{GF}=\overline{HC}=\overline{AD}=a$이다.
③ △ABH에서 $m:(m+n)=\overline{EG}:\overline{BH}$, 즉 $m:(m+n)=\overline{EG}:(b-a)$임을 이용하여 $\overline{EG}$의 길이를 구한다.
④ $\overline{EF}=\overline{EG}+\overline{GF}$임을 이용한다.

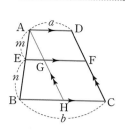

사다리꼴에서 평행선과 선분의 길이의 비 – 평행선 이용

01 오른쪽 그림과 같은 사다리꼴 ABCD에서 $\overline{AD} /\!/ \overline{EF} /\!/ \overline{BC}$, $\overline{AH} /\!/ \overline{DC}$이고 점 G는 $\overline{AH}$와 $\overline{EF}$의 교점일 때, 다음을 구하시오.

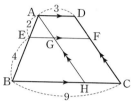

(1) $\overline{GF}$의 길이

(2) $\overline{BH}$의 길이

(3) $\overline{EG}$의 길이
> **Tip** △ABH에서 $\overline{AE}:\overline{AB}=\overline{EG}:\overline{BH}$이다.

(4) $\overline{EF}$의 길이

 다음 그림과 같은 사다리꼴 ABCD에서 $\overline{AD} /\!/ \overline{EF} /\!/ \overline{BC}$일 때, $\overline{EF}$의 길이를 구하시오.

02
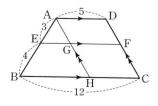

03
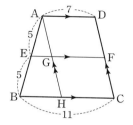

04
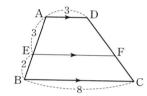

05
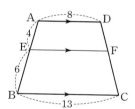

06 대표 문제

오른쪽 그림과 같은 사다리꼴 ABCD에서 $\overline{AD} /\!/ \overline{EF} /\!/ \overline{BC}$, $\overline{AH} /\!/ \overline{DC}$이고 점 G는 $\overline{AH}$와 $\overline{EF}$의 교점일 때, $y-x$의 값은?

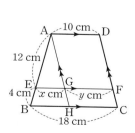

① 3
② 4
③ 5
④ 6
⑤ 7

07 사다리꼴에서 평행선과 선분의 길이의 비 (2)

사다리꼴 ABCD에서 $\overline{AD} /\!/ \overline{EF} /\!/ \overline{BC}$일 때, 대각선을 이용하여 $\overline{EF}$의 길이를 다음과 같은 순서대로 구할 수 있다.

① 대각선 AC를 긋는다.
② △ABC에서 $m : (m+n) = \overline{EG} : \overline{BC}$, 즉 $m : (m+n) = \overline{EG} : b$임을 이용하여 $\overline{EG}$의 길이를 구한다.
③ △ACD에서 $n : (m+n) = \overline{GF} : \overline{AD}$, 즉 $n : (m+n) = \overline{GF} : a$임을 이용하여 $\overline{GF}$의 길이를 구한다.
④ $\overline{EF} = \overline{EG} + \overline{GF}$임을 이용한다.

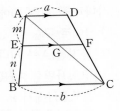

사다리꼴에서 평행선과 선분의 길이의 비 – 대각선 이용

01 오른쪽 그림과 같은 사다리꼴 ABCD에서 $\overline{AD} /\!/ \overline{EF} /\!/ \overline{BC}$이고 점 G는 $\overline{AC}$와 $\overline{EF}$의 교점일 때, 다음을 구하시오.

(1) $\overline{EG}$의 길이
Tip △ABC에서 $\overline{AE} : \overline{AB} = \overline{EG} : \overline{BC}$이다.

(2) $\overline{FG}$의 길이
Tip △ACD에서 $\overline{CG} : \overline{CA} = \overline{GF} : \overline{AD}$이다.

(3) $\overline{EF}$의 길이

✿ 다음 그림과 같은 사다리꼴 ABCD에서 $\overline{AD} /\!/ \overline{EF} /\!/ \overline{BC}$일 때, $\overline{EF}$의 길이를 구하시오.

02
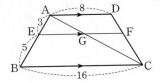

03
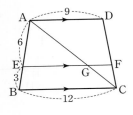

04
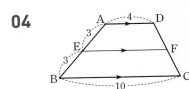

05
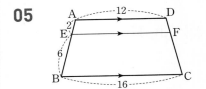

 06 대표 문제

오른쪽 그림과 같은 사다리꼴 ABCD에서 $\overline{AD} /\!/ \overline{EF} /\!/ \overline{BC}$일 때, $x+y$의 값은?

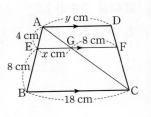

① 14   ② 16
③ 18   ④ 20
⑤ 22

08 평행선 사이의 선분의 길이의 비의 응용

정답과 풀이 37쪽

$\overline{AC}$와 $\overline{BD}$가 만나는 점을 E라 할 때, $\overline{AB} /\!/ \overline{EF} /\!/ \overline{DC}$이고 $\overline{AB}=a$, $\overline{DC}=b$이면
(1) $\overline{AE} : \overline{EC} = \overline{BE} : \overline{ED} = \overline{BF} : \overline{FC} = a : b$
(2) $\triangle BCD$에서 $a : (a+b) = \overline{EF} : b$ $\rbrace$ $\overline{EF} = \dfrac{ab}{a+b}$
(3) $\triangle ABC$에서 $b : (a+b) = \overline{EF} : a$

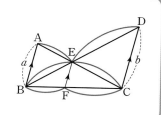

평행선 사이의 선분의 길이의 비의 응용

❈ 다음 그림에서 $\overline{AB} /\!/ \overline{EF} /\!/ \overline{DC}$일 때, $\overline{EF}$의 길이를 구하시오.

ε 따라하기

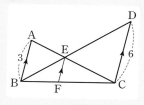

$\overline{BE} : \overline{DE} = \overline{AB} : \overline{CD}$
$\quad\rightarrow \triangle ABE \backsim \triangle CDE$ (AA 닮음)
$\qquad = 3 : 6 = 1 : 2$
$\triangle BCD$에서
$1 : (1+2) = \overline{EF} : 6$이므로
$\overline{EF} = 2$ $\quad\rightarrow \overline{BE} : \overline{BD} = \overline{EF} : \overline{DC}$

01

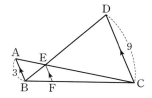

02

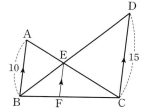

03

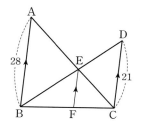

❈ 다음 그림에서 $\overline{AB} /\!/ \overline{EF} /\!/ \overline{DC}$일 때, x의 값을 구하시오.

04

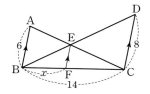

Tip $\triangle BCD$에서 $\overline{BE} : \overline{BD} = \overline{BF} : \overline{BC}$이다.

05

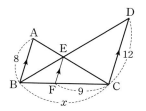

06

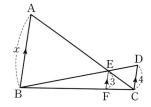

Tip $\triangle BCD$에서 $\overline{BE} : \overline{BD} = \overline{EF} : \overline{DC}$임을 이용하여 $\overline{BE} : \overline{ED}$를 구한다.

07 대표 문제 👈

오른쪽 그림에서 $\overline{AB}$, $\overline{EF}$, $\overline{DC}$가 모두 $\overline{BC}$에 수직일 때, $\overline{EF}$의 길이는?

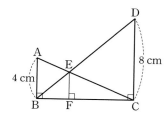

① 2 cm
② $\dfrac{7}{3}$ cm
③ $\dfrac{8}{3}$ cm
④ 3 cm
⑤ $\dfrac{10}{3}$ cm

01

오른쪽 그림에서 $\overline{BC}\,/\!/\,\overline{DE}$일 때,
$x-y$의 값은?

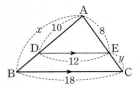

① 7　　　② 9

③ 11　　　④ 13

⑤ 15

02

다음 중에서 $\overline{BC}\,/\!/\,\overline{DE}$인 것을 모두 고르면? (정답 2개)

① 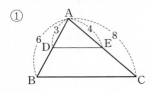　　　②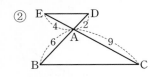

③ 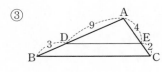　　　④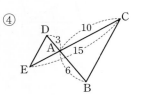

⑤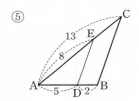

03

오른쪽 그림과 같은 △ABC에서
$\overline{AD}$가 ∠A의 이등분선일 때, x의
값은?

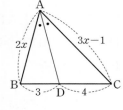

① 2　　　② 3

③ 4　　　④ 5

⑤ 6

04

오른쪽 그림과 같은 △ABC에서
$\overline{AD}$는 ∠A의 외각의 이등분선
이다. $\overline{AB}=10$ cm, $\overline{AC}=6$ cm
일 때, △ABC와 △ACD의 넓이의 비는?

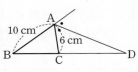

① 1 : 2　　　② 1 : 3　　　③ 2 : 3

④ 3 : 4　　　⑤ 3 : 5

05

다음 그림에서 $l\,/\!/\,m\,/\!/\,n$일 때, $x+y$의 값은?

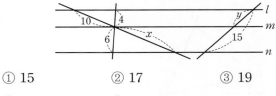

① 15　　　② 17　　　③ 19

④ 21　　　⑤ 23

06

오른쪽 그림과 같은 사다리꼴
ABCD에서 $\overline{AD}\,/\!/\,\overline{EF}\,/\!/\,\overline{BC}$,
$\overline{AH}\,/\!/\,\overline{DC}$이고 점 G는 $\overline{AH}$와
$\overline{EF}$의 교점일 때, $\overline{BC}$의 길이는?

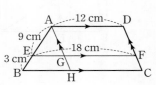

① 20 cm　　　② 21 cm　　　③ 22 cm

④ 23 cm　　　⑤ 24 cm

01 삼각형의 두 변의 중점을 연결한 선분의 성질

정답과 풀이 38쪽

(1) △ABC에서 $\overline{AB}$, $\overline{AC}$의 중점을 각각 M, N이라 하면

$$\overline{MN} /\!/ \overline{BC}, \quad \overline{MN} = \frac{1}{2}\overline{BC}$$

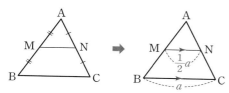

(2) △ABC에서 $\overline{AB}$의 중점 M을 지나고 $\overline{BC}$에 평행한 직선과 $\overline{AC}$가 만나는 점을 N이라 하면

$$\overline{AN} = \overline{NC}$$

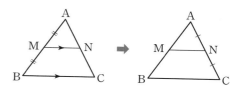

삼각형의 두 변의 중점을 연결한 선분의 성질 (1)

❖ 다음 그림과 같은 △ABC에서 $\overline{AB}$, $\overline{AC}$의 중점을 각각 M, N이라 할 때, x의 값을 구하시오.

따라하기

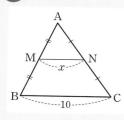

$\overline{AM} = \overline{MB}$, $\overline{AN} = \overline{NC}$이므로
↳ △AMN∽△ABC(SAS 닮음)이므로 $\overline{MN} : \overline{BC} = \overline{AM} : \overline{AB} = 1 : 2$

$$\overline{MN} = \frac{1}{2}\overline{BC} = \frac{1}{2} \times 10 = 5$$

따라서 $x = 5$

01

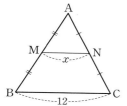

02

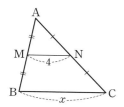

03

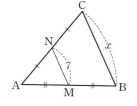

❖ 다음 그림과 같은 △ABC에서 $\overline{AB}$, $\overline{AC}$의 중점을 각각 M, N이라 할 때, x, y의 값을 각각 구하시오.

04

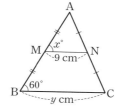

Tip 평행한 두 직선이 다른 한 직선과 만날 때 생기는 동위각의 크기는 같다.

05

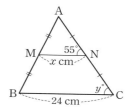

06

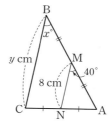

07 대표 문제

오른쪽 그림과 같은 △ABC에서 $\overline{AB}$, $\overline{AC}$의 중점을 각각 M, N이라 할 때, $x+y$의 값을 구하시오.

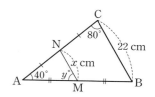

삼각형의 두 변의 중점을 연결한 선분의 성질 (2)

✖ 다음 그림과 같은 △ABC에서 점 M은 $\overline{AB}$의 중점이고 $\overline{MN} /\!/ \overline{BC}$일 때, x의 값을 구하시오.

따라하기

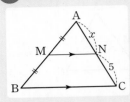

$\overline{AM}=\overline{MB}$, $\overline{MN} /\!/ \overline{BC}$이므로
└ △AMN∽△ABC(AA 닮음)이므로 $\overline{AN}:\overline{AC}=\overline{AM}:\overline{AB}=1:2$

$\overline{AN}=\overline{NC}$

따라서 $x=5$

08

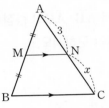

09

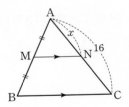

10

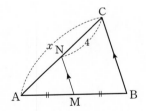

11

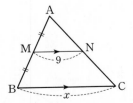

Tip $\overline{AM}=\overline{MB}$, $\overline{MN} /\!/ \overline{BC}$이므로 $\overline{AN}=\overline{NC}$이고 $\overline{MN}=\dfrac{1}{2}\overline{BC}$ 이다.

✖ 다음 그림과 같은 △ABC에서 점 M은 $\overline{AB}$의 중점이고 $\overline{MN} /\!/ \overline{BC}$일 때, x, y의 값을 각각 구하시오.

12

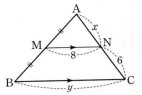

13

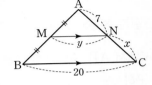

14

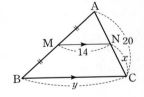

15

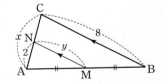

16 대표 문제

오른쪽 그림에서 △ABC는 $\overline{AB}=\overline{AC}$인 이등변삼각형이다. 점 M은 $\overline{AB}$의 중점이고 $\overline{MN} /\!/ \overline{BC}$일 때, △AMN의 둘레의 길이는?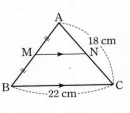

① 23 cm   ② 25 cm   ③ 27 cm

④ 29 cm   ⑤ 31 cm

02 삼각형의 세 변의 중점을 연결한 삼각형

정답과 풀이 39쪽

△ABC에서 $\overline{AB}$, $\overline{BC}$, $\overline{CA}$의 중점을 각각 D, E, F라 하면

$\overline{FE}=\frac{1}{2}\overline{AB}$, $\overline{DF}=\frac{1}{2}\overline{BC}$, $\overline{ED}=\frac{1}{2}\overline{CA}$ ← $\overline{AB}/\!/\overline{FE}$, $\overline{BC}/\!/\overline{DF}$, $\overline{CA}/\!/\overline{ED}$

→ (△DEF의 둘레의 길이)$=\frac{1}{2}\times$(△ABC의 둘레의 길이)

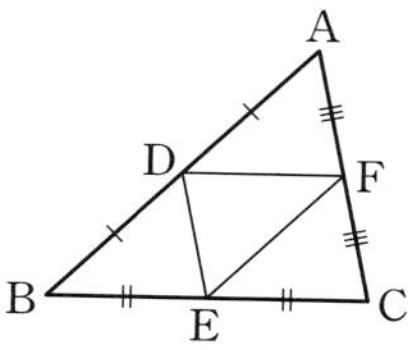

삼각형의 세 변의 중점을 연결한 삼각형

다음 그림과 같은 △ABC에서 $\overline{AB}$, $\overline{BC}$, $\overline{CA}$의 중점을 각각 D, E, F라 할 때, △DEF의 둘레의 길이를 구하시오.

따라하기

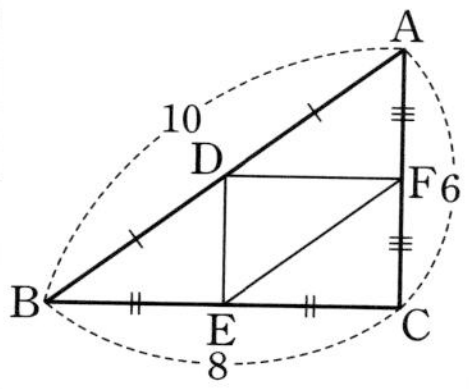

(△DEF의 둘레의 길이)

$=\overline{DE}+\overline{EF}+\overline{FD}$

$=\frac{1}{2}(\overline{AB}+\overline{BC}+\overline{CA})$

↳ $\frac{1}{2}\times$(△ABC의 둘레의 길이)

$=\frac{1}{2}\times(10+8+6)=12$

01

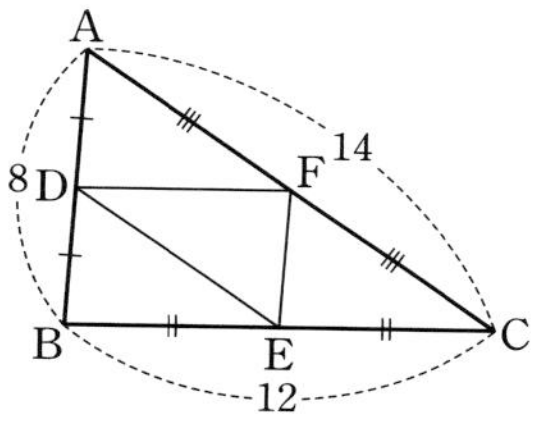

02

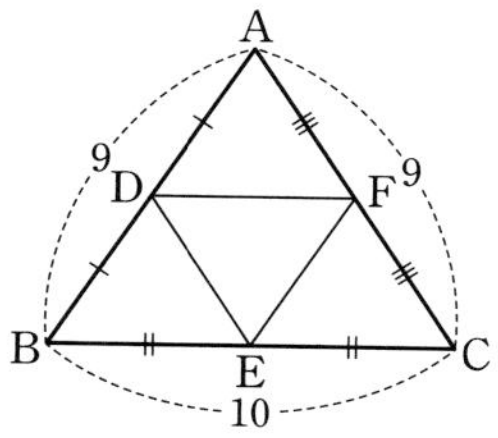

03

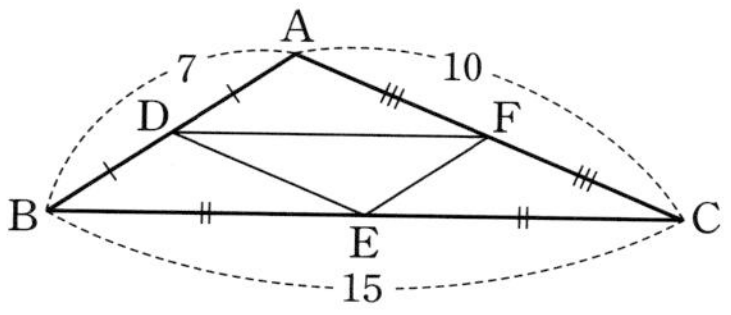

다음 그림과 같은 △ABC에서 $\overline{AB}$, $\overline{BC}$, $\overline{CA}$의 중점을 각각 D, E, F라 할 때, △ABC의 둘레의 길이를 구하시오.

04

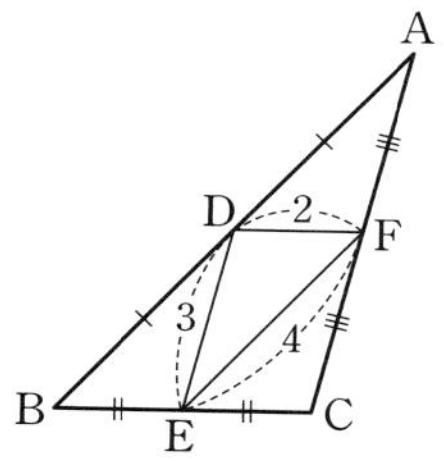

Tip $\overline{AB}=2\overline{EF}$, $\overline{BC}=2\overline{DF}$, $\overline{CA}=2\overline{DE}$이므로
(△ABC의 둘레의 길이)$=2\times$(△DEF의 둘레의 길이)이다.

05

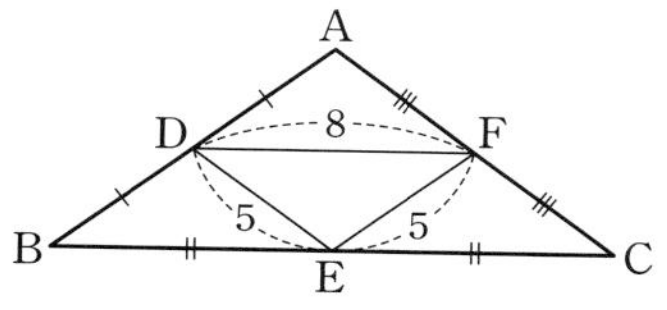

06

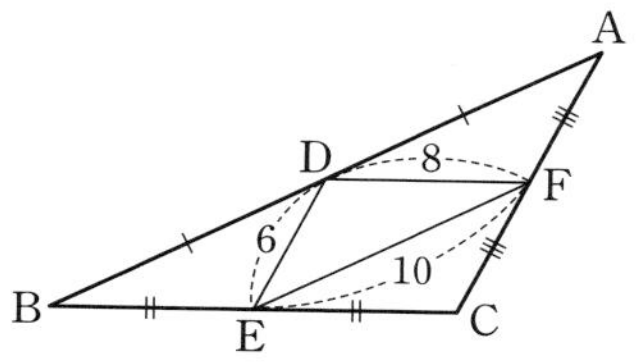

07 대표 문제

오른쪽 그림과 같은 △ABC에서 $\overline{AB}$, $\overline{BC}$, $\overline{CA}$의 중점을 각각 D, E, F라 하자. △DEF의 둘레의 길이가 12 cm일 때, △ABC의 둘레의 길이는?

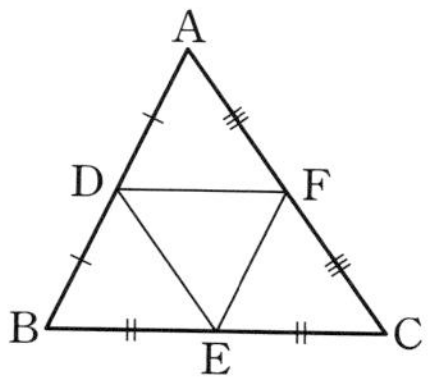

① 16 cm ② 20 cm ③ 24 cm
④ 28 cm ⑤ 32 cm

□ABCD에서 $\overline{AB}$, $\overline{BC}$, $\overline{CD}$, $\overline{DA}$의 중점을 각각 E, F, G, H라 하면

$\overline{EF}=\overline{HG}=\dfrac{1}{2}\overline{AC}$, $\overline{EH}=\overline{FG}=\dfrac{1}{2}\overline{BD}$ ← $\overline{AC}/\!/\overline{EF}/\!/\overline{HG}$, $\overline{BD}/\!/\overline{EH}/\!/\overline{FG}$

→ (□EFGH의 둘레의 길이)$=\overline{AC}+\overline{BD}$

참고 두 쌍의 대변의 길이가 각각 같으므로 □EFGH는 평행사변형이다.

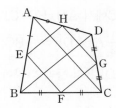

사각형의 네 변의 중점을 연결한 사각형

❈ 다음 그림과 같은 □ABCD에서 $\overline{AB}$, $\overline{BC}$, $\overline{CD}$, $\overline{DA}$의 중점을 각각 E, F, G, H라 할 때, □EFGH의 둘레의 길이를 구하시오.

 따라하기

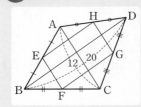

(□EFGH의 둘레의 길이)
$=\overline{EF}+\overline{FG}+\overline{GH}+\overline{HE}$
↳ $\overline{EF}=\overline{HG}=\dfrac{1}{2}\overline{AC}$,
$=\overline{AC}+\overline{BD}$ $\overline{EH}=\overline{FG}=\dfrac{1}{2}\overline{BD}$
$=12+20=32$

01

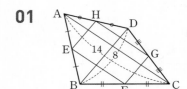

02

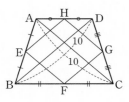

03

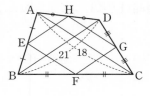

❈ 다음 그림과 같은 직사각형 ABCD에서 네 변의 중점을 각각 E, F, G, H라 할 때, □EFGH의 둘레의 길이를 구하시오.

04

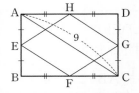

Tip 직사각형의 두 대각선의 길이는 같다.

05

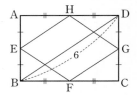

06

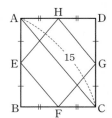

07 대표 문제

오른쪽 그림과 같은 □ABCD에서 $\overline{AB}$, $\overline{BC}$, $\overline{CD}$, $\overline{DA}$의 중점을 각각 E, F, G, H라 하자. $\overline{AC}$와 $\overline{BD}$의 길이의 합이 26 cm일 때, □EFGH의 둘레의 길이는?

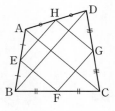

① 13 cm   ② 20 cm   ③ 26 cm

④ 40 cm   ⑤ 52 cm

04 사다리꼴의 두 변의 중점을 연결한 선분의 성질

$\overline{AD} /\!/ \overline{BC}$인 사다리꼴 ABCD에서 $\overline{AB}$, $\overline{DC}$의 중점을 각각 M, N이라 하면
(1) $\overline{AD} /\!/ \overline{MN} /\!/ \overline{BC}$
(2) $\overline{MN} = \overline{MQ} + \overline{QN} = \dfrac{1}{2}(\overline{BC} + \overline{AD})$
(3) $\overline{PQ} = \overline{MQ} - \overline{MP} = \dfrac{1}{2}(\overline{BC} - \overline{AD})$ (단, $\overline{BC} > \overline{AD}$)

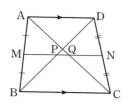

사다리꼴의 두 변의 중점을 연결한 선분의 성질(1)

✿ 다음 그림과 같이 $\overline{AD} /\!/ \overline{BC}$인 사다리꼴 ABCD에서 $\overline{AB}$, $\overline{DC}$의 중점을 각각 M, N이라 할 때, x의 값을 구하시오.

 따라하기

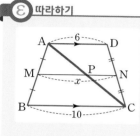

$\triangle ABC$에서 $\overline{MP} = \dfrac{1}{2}\overline{BC} = 5$
$\overline{AM} = \overline{MB}, \overline{MP} /\!/ \overline{BC}$ ↵

$\triangle ACD$에서 $\overline{PN} = \dfrac{1}{2}\overline{AD} = 3$
$\overline{CN} = \overline{ND}, \overline{PN} /\!/ \overline{AD}$ ↵

$\overline{MN} = \overline{MP} + \overline{PN} = 5 + 3 = 8$
따라서 $x = 8$

01

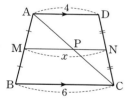

02

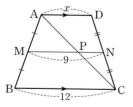

03

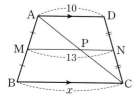

04

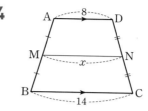

05

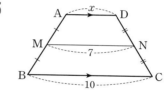

06

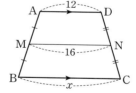

07 대표 문제

오른쪽 그림과 같이 $\overline{AD} /\!/ \overline{BC}$인 사다리꼴 ABCD에서 $\overline{AB}$, $\overline{DC}$의 중점을 각각 M, N이라 하고 $\overline{AC}$와 $\overline{MN}$의 교점을 P라 할 때, xy의 값은?

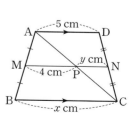

① 8   ② 12   ③ 16
④ 20   ⑤ 24

사다리꼴의 두 변의 중점을 연결한 선분의 성질(2)

✖ 다음 그림과 같이 $\overline{AD} \parallel \overline{BC}$인 사다리꼴 ABCD에서 $\overline{AB}$, $\overline{DC}$의 중점을 각각 M, N이라 할 때, x의 값을 구하시오.

따라하기

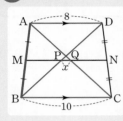

△ABC에서 $\overline{MQ} = \dfrac{1}{2}\overline{BC} = 5$
$\overline{AM} = \overline{MB}, \overline{MQ} \parallel \overline{BC}$ ↵

△ABD에서 $\overline{MP} = \dfrac{1}{2}\overline{AD} = 4$
$\overline{AM} = \overline{MB}, \overline{MP} \parallel \overline{AD}$ ↵

$\overline{PQ} = \overline{MQ} - \overline{MP} = 5 - 4 = 1$

따라서 $x = 1$

08

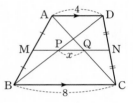

09

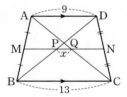

10

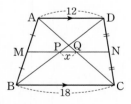

11

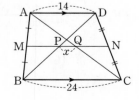

✖ 다음 그림과 같이 $\overline{AD} \parallel \overline{BC}$인 사다리꼴 ABCD에서 $\overline{AB}$, $\overline{DC}$의 중점을 각각 M, N이라 할 때, x의 값을 구하시오.

12

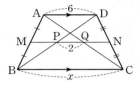

13

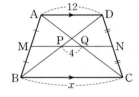

14

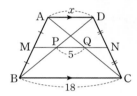

15

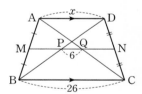

16 대표 문제 👉

오른쪽 그림과 같이 $\overline{AD} \parallel \overline{BC}$인 사다리꼴 ABCD에서 $\overline{AB}$, $\overline{DC}$의 중점을 각각 M, N이라 하고 $\overline{MN}$과 $\overline{BD}$, $\overline{AC}$의 교점을 각각 P, Q라 하자. $\overline{MP} = \overline{PQ} = \overline{QN}$이고 $\overline{AD} = 8$ cm일 때, $\overline{BC}$의 길이를 구하시오.

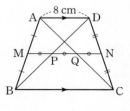

05 삼각형의 중선

정답과 풀이 42쪽

(1) **삼각형의 중선:** 삼각형의 한 꼭짓점과 그 대변의 중점을 이은 선분

참고 한 삼각형에는 3개의 중선이 있다.

(2) **삼각형의 중선의 성질:** 삼각형의 한 중선은 그 삼각형의 넓이를 이등분한다.

➔ $\triangle ABC$에서 $\overline{BD}=\overline{DC}$이면

$\triangle ABD=\triangle ADC=\frac{1}{2}\triangle ABC$

└ 밑변의 길이와 높이가 각각 같은 두 삼각형의 넓이는 같다.

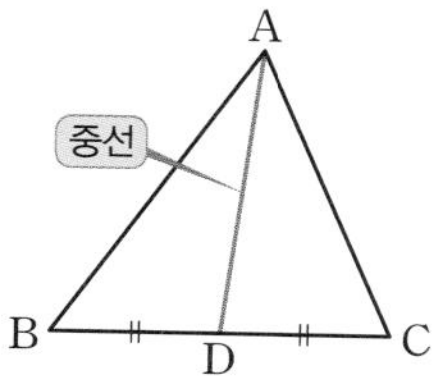

삼각형의 중선

아래 그림에서 $\overline{AD}$가 $\triangle ABC$의 중선이고 삼각형의 넓이가 다음과 같이 주어질 때, 색칠한 부분의 넓이를 구하시오. (단, 점 E는 $\overline{AD}$의 중점이다.)

따라하기

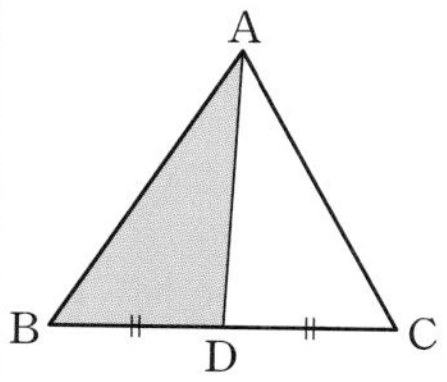

$\triangle ABC=20\text{ cm}^2$

$\triangle ABD=\frac{1}{2}\triangle ABC$

$=\frac{1}{2}\times 20=10(\text{cm}^2)$

└ $\overline{BD}=\overline{DC}$이므로 $\triangle ABD=\triangle ADC$

01

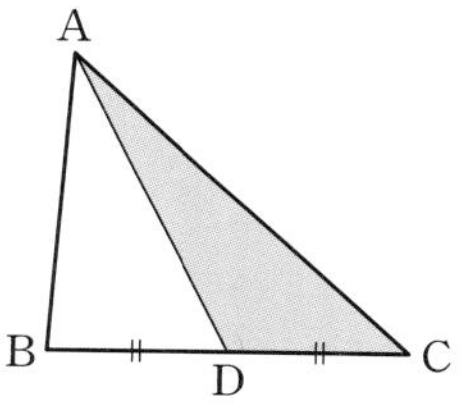

$\triangle ABC=16\text{ cm}^2$

02

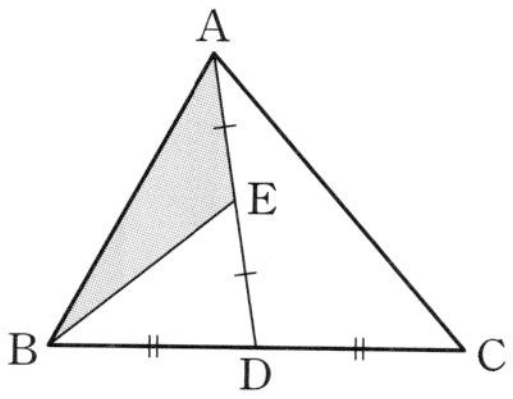

$\triangle ABC=24\text{ cm}^2$

Tip $\overline{BE}$는 $\triangle ABD$의 중선이다.

03

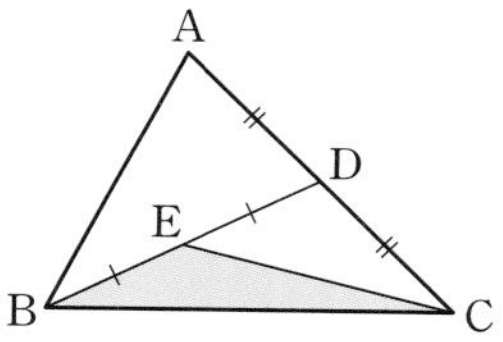

$\triangle ABC=32\text{ cm}^2$

04

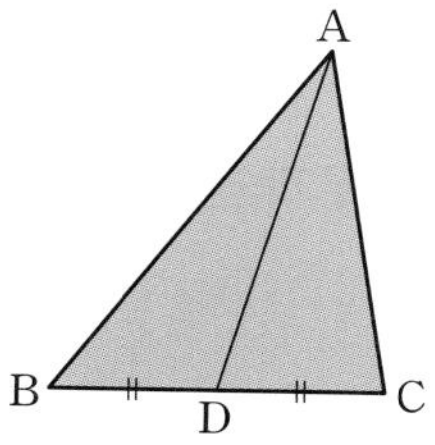

$\triangle ABD=9\text{ cm}^2$

05

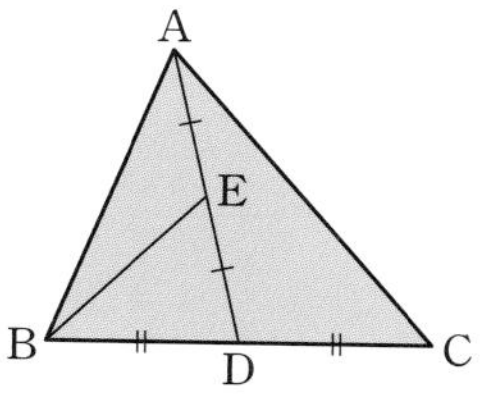

$\triangle BDE=11\text{ cm}^2$

06

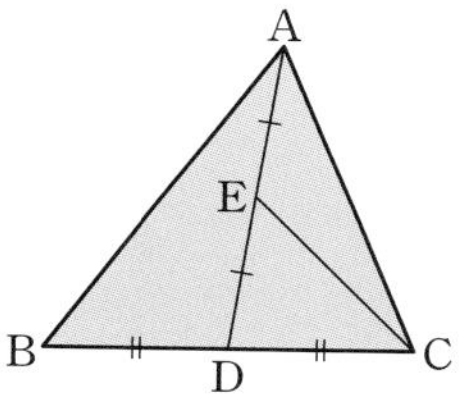

$\triangle AEC=15\text{ cm}^2$

07 대표 문제

오른쪽 그림과 같은 $\triangle ABC$에서 점 D는 $\overline{BC}$의 중점이고, 두 점 E, F는 $\overline{AD}$를 삼등분하는 점이다. $\triangle ABC$의 넓이가 36 cm^2일 때, $\triangle BFE$의 넓이는?

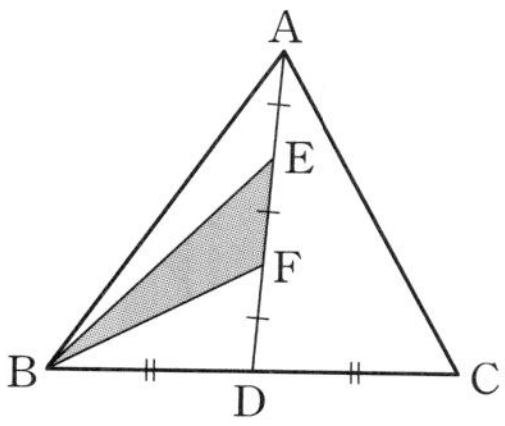

① 6 cm^2 ② 7 cm^2 ③ 8 cm^2
④ 9 cm^2 ⑤ 10 cm^2

06 삼각형의 무게중심

(1) 삼각형의 무게중심: 삼각형의 세 중선이 만나는 점

(2) 삼각형의 무게중심의 성질

  • 삼각형의 세 중선은 한 점(무게중심)에서 만난다.

  • 삼각형의 무게중심은 세 중선의 길이를 각 꼭짓점으로부터 각각 2 : 1로 나눈다.

  → 점 G가 △ABC의 무게중심이면
  $$\overline{AG} : \overline{GD} = \overline{BG} : \overline{GE} = \overline{CG} : \overline{GF} = 2 : 1$$

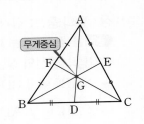

삼각형의 무게중심

✖ 다음 그림에서 점 G가 △ABC의 무게중심일 때, x의 값을 구하시오.

3 따라하기

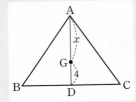

$x : 4 = 2 : 1$이므로
$\quad \xrightarrow{\quad} \overline{AG} : \overline{GD} = 2 : 1$
$x = 8$

01

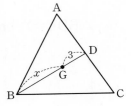

02

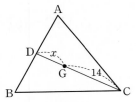

03

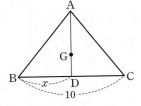

Tip 무게중심은 세 중선의 교점이다.

04

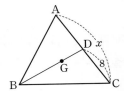

05

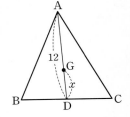

Tip $\overline{AD} : \overline{AG} : \overline{GD} = 3 : 2 : 1$

06

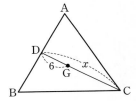

07

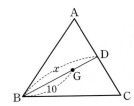

08

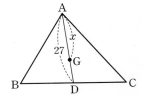

다음 그림에서 점 G가 $\triangle ABC$의 무게중심일 때, x, y의 값을 각각 구하시오.

09

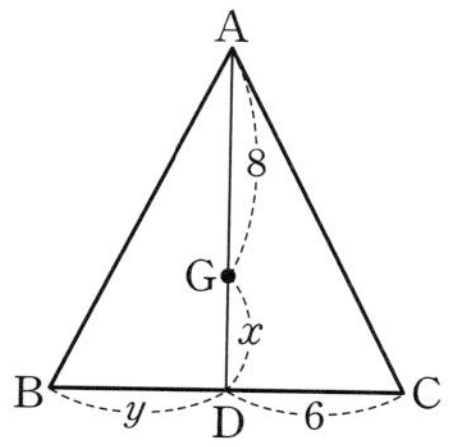

10

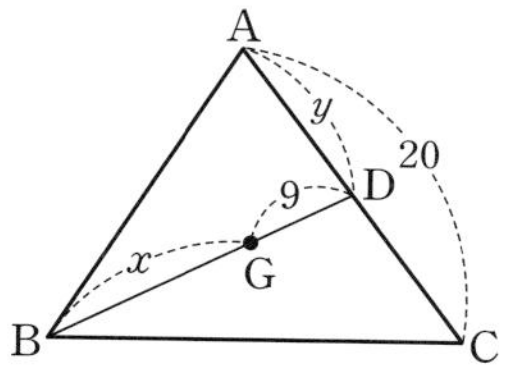

11

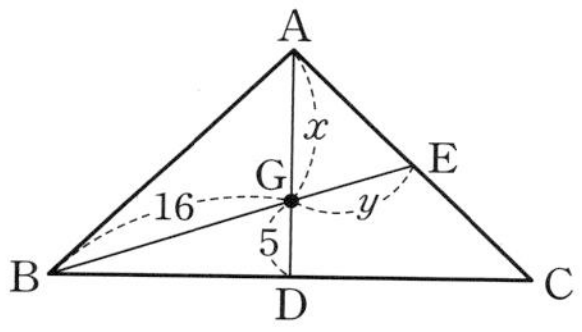

12

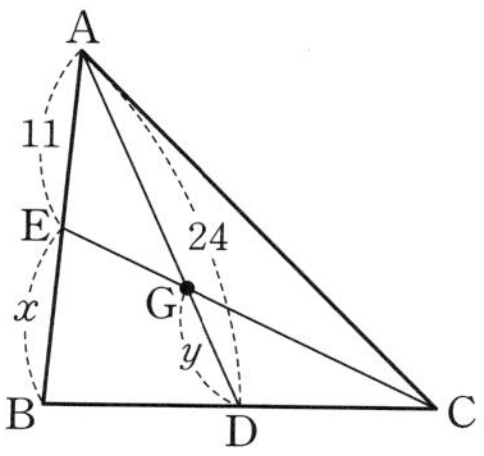

13

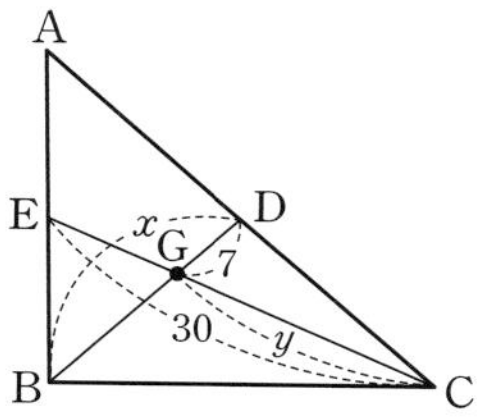

직각삼각형의 무게중심

다음 그림에서 점 G가 직각삼각형 ABC의 무게중심일 때, x의 값을 구하시오.

따라하기

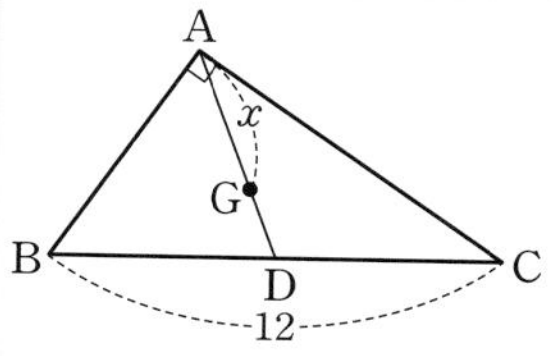

$\overline{AD}=\overline{BD}=\overline{CD}$이므로
↳ 직각삼각형의 빗변의 중점은 외심이다.

$\overline{AD}=\frac{1}{2}\overline{BC}=6$

따라서 $x : 6=2 : 3$이므로
↳ $\overline{AG} : \overline{AD}=2 : 3$

$x=4$

14

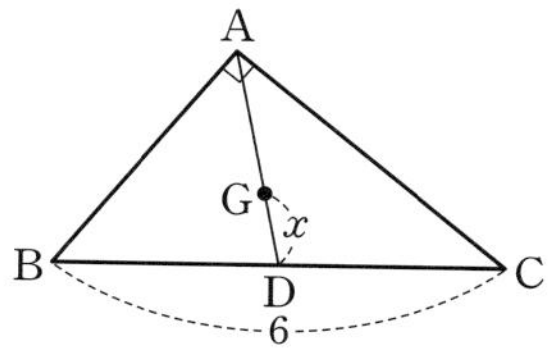

15

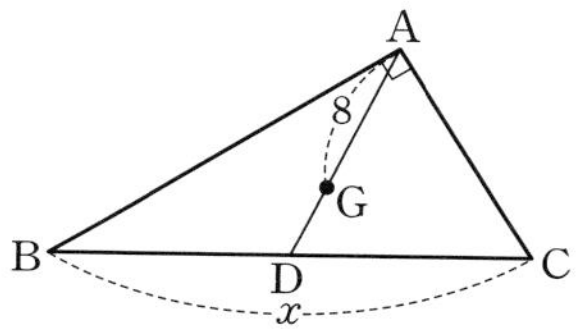

16

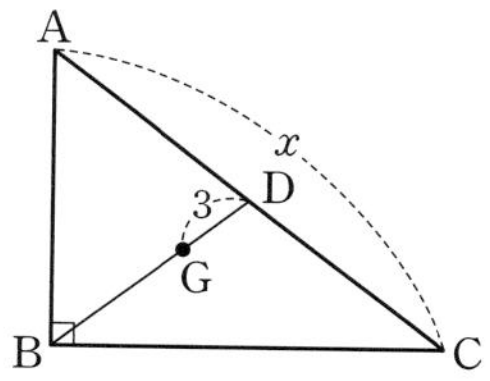

17 대표 문제

오른쪽 그림에서 점 G는 직각삼각형 ABC의 무게중심이다. $\overline{AB}=18$ cm일 때, $x+y$의 값은?

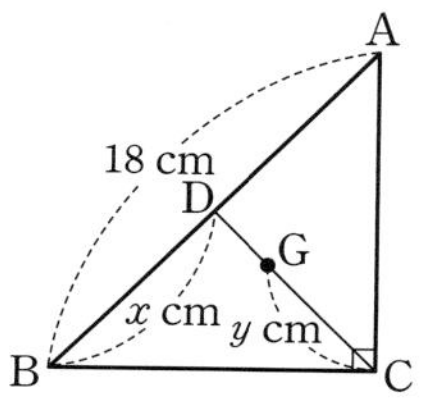

① 12 ② 13 ③ 14 ④ 15 ⑤ 16

삼각형의 무게중심의 응용

✿ 다음 그림에서 점 G는 △ABC의 무게중심이고 점 G'은 △GBC의 무게중심일 때, x의 값을 구하시오.

③ 따라하기

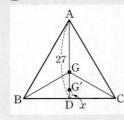

△ABC에서
$27 : \overline{GD} = 3 : 1$이므로
$\overline{GD} = 9$ ↳ $\overline{AD} : \overline{GD} = 3 : 1$

△GBC에서
$9 : x = 3 : 1$이므로
$x = 3$ ↳ $\overline{GD} : \overline{G'D} = 3 : 1$

18

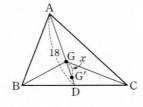

19

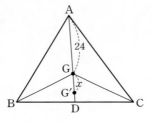

20

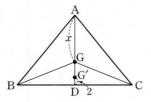

21

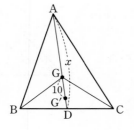

✿ 다음 그림에서 점 G는 △ABC의 무게중심이고, $\overline{BC} \parallel \overline{EF}$일 때, x의 값을 구하시오.

③ 따라하기

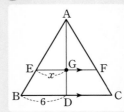

△ABD에서
$\overline{EG} : \overline{BD} = \overline{AG} : \overline{AD}$이므로
↳ △AEG∽△ABD(AA 닮음)이고 닮음비는 2 : 3이다.
$x : 6 = 2 : 3$
따라서 $x = 4$

22

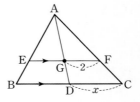

23

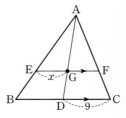

24

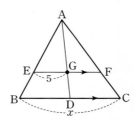

㉕ 대표 문제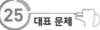

오른쪽 그림에서 점 G는 △ABC의 무게중심이고 점 G'은 △GBC의 무게중심이다. $\overline{AG} = 8$ cm일 때, $\overline{G'D}$의 길이는?

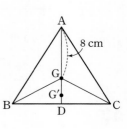

① 1 cm

② $\dfrac{4}{3}$ cm

③ $\dfrac{5}{3}$ cm

④ 2 cm

⑤ $\dfrac{7}{3}$ cm

07 삼각형의 무게중심과 넓이

점 G가 △ABC의 무게중심이면

(1) 세 중선에 의하여 나누어지는 6개의 삼각형의 넓이는 모두 같다.

→ △GAF＝△GFB＝△GBD＝△GDC＝△GCE＝△GEA＝$\frac{1}{6}$△ABC

(2) 삼각형의 무게중심과 세 꼭짓점을 이어서 생기는 세 삼각형의 넓이는 같다.

→ △GAB＝△GBC＝△GCA＝$\frac{1}{3}$△ABC

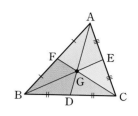

삼각형의 무게중심과 넓이

� 다음 그림에서 점 G는 △ABC의 무게중심이고 △ABC의 넓이가 36 cm²일 때, 색칠한 부분의 넓이를 구하시오.

 따라하기

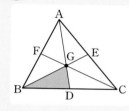

△GBD＝$\frac{1}{6}$△ABC

＝$\frac{1}{6}$×36＝6(cm²)

→ △GAF＝△GFB＝△GBD
＝△GDC＝△GCE
＝△GEA＝$\frac{1}{6}$△ABC

01

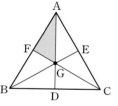

02

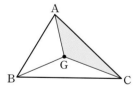

03

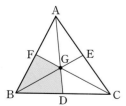

04

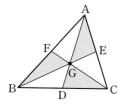

✚ 아래 그림에서 점 G는 △ABC의 무게중심이고 도형의 넓이가 다음과 같이 주어질 때, △ABC의 넓이를 구하시오.

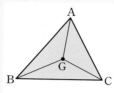 따라하기

△ABC＝3△GAB

＝3×7＝21(cm²)

→ △GAB＝△GBC＝△GCA
＝$\frac{1}{3}$△ABC

△GAB＝7 cm²

05

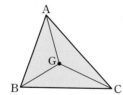

△GBC＝5 cm²

06

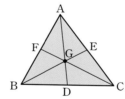

△GFB＝8 cm²

07

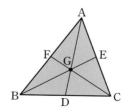

□AFGE＝20 cm²

08 대표 문제

오른쪽 그림에서 점 G는 △ABC의 무게중심이고 점 E는 $\overline{BG}$의 중점이다. △ABC의 넓이가 48 cm²일 때, △GED의 넓이를 구하시오.

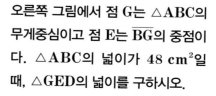
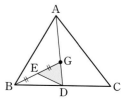

01

오른쪽 그림과 같은 △ABC에서 $\overline{AB}$, $\overline{BC}$의 중점을 각각 M, N이라 하자. $\overline{AC}=28$ cm, ∠MNB=46°일 때, $x+y$의 값은?

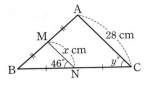

① 52　　　② 54　　　③ 56

④ 58　　　⑤ 60

02

오른쪽 그림과 같은 △ABC에서 $\overline{AB}$, $\overline{BC}$, $\overline{CA}$의 중점을 각각 D, E, F라 하자. $\overline{AB}=12$ cm, $\overline{BC}=13$ cm, $\overline{CA}=17$ cm일 때, △DEF의 둘레의 길이는?

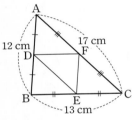

① 17 cm　　② 19 cm　　③ 21 cm

④ 23 cm　　⑤ 25 cm

03

오른쪽 그림과 같이 $\overline{AD}$ ∥ $\overline{BC}$인 사다리꼴 ABCD에서 $\overline{AB}$, $\overline{DC}$의 중점을 각각 M, N이라 하자. $\overline{AD}=8$ cm, $\overline{MN}=10$ cm일 때, $\overline{BC}$의 길이는?

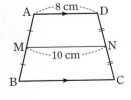

① 11 cm　　② 12 cm　　③ 13 cm

④ 14 cm　　⑤ 15 cm

04

오른쪽 그림과 같은 △ABC에서 점 D는 $\overline{BC}$의 중점이고 $\overline{AE}=\overline{EF}=\overline{FD}$이다. △AEC의 넓이가 7 cm²일 때, △ABC의 넓이는?

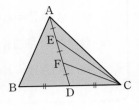

① 35 cm²　　② 40 cm²　　③ 42 cm²

④ 45 cm²　　⑤ 49 cm²

05

오른쪽 그림에서 점 G는 △ABC의 무게중심이고 점 G′은 △GBC의 무게중심이다. $\overline{G'D}=3$ cm일 때, $\overline{AD}$의 길이는?

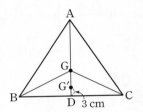

① 18 cm　　② 21 cm

③ 24 cm　　④ 27 cm

⑤ 30 cm

06

오른쪽 그림에서 점 G는 직각삼각형 ABC의 무게중심이다. $\overline{AC}=10$ cm, $\overline{BC}=6$ cm일 때, △GAB의 넓이는?

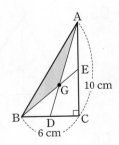

① 8 cm²　　② 10 cm²

③ 12 cm²　　④ 15 cm²

⑤ 20 cm²

피타고라스 정리

01 피타고라스 정리

정답과 풀이 45쪽

직각삼각형에서 직각을 낀 두 변의 길이를 각각 a, b라 하고 빗변의 길이를 c라 하면 $a^2+b^2=c^2$이 성립한다.

↳ 직각의 대변 (빗변)

↳ (직각을 낀 두 변의 길이의 제곱의 합)=(빗변의 길이의 제곱)

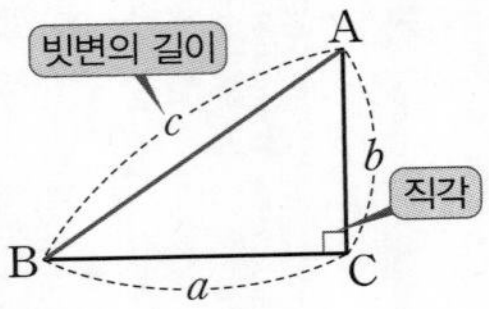

참고 직각삼각형에서 두 변의 길이를 알면 피타고라스 정리를 이용하여 나머지 한 변의 길이를 구할 수 있다. → $a^2+b^2=c^2$, $a^2=c^2-b^2$, $b^2=c^2-a^2$

피타고라스 정리

다음 그림과 같은 직각삼각형 ABC에서 x의 값을 구하시오.

따라하기

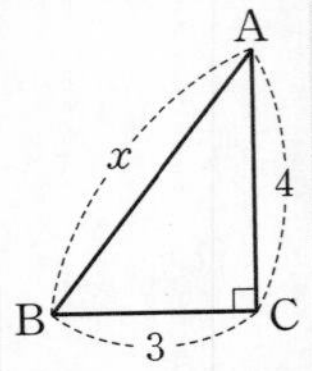

$3^2+4^2=x^2$이므로 $x^2=25$

↳ $\overline{BC}^2+\overline{AC}^2=\overline{AB}^2$

이때 $x>0$이므로 $x=5$

↳ 변의 길이는 항상 양수이다.

01

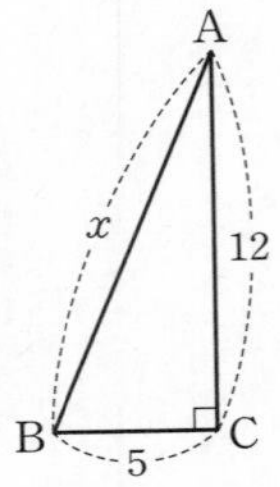

02

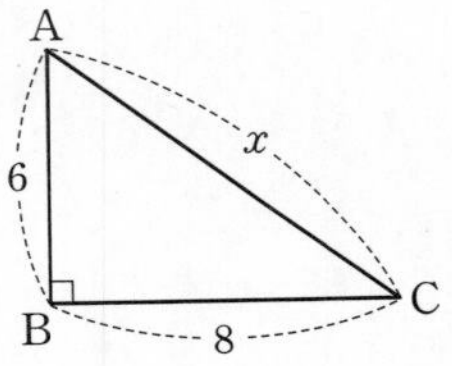

03

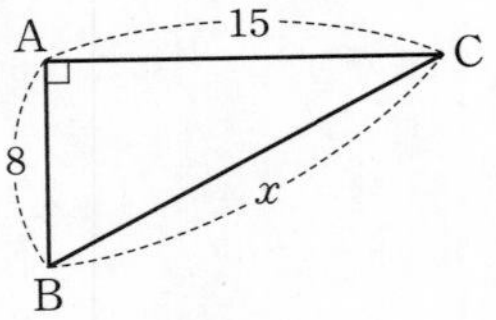

04

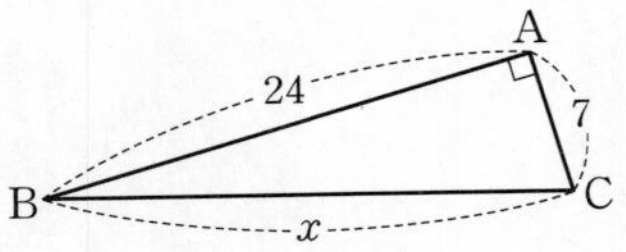

05

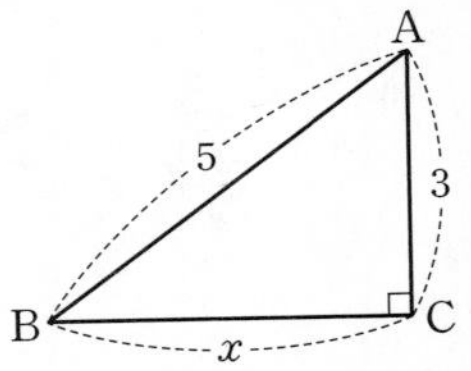

06

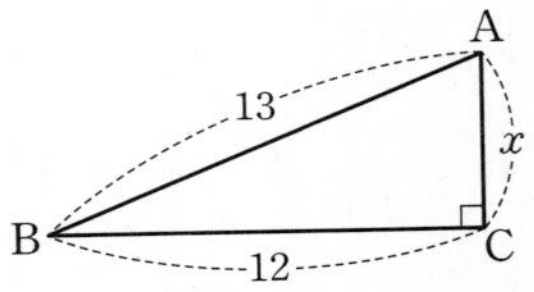

07

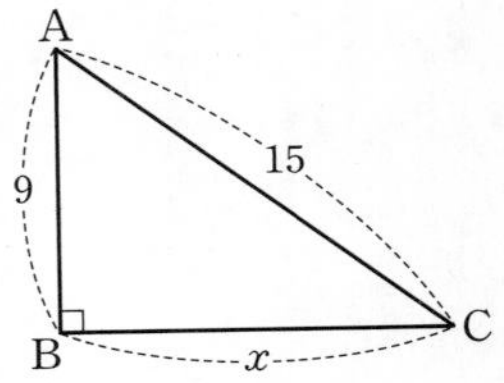

08

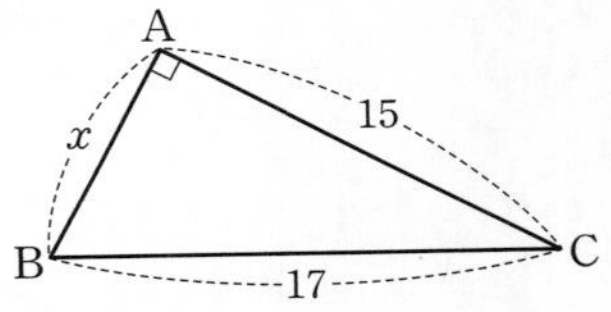

09 대표 문제

오른쪽 그림과 같이 $\angle C=90^\circ$인 직각삼각형 ABC에서 $\overline{AB}=10$ cm, $\overline{BC}=6$ cm일 때, △ABC의 넓이는?

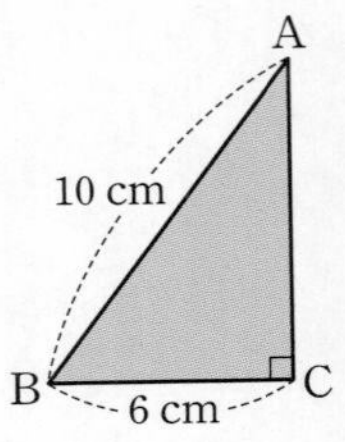

① 20 cm^2 ② 22 cm^2 ③ 24 cm^2 ④ 26 cm^2 ⑤ 28 cm^2

삼각형에서 피타고라스 정리의 이용

❀ 다음 그림과 같은 △ABC에서 $\overline{\mathrm{AD}} \perp \overline{\mathrm{BC}}$일 때, x, y의
값을 각각 구하시오.

따라하기

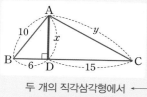

△ABD에서
$x^2 = 10^2 - 6^2 = 64$
이때 $x > 0$이므로 $x = 8$
△ADC에서
$y^2 = 8^2 + 15^2 = 289$
이때 $y > 0$이므로 $y = 17$

두 개의 직각삼각형에서
피타고라스 정리를 각각
이용한다.

10

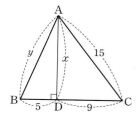

11

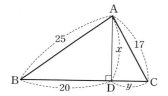

12

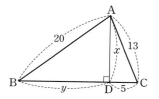

13

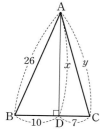

❀ 다음 그림과 같은 직각삼각형 ABC에서 x, y의 값을 각
각 구하시오.

따라하기

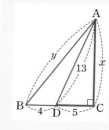

△ADC에서
$x^2 = 13^2 - 5^2 = 144$
이때 $x > 0$이므로 $x = 12$
△ABC에서
$y^2 = 9^2 + 12^2 = 225$
이때 $y > 0$이므로 $y = 15$

14

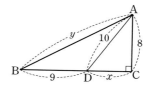

15

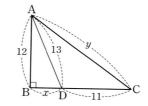

16

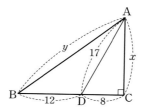

17

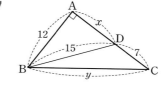

✪ 다음 그림에서 x^2의 값을 구하시오.

③ 따라하기

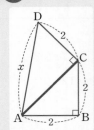

△ABC에서
$$\overline{AC}^2 = 2^2 + 2^2 = 8$$
△ACD에서
$$x^2 = 8 + 2^2 = 12$$
$\quad\ \llcorner \overline{AC}^2$

18

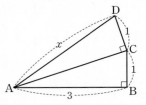

19

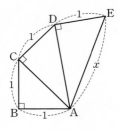

20

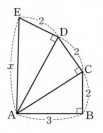

㉑ 대표 문제

오른쪽 그림에서
$\overline{AB} = \overline{BC} = \overline{CD} = \overline{DE} = 2$ cm이고
$\angle ABC = \angle ACD = \angle ADE = 90°$일
때, $\overline{AE}$의 길이는?

① 3 cm　　② 4 cm
③ 5 cm　　④ 6 cm
⑤ 7 cm

사각형에서 피타고라스 정리의 이용

✪ 다음 그림과 같은 직사각형 ABCD의 대각선의 길이를
구하시오.

③ 따라하기

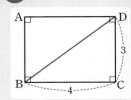

△BCD에서
↳ 대각선 BD를 그어 직각삼각형을 만든다.
$$\overline{BD}^2 = 4^2 + 3^2 = 25$$
이때 $\overline{BD} > 0$이므로 $\overline{BD} = 5$

22

23

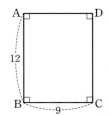

24

25

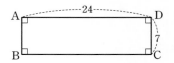

✿ 다음 그림과 같은 사각형 ABCD에서 x의 값을 구하시오.

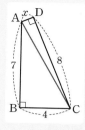

△ABC에서
$\overline{AC}^2=7^2+4^2=65$
△ACD에서
$\overline{AC}^2=x^2+8^2=x^2+64$ } 같다.
$x^2+64=65$이므로 $x^2=1$
이때 $x>0$이므로 $x=1$

26

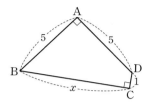

27

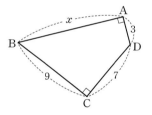

28

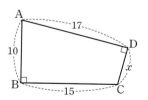

29

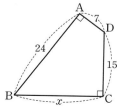

✿ 다음 그림과 같은 사다리꼴 ABCD에서 x의 값을 구하시오.

꼭짓점 A에서 $\overline{BC}$에 내린 수선의 발을 H라 하면
$\overline{AH}=3$, $\overline{HC}=2$
$\overline{BH}=6-2=4$ ← $\overline{BC}-\overline{HC}$
□AHCD는 직사각형이다.
즉, $\overline{AH}=\overline{DC}$, $\overline{HC}=\overline{AD}$
△ABH에서
$x^2=4^2+3^2=25$
이때 $x>0$이므로 $x=5$

30

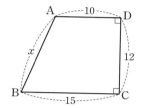

31

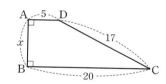

32

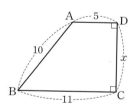

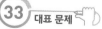 **33** 대표 문제

오른쪽 그림과 같은 사다리꼴 ABCD에서 $\overline{AB}=12$ cm, $\overline{AD}=7$ cm, $\overline{CD}=15$ cm일 때, $\overline{BC}$의 길이는?

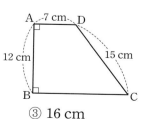

① 14 cm ② 15 cm ③ 16 cm
④ 17 cm ⑤ 18 cm

02 피타고라스 정리의 설명 – 유클리드의 방법

직각삼각형 ABC에서 빗변 AB를 한 변으로 하는 정사각형 AFGB의 넓이는 나머지 두
변 AC, BC를 각각 한 변으로 하는 두 정사각형 ACDE, BHIC의 넓이의 합과 같다.
(1) □ACDE=□AFKJ, □BHIC=□JKGB
(2) □AFGB=□AFKJ+□JKGB=□ACDE+□BHIC
  → $\overline{AB}^2=\overline{AC}^2+\overline{BC}^2$

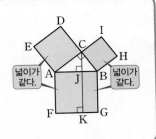

넓이가 같다. 넓이가 같다.

유클리드의 방법을 이용한 피타고라스 정리의 설명

✥ 다음 그림은 직각삼각형 ABC의 각 변을 한 변으로 하는
세 정사각형을 그린 것이다. 두 정사각형의 넓이가 주어졌
을 때, 색칠한 부분의 넓이를 구하시오.

3 따라하기

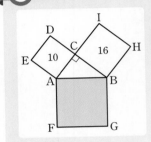

□AFGB
=□ACDE+□BHIC
=10+16=26

01

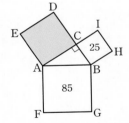

02

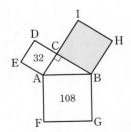

03

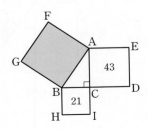

✥ 다음 그림은 직각삼각형 ABC의 각 변을 한 변으로 하는
세 정사각형을 그린 것이다. 색칠한 부분의 넓이를 구하시오.

04

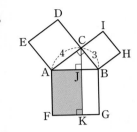

Tip □ACDE=□AFKJ, □BHIC=□JKGB이다.

05

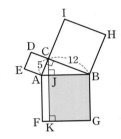

06

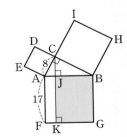

07 대표 문제 👈

오른쪽 그림은 ∠C=90°인 직각
삼각형 ABC의 각 변을 한 변으로
하는 세 정사각형을 그린 것이다.
$\overline{AB}=10$ cm, $\overline{BC}=6$ cm일 때,
△FKJ의 넓이를 구하시오.

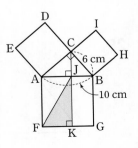

08 오른쪽 그림은 직각삼각형 ABC의 각 변을 한 변으로 하는 세 정사각형을 그린 것이다. 다음 도형의 넓이를 구하시오.

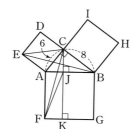

(1) △ACE

(2) △ABE

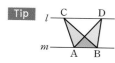

Tip　*l // m*이면
　　△ABC＝△ABD

(3) △AFC

(4) △AFJ

09 오른쪽 그림은 직각삼각형 ABC의 각 변을 한 변으로 하는 세 정사각형을 그린 것이다. 다음 도형의 넓이를 구하시오.

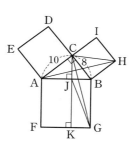

(1) △CBH

(2) △ABH

(3) △GBC

(4) △GBJ

10 오른쪽 그림은 직각삼각형 ABC의 각 변을 한 변으로 하는 세 정사각형을 그린 것이다. 다음을 구하시오.

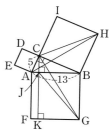

(1) $\overline{BC}$의 길이

(2) △CBH의 넓이

(3) △ABH의 넓이

(4) △GBC의 넓이

(5) △GBJ의 넓이

11 대표 문제

오른쪽 그림은 ∠C＝90°인 직각삼각형 ABC의 각 변을 한 변으로 하는 세 정사각형을 그린 것이다. 다음 중에서 넓이가 나머지 넷과 <u>다른</u> 하나는?

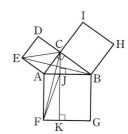

① △ABC　　② △ABE

③ △ACE　　④ △AFC

⑤ △AFJ

직각을 낀 두 변의 길이가 각각 a, b이고 빗변의 길이가 c인 직각삼각형 ABC와 이와 합동인 3개의 직각삼각형을 이용하여 [그림 1]과 같이 한 변의 길이가 $a+b$인 정사각형을 만든 후 직각삼각형을 옮겨 붙여서 [그림 2]를 만들면

(①의 넓이) = (②의 넓이) + (③의 넓이) → $c^2 = a^2 + b^2$

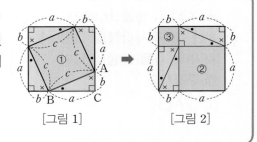

[그림 1] [그림 2]

피타고라스의 방법을 이용한 피타고라스 정리의 설명

✖ 다음 그림에서 □ABCD는 정사각형이고 4개의 직각삼각형은 모두 합동일 때, □EFGH의 넓이를 구하시오.

따라하기

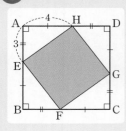

△AEH에서
$\overline{EH}^2 = 3^2 + 4^2 = 25$
따라서 □EFGH의 넓이는 25
이다. └→ □EFGH는 정사각형이므로 그 넓이는 $\overline{EH}^2$이다.

01

02

03
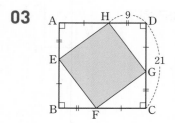

✖ 다음 그림에서 □ABCD는 정사각형이고 4개의 직각삼각형은 모두 합동이다. □EFGH의 넓이가 주어졌을 때, x의 값을 구하시오.

04
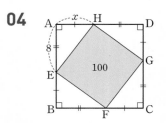

Tip 정사각형의 넓이를 이용하여 정사각형의 한 변의 길이를 구한다.

05
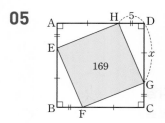

06
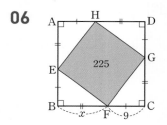

07 대표 문제

오른쪽 그림에서 □ABCD는 정사각형이고 4개의 직각삼각형은 모두 합동이다. $\overline{AE} = 8$ cm이고 □EFGH의 넓이가 289 cm²일 때, □ABCD의 한 변의 길이를 구하시오.

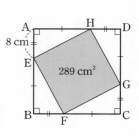

04 직각삼각형이 되는 조건

정답과 풀이 48쪽

세 변의 길이가 각각 a, b, c인 △ABC에서 $a^2+b^2=c^2$인 관계가 성립하면 △ABC는 빗변의 길이가 c인 직각삼각형이다.
즉, △ABC에서 $a^2+b^2=c^2$이면 $\angle C=90°$이다.

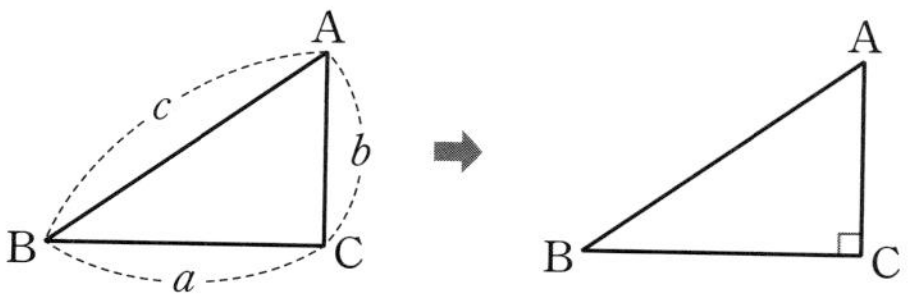

직각삼각형이 되는 조건

삼각형의 세 변의 길이가 다음과 같을 때, 직각삼각형인 것에는 ○표, 아닌 것에는 ×표를 하시오.

따라하기

세 변의 길이: 2, 3, 4

→ 가장 긴 변의 길이는 4이고
$2^2+3^2\neq4^2$이므로 직각삼각형이 아니다.
└ 가장 긴 변의 길이의 제곱이 나머지 두 변의 길이의 제곱의 합과 같으면 직각삼각형이고, 같지 않으면 직각삼각형이 아니다.

01 2, 2, 3 (　　)

02 3, 4, 5 (　　)

03 5, 8, 10 (　　)

04 5, 12, 13 (　　)

05 6, 6, 9 (　　)

06 7, 14, 15 (　　)

07 8, 15, 17 (　　)

08 10, 12, 16 (　　)

삼각형의 세 변의 길이가 다음과 같을 때, 이 삼각형이 직각삼각형이 되도록 하는 x의 값을 구하시오.
(단, 가장 긴 변의 길이는 x이다.)

따라하기

세 변의 길이: 3, 4, x

→ $3^2+4^2=x^2$이어야 하므로 $x^2=25$
└ (가장 긴 변의 길이의 제곱)
=(나머지 두 변의 길이의 제곱의 합)

이때 $x>0$이므로 $x=5$

09 5, 12, x (　　)

10 7, 24, x (　　)

11 8, 15, x (　　)

12 9, 12, x (　　)

13 12, 16, x (　　)

14 대표 문제

오른쪽 그림과 같은 △ABC가 $\angle C=90°$인 직각삼각형이 되도록 하는 x의 값은?

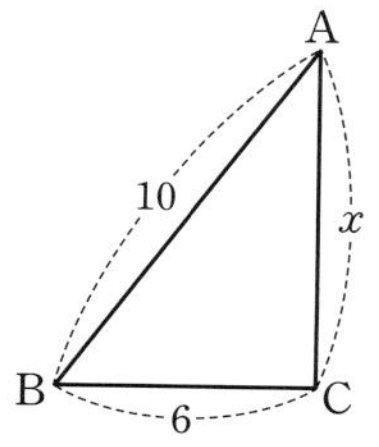

① 5　② 6　③ 7　④ 8　⑤ 9

05 삼각형의 변과 각 사이의 관계

정답과 풀이 49쪽

△ABC에서 $\overline{AB}=c$, $\overline{BC}=a$, $\overline{CA}=b$이고 c가 가장 긴 변의 길이일 때

(1) $a^2+b^2>c^2$이면 $\angle C<90°$ → △ABC는 예각삼각형

(2) $a^2+b^2=c^2$이면 $\angle C=90°$ → △ABC는 직각삼각형

(3) $a^2+b^2<c^2$이면 $\angle C>90°$ → △ABC는 둔각삼각형

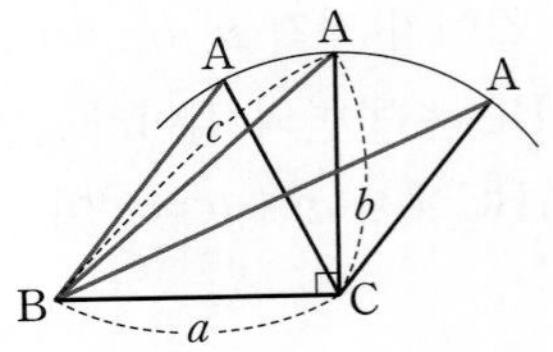

삼각형의 변과 각 사이의 관계

세 변의 길이가 다음과 같은 삼각형은 어떤 삼각형인지 말하시오.

ε 따라하기

세 변의 길이: 2, 3, 4

→ 가장 긴 변의 길이는 4이고

$2^2+3^2<4^2$이므로 둔각삼각형이다.

└→ 가장 긴 변의 길이의 제곱이 나머지 두 변의 길이의 제곱의 합보다 크므로 둔각삼각형이다.

01 3, 4, 6

02 4, 7, 8

03 5, 9, 12

04 5, 12, 13

05 6, 9, 10

06 7, 7, 13

07 7, 24, 25

08 8, 12, 14

09 8, 15, 17

10 9, 11, 11

11 9, 12, 16

12 10, 15, 20

13 대표 문제

세 변의 길이가 다음과 같은 삼각형 중에서 예각삼각형인 것은?

① 4, 5, 7　② 5, 6, 10　③ 6, 8, 10

④ 7, 9, 11　⑤ 8, 9, 14

01

오른쪽 그림에서 $x+y$의 값은?

① 21 　　　② 24

③ 27 　　　④ 30

⑤ 33

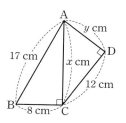

02

오른쪽 그림과 같은 사다리꼴 ABCD에서 $\overline{AB}=5$ cm, $\overline{AD}=4$ cm, $\overline{BC}=7$ cm일 때, 사다리꼴 ABCD의 넓이는?

① 20 cm² 　　② 21 cm²

④ 23 cm² 　　⑤ 24 cm²

③ 22 cm²

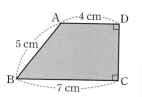

03

오른쪽 그림은 ∠C=90°인 직각삼각형 ABC의 각 변을 한 변으로 하는 세 정사각형을 그린 것이다. □ACDE의 넓이가 36 cm², □AFGB의 넓이가 100 cm²일 때, $\overline{BC}$의 길이는?

① 4 cm 　　② 5 cm

④ 7 cm 　　⑤ 8 cm

③ 6 cm

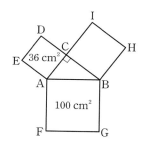

04

오른쪽 그림에서 □ABCD는 한 변의 길이가 9 cm인 정사각형이고 4개의 직각삼각형은 모두 합동이다. $\overline{AE}=7$ cm일 때, □EFGH의 넓이는?

① 47 cm² 　　② 50 cm²

④ 56 cm² 　　⑤ 59 cm²

③ 53 cm²

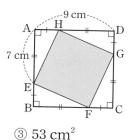

05

세 변의 길이가 다음과 같은 삼각형 중에서 직각삼각형인 것은?

① 1, 4, 4 　　② 5, 6, 7 　　③ 6, 10, 15

④ 8, 11, 12 　　⑤ 10, 24, 26

06

$\overline{AB}=15$ cm, $\overline{BC}=7$ cm, $\overline{CA}=12$ cm인 △ABC는 어떤 삼각형인가?

① 예각삼각형

② ∠A>90°인 둔각삼각형

③ ∠A=90°인 직각삼각형

④ ∠C>90°인 둔각삼각형

⑤ ∠C=90°인 직각삼각형

2. 피타고라스 정리 (2)

01 피타고라스 정리와 직각삼각형의 닮음

정답과 풀이 50쪽

$\angle A = 90°$인 직각삼각형 ABC에서 $\overline{AD} \perp \overline{BC}$일 때

(1) 피타고라스 정리: $b^2 + c^2 = a^2$

(2) 직각삼각형의 닮음: $c^2 = ax$, $b^2 = ay$, $h^2 = xy$
  └ $\triangle ABC \backsim \triangle DBA \backsim \triangle DAC$ (AA 닮음)

(3) 직각삼각형의 넓이: $bc = ah$
  └ $\frac{1}{2}bc = \frac{1}{2}ah$

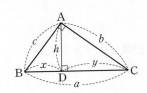

피타고라스 정리와 직각삼각형의 닮음

❁ 다음 그림과 같이 $\angle A = 90°$인 직각삼각형 ABC에서 $\overline{AD} \perp \overline{BC}$일 때, x의 값을 구하시오.

 따라하기

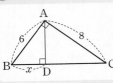

$\triangle ABC$에서
$\overset{\overline{AB}^2 + \overline{AC}^2 = \overline{BC}^2}{\overline{BC}^2 = 6^2 + 8^2 = 100}$
이때 $\overline{BC} > 0$이므로 $\overline{BC} = 10$
따라서 $6^2 = x \times 10$이므로
$x = \frac{18}{5}$ └ $\overline{AB}^2 = \overline{BD} \times \overline{BC}$

01

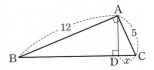

02

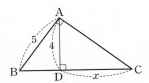

03

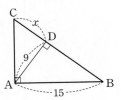

04

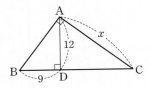

05

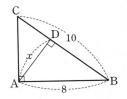

Tip 직각삼각형의 넓이를 이용한다.

06

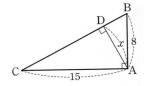

07

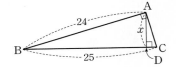

08 대표 문제

오른쪽 그림과 같이 $\angle A = 90°$인 직각삼각형 ABC에서 $\overline{AD} \perp \overline{BC}$이고 $\overline{AB} = 16$ cm, $\overline{AC} = 12$ cm일 때, $x + y$의 값은?

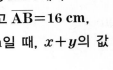

① 20
② $\frac{104}{5}$
③ $\frac{108}{5}$
④ $\frac{112}{5}$
⑤ $\frac{116}{5}$

02 피타고라스 정리를 이용한 직각삼각형의 성질

정답과 풀이 51쪽

$\angle A=90°$인 직각삼각형 ABC에서 두 점 D, E가 각각 $\overline{AB}$, $\overline{AC}$ 위에 있을 때,
$\overline{DE}^2+\overline{BC}^2=\overline{BE}^2+\overline{CD}^2$

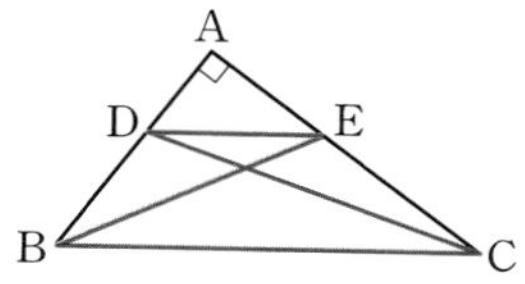

피타고라스 정리를 이용한 직각삼각형의 성질

✤ 다음 그림과 같이 $\angle A=90°$인 직각삼각형 ABC에서 x^2의 값을 구하시오.

따라하기

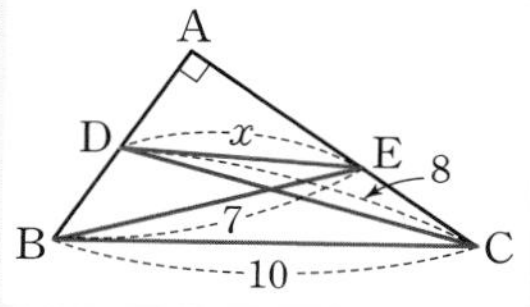

$x^2+10^2=7^2+8^2$이므로
└ $\overline{DE}^2+\overline{BC}^2=\overline{BE}^2+\overline{CD}^2$
$x^2=13$

01

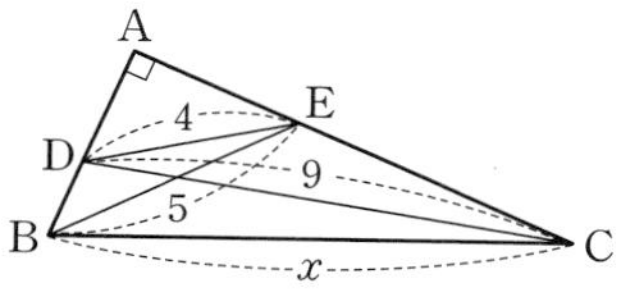

02

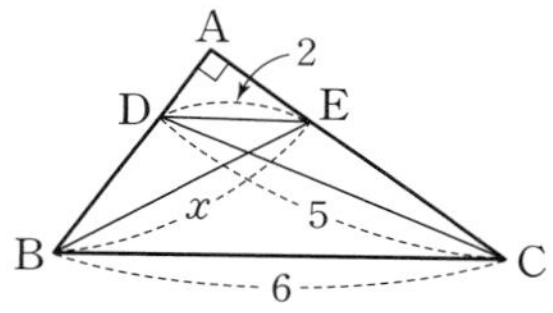

03

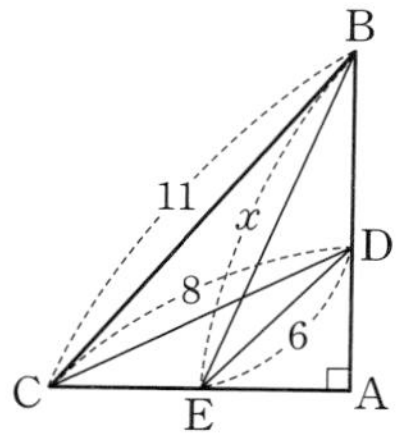

04

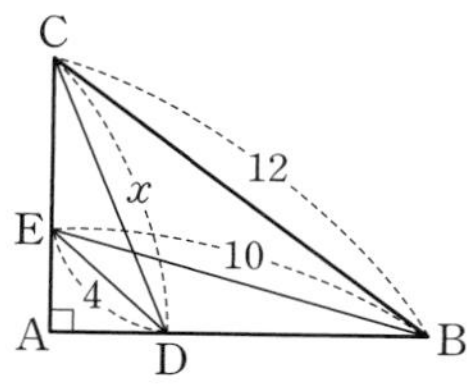

✤ 다음 그림과 같이 $\angle A=90°$인 직각삼각형 ABC에서 x^2+y^2의 값을 구하시오.

05

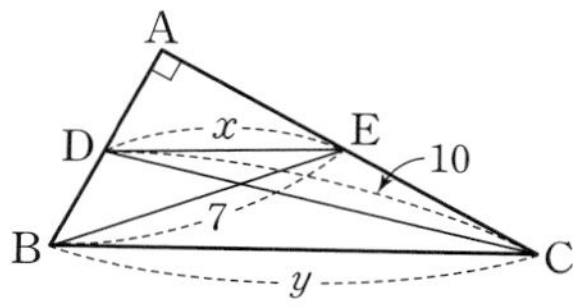

06

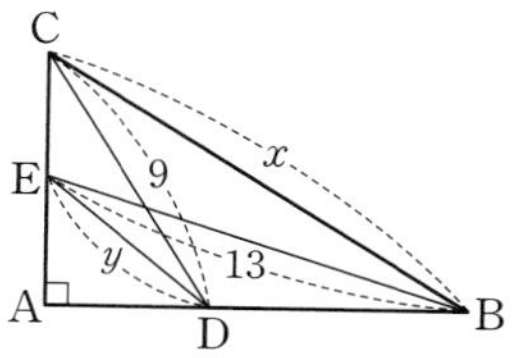

07

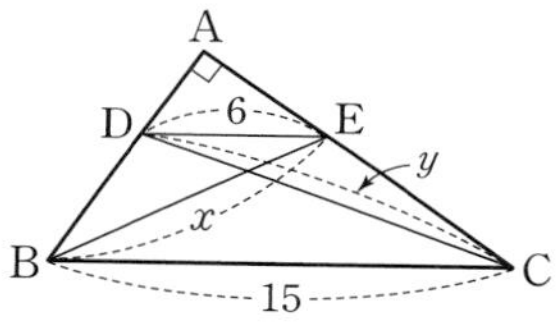

08 대표 문제

오른쪽 그림과 같이 $\angle A=90°$인 직각삼각형 ABC에서 $\overline{CD}=8$, $\overline{DE}=5$일 때, $\overline{BC}^2-\overline{BE}^2$의 값은?

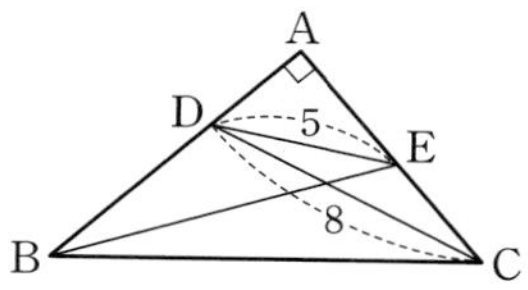

① 27 ② 30 ③ 33
④ 36 ⑤ 39

03 두 대각선이 직교하는 사각형의 성질

정답과 풀이 51쪽

□ABCD에서 두 대각선이 직교할 때,
$\overline{AB}^2+\overline{CD}^2=\overline{AD}^2+\overline{BC}^2$

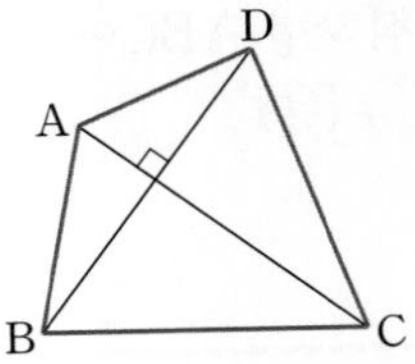

두 대각선이 직교하는 사각형의 성질

다음 그림과 같은 □ABCD에서 $\overline{AC}\perp\overline{BD}$일 때, x^2의 값을 구하시오.

따라하기

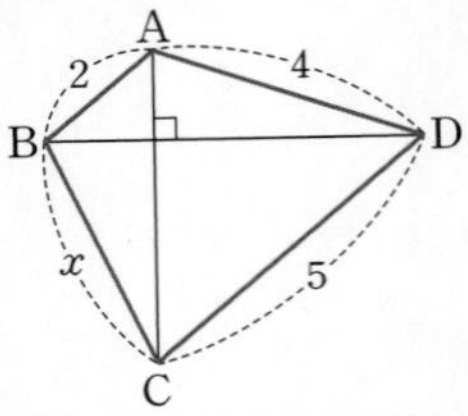

$2^2+5^2=4^2+x^2$이므로
└ $\overline{AB}^2+\overline{CD}^2=\overline{AD}^2+\overline{BC}^2$
$x^2=13$

01

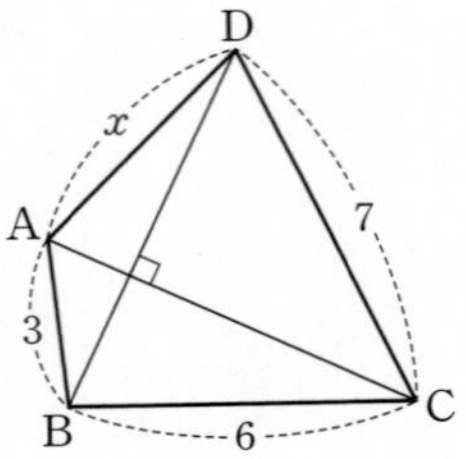

02

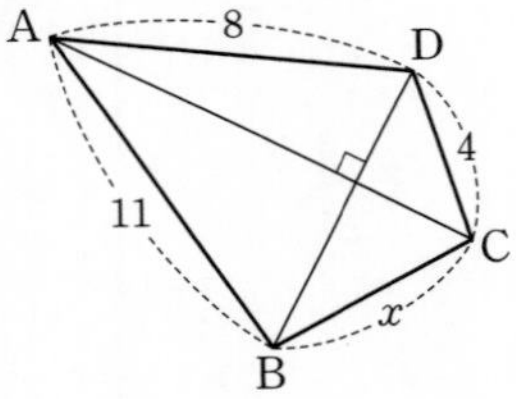

03

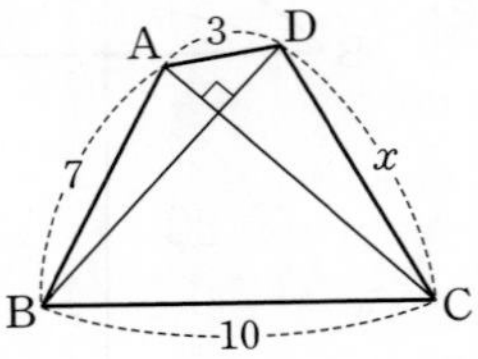

다음 그림과 같은 □ABCD에서 $\overline{AC}\perp\overline{BD}$일 때, x^2+y^2의 값을 구하시오.

04

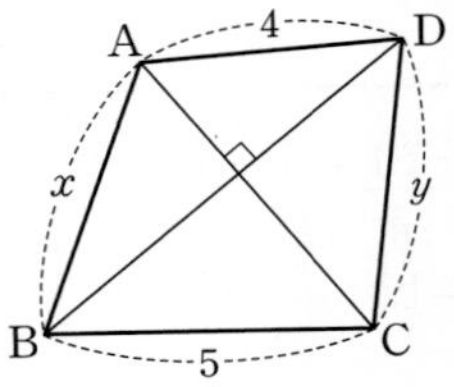

05

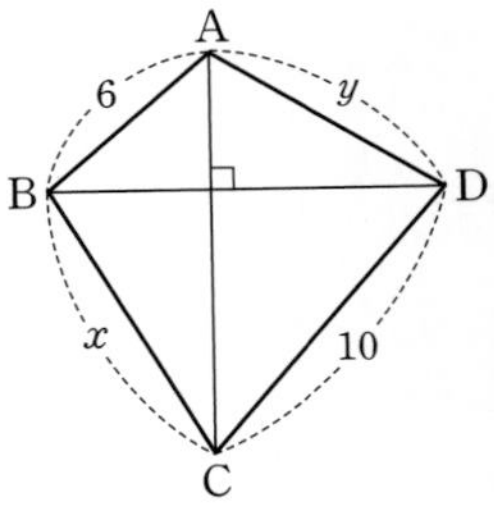

06

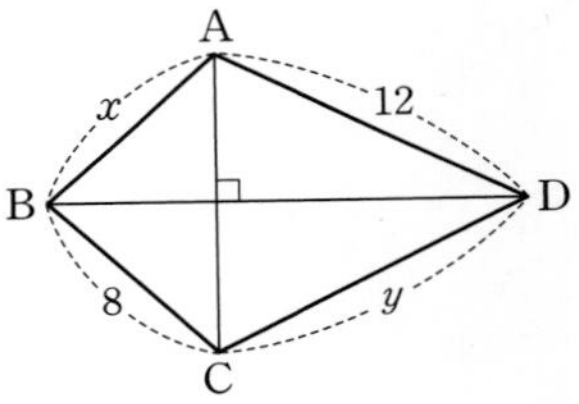

07 대표 문제

오른쪽 그림과 같은 □ABCD에서 $\overline{AC}\perp\overline{BD}$이고 $\overline{AO}=3$ cm, $\overline{BO}=4$ cm, $\overline{CD}=8$ cm일 때, $\overline{AD}^2+\overline{BC}^2$의 값은?

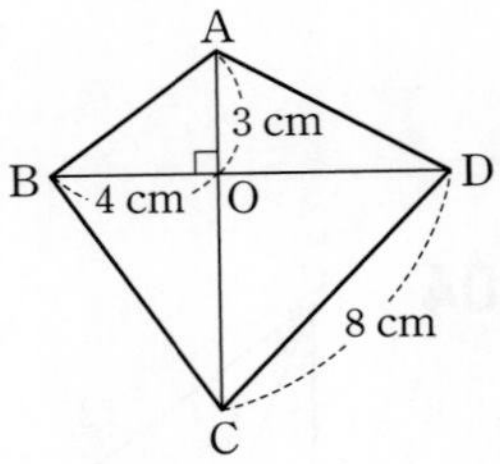

① 81 ② 83
③ 85 ④ 87
⑤ 89

04 피타고라스 정리를 이용한 직사각형의 성질

정답과 풀이 51쪽

직사각형 ABCD의 내부에 있는 임의의 점 P에 대하여
$$\overline{AP}^2+\overline{CP}^2=\overline{BP}^2+\overline{DP}^2$$

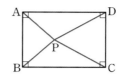

피타고라스 정리를 이용한 직사각형의 성질

�֎ 다음 그림과 같이 직사각형 ABCD의 내부에 점 P가 있을 때, x^2의 값을 구하시오.

따라하기

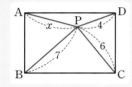

$x^2+6^2=7^2+4^2$이므로
→ $\overline{AP}^2+\overline{CP}^2=\overline{BP}^2+\overline{DP}^2$
$x^2=29$

01

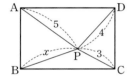

02

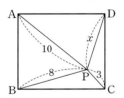

03

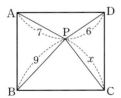

04

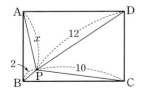

�֎ 다음 그림과 같이 직사각형 ABCD의 내부에 점 P가 있을 때, x^2+y^2의 값을 구하시오.

05

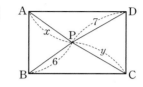

06

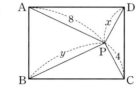

07

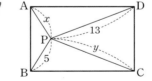

08 대표 문제 👈

오른쪽 그림과 같이 직사각형 ABCD의 내부에 점 P가 있다. $\overline{CP}=7$, $\overline{DP}=3$ 일 때, y^2-x^2의 값은?

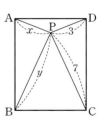

① 28   ② 32

③ 36   ④ 40

⑤ 44

05 직각삼각형과 세 반원 사이의 관계

직각삼각형 ABC에서 직각을 낀 두 변을 지름으로 하는 반원의 넓이를 각각 S_1, S_2라 하고, 빗변을 지름으로 하는 반원의 넓이를 S_3이라 하면
$$S_1+S_2=S_3$$

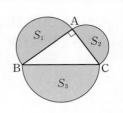

직각삼각형과 세 반원 사이의 관계

✿ 다음은 직각삼각형 ABC의 세 변을 각각 지름으로 하는 세 반원을 그린 것이다. 색칠한 부분의 넓이를 구하시오.

❸ 따라하기

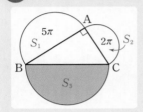

(색칠한 부분의 넓이)
$$=5\pi+2\pi=7\pi$$
↳ $S_1+S_2=S_3$

01

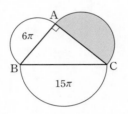

02

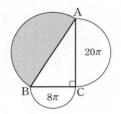

03

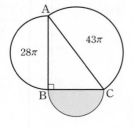

04

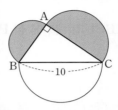

Tip 지름의 길이가 주어진 반원의 넓이를 구한다.

05

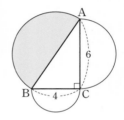

06

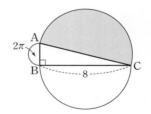

07 대표 문제

오른쪽 그림과 같이 $\angle A=90°$인 직각삼각형 ABC의 세 변을 지름으로 하는 세 반원의 넓이를 각각 S_1, S_2, S_3이라 하자. $S_3=15\pi$ cm²일 때, $S_1+S_2+S_3$의 넓이는?

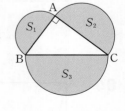

① 20π cm² ② 25π cm² ③ 30π cm²

④ 35π cm² ⑤ 40π cm²

06 히포크라테스의 원의 넓이

정답과 풀이 52쪽

∠A=90°인 직각삼각형 ABC의 세 변을 각각 지름으로 하는 세 반원에서

(색칠한 부분의 넓이)=△ABC=$\frac{1}{2}bc$

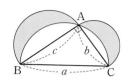

참고

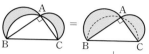 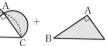

넓이가 같다.

히포크라테스의 원의 넓이

✤ 다음은 직각삼각형 ABC의 세 변을 각각 지름으로 하는 세 반원을 그린 것이다. 색칠한 부분의 넓이를 구하시오.

따라하기

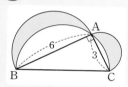

(색칠한 부분의 넓이)
→ △ABC의 넓이와 같다.

=$\frac{1}{2}\times 6\times 3=9$

01

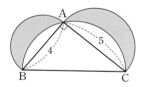

02

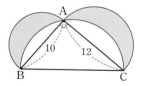

03

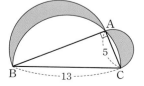

Tip 피타고라스 정리를 이용하여 $\overline{AB}$의 길이를 구한다.

04

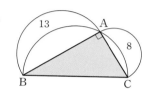

05

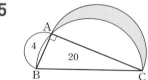

06

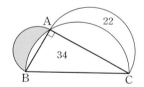

07 대표 문제

오른쪽 그림은 ∠A=90°인 직각삼각형 ABC의 세 변을 각각 지름으로 하는 세 반원을 그린 것이다. 색칠한 부분의 넓이가 60 cm²일 때, $\overline{AB}$의 길이는?

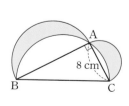

① 12 cm   ② 13 cm   ③ 14 cm

④ 15 cm   ⑤ 16 cm

01

오른쪽 그림과 같이 ∠A=90°인 직각삼각형 ABC에서 $\overline{AD} \perp \overline{BC}$ 이고 $\overline{AC}=4$ cm, $\overline{BC}=5$ cm일 때, x, y의 값을 각각 구하면?

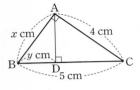

① $x=2$, $y=\dfrac{4}{5}$ ② $x=2$, $y=\dfrac{8}{5}$

③ $x=3$, $y=\dfrac{9}{5}$ ④ $x=3$, $y=\dfrac{12}{5}$

⑤ $x=4$, $y=\dfrac{16}{5}$

02

오른쪽 그림과 같이 ∠A=90° 인 직각삼각형 ABC에서 $\overline{AB}=5$ cm, $\overline{AC}=12$ cm, $\overline{DE}=4$ cm일 때, $\overline{BE}^2+\overline{CD}^2$의 값은?

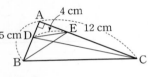

① 180   ② 185   ③ 190

④ 195   ⑤ 200

03

오른쪽 그림과 같은 □ABCD에서 $\overline{AC} \perp \overline{BD}$이고 $\overline{AB}=6$ cm, $\overline{AD}=9$ cm, $\overline{CD}=7$ cm일 때, $\overline{BC}$ 의 길이는?

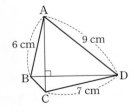

① 1 cm   ② $\dfrac{3}{2}$ cm

③ 2 cm   ④ $\dfrac{5}{2}$ cm

⑤ 3 cm

04

오른쪽 그림과 같은 직사각형 ABCD에서 $\overline{AB}=10$ cm, $\overline{AP}=6$ cm, $\overline{DP}=9$ cm일 때, x^2의 값은?

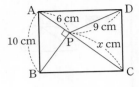

① 93   ② 97   ③ 101

④ 105   ⑤ 109

05

오른쪽 그림은 ∠A=90°인 직각삼각형 ABC에서 $\overline{AB}$, $\overline{AC}$를 각각 지름으로 하는 두 반원을 그린 것이다. $\overline{BC}=12$ cm일 때, 색칠한 부분의 넓이는?

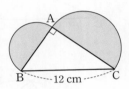

① 14π cm^2 ② 16π cm^2 ③ 18π cm^2

④ 20π cm^2 ⑤ 22π cm^2

06

오른쪽 그림은 ∠A=90°인 직각삼각형 ABC의 세 변을 각각 지름으로 하는 세 반원을 그린 것이다. $\overline{AB}=6$ cm이고 색칠한 부분의 넓이가 24 cm^{2}일 때, $\overline{BC}$의 길이는?

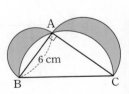

① 9 cm   ② 10 cm   ③ 11 cm

④ 12 cm   ⑤ 13 cm

경우의 수

1. 경우의 수

정답과 풀이 53쪽

01 사건과 경우의 수

(1) **사건**: 같은 조건에서 반복할 수 있는 실험이나 관찰에 의하여 나타나는 결과
(2) **경우의 수**: 사건이 일어나는 모든 가짓수

> **참고** 경우의 수를 구할 때에는 모든 경우를 중복되지 않게 빠짐없이 구해야 한다.

예 한 개의 주사위를 던질 때

실험, 관찰	한 개의 주사위를 던진다.
사건	짝수의 눈이 나온다.
경우	
경우의 수	3

한 개의 주사위를 던지는 경우

✖ 한 개의 주사위를 던질 때, 다음 사건이 일어나는 경우의 수를 구하시오.

따라하기

4보다 작은 수의 눈이 나온다.
→ 4보다 작은 수의 눈이 나오는 경우는 1, 2, 3의 3 가지이다. ⌐경우의 수

01 홀수의 눈이 나온다.

02 2보다 크고 5보다 작은 수의 눈이 나온다.

03 3 이상의 눈이 나온다.

04 6의 약수의 눈이 나온다.

05 3의 배수의 눈이 나온다.

06 소수의 눈이 나온다.

두 개의 주사위를 던지는 경우

✖ 두 개의 주사위 A, B를 동시에 던질 때, 다음 물음에 답하시오.

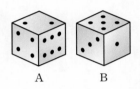

07 다음 표를 완성하고, 일어나는 모든 경우의 수를 구하시오.

A╲B	·	··	·.·	::	:·:	:::
·	(1, 1)	(1, 2)	(1, 3)			
··						
·.·						
::						
:·:						
:::						

08 두 눈의 수가 같은 경우의 수를 구하시오.

09 두 눈의 수의 합이 7인 경우의 수를 구하시오.

10 두 눈의 수의 차가 2인 경우의 수를 구하시오.

11 두 눈의 수의 곱이 12인 경우의 수를 구하시오.

카드를 뽑는 경우

❈ 1부터 15까지의 자연수가 각각 하나씩 적힌 15장의 카드가 있다. 이 중에서 한 장의 카드를 뽑을 때, 다음 사건이 일어나는 경우의 수를 구하시오.

따라하기

10 이상의 수가 적힌 카드가 나온다.
→ 10 이상의 수가 나오는 경우는 10, 11, 12, 13, 14, 15의 6가지이다.

12 11보다 큰 수가 적힌 카드가 나온다.

13 짝수가 적힌 카드가 나온다.

14 4의 배수가 적힌 카드가 나온다.

15 15의 약수가 적힌 카드가 나온다.

16 소수가 적힌 카드가 나온다.

17 7 초과 12 이하의 수가 적힌 카드가 나온다.

동전을 던지는 경우

❈ 서로 다른 두 개의 동전을 동시에 던질 때, 다음을 구하시오.

따라하기

뒷면이 한 개만 나오는 경우의 수
→ 뒷면이 한 개만 나오는 경우는 (앞면, 뒷면), (뒷면, 앞면)의 2가지이다.

18 일어나는 모든 경우의 수

19 앞면이 한 개만 나오는 경우의 수

20 모두 뒷면이 나오는 경우의 수

21 서로 같은 면이 나오는 경우의 수

22 앞면이 한 개 이상 나오는 경우의 수

23 대표 문제

서로 다른 두 개의 주사위를 동시에 던질 때, 나오는 눈의 수의 합이 9인 경우의 수는?
① 3 ② 4 ③ 5
④ 6 ⑤ 7

02 사건 A 또는 사건 B가 일어나는 경우의 수

정답과 풀이 53쪽

사건 A와 사건 B가 동시에 일어나지 않을 때, 사건 A가 일어나는 경우의 수가 m이고 사건 B가 일어나는 경우의 수가 n이면
(사건 A 또는 사건 B가 일어나는 경우의 수)$=m+n$

사건 A 또는 사건 B
↓
$m + n$

교통수단을 선택하는 경우

다음을 구하시오.

ε 따라하기

집에서 영화관까지 가는 버스 노선은 3가지, 지하철 노선은 2가지가 있을 때, 버스나 지하철을 타고 집에서 영화관까지 가는 경우의 수

→ $3+2=5$
└→ 버스와 지하철을 타는 사건은 동시에 일어나지 않는다.

01 미정이가 친척 집에 가는데 고속버스를 타고 가는 방법은 5가지, 기차를 타고 가는 방법은 3가지가 있을 때, 미정이가 친척 집까지 고속버스 또는 기차를 타고 가는 경우의 수

02 상윤이가 도서관까지 가는데 간선버스를 타고 가는 방법은 2가지, 지선버스를 타고 가는 방법은 4가지가 있을 때, 상윤이가 도서관까지 간선버스 또는 지선버스를 타고 가는 경우의 수

03 서울에서 부산까지 가는데 KTX를 타고 가는 방법은 7가지, 비행기를 타고 가는 방법은 2가지가 있을 때, 서울에서 부산까지 KTX 또는 비행기를 타고 가는 경우의 수

물건을 선택하는 경우

다음을 구하시오.

04 서로 다른 색연필 4자루와 사인펜 6자루가 있을 때, 색연필 또는 사인펜 중에서 한 자루를 고르는 경우의 수

05 과자 6종류와 빵 2종류가 있을 때, 과자 또는 빵 중에서 한 가지를 고르는 경우의 수

06 김밥 3종류, 면 3종류가 있을 때, 김밥 또는 면 중에서 한 가지를 고르는 경우의 수

07 서로 다른 빨간 공 2개, 파란 공 4개, 노란 공 3개가 들어 있는 주머니에서 한 개의 공을 꺼낼 때, 빨간 공 또는 노란 공이 나오는 경우의 수

08 대표 문제

책꽂이에 서로 다른 소설책 4권, 시집 5권, 위인전 2권이 꽂혀 있을 때, 시집 또는 위인전 중에서 한 권을 고르는 경우의 수는?

① 5　② 6　③ 7　④ 8　⑤ 9

카드를 뽑는 경우

✿ 1부터 20까지의 자연수가 각각 하나씩 적힌 20장의 카드가 있다. 이 중에서 한 장의 카드를 뽑을 때, 다음을 구하시오.

ε 따라하기

3 이하의 수 또는 15 이상의 수가 적힌 카드가 나오는
   └→ 1, 2, 3의 3가지
경우의 수   └→ 15, 16, 17, 18, 19, 20의 6가지
→ 3+6=9

09 6 미만의 수 또는 17 초과의 수가 적힌 카드가 나오는 경우의 수

10 5의 배수 또는 7의 배수가 적힌 카드가 나오는 경우의 수

11 10의 약수 또는 6의 배수가 적힌 카드가 나오는 경우의 수

12 8의 배수 또는 홀수가 적힌 카드가 나오는 경우의 수

13 소수 또는 4의 배수가 적힌 카드가 나오는 경우의 수

14 짝수 또는 15의 약수가 적힌 카드가 나오는 경우의 수

주사위를 던지는 경우

✿ 서로 다른 두 개의 주사위를 동시에 던질 때, 다음을 구하시오.

ε 따라하기

두 눈의 수의 합이 4 또는 9인 경우의 수
   ↗ (1, 3), (2, 2), (3, 1)의 3가지
→ 3+4=7
   ↘ (3, 6), (4, 5), (5, 4), (6, 3)의 4가지

15 두 눈의 수의 합이 6 또는 8인 경우의 수

16 두 눈의 수의 차가 3 또는 4인 경우의 수

17 두 눈의 수의 곱이 4 또는 15인 경우의 수

18 두 눈의 수의 합이 10 이상인 경우의 수
Tip 합이 10 이상인 경우는 합이 10 또는 11 또는 12인 경우이다.

19 두 눈의 수의 차가 3보다 작은 경우의 수
Tip 차가 3보다 작은 경우는 차가 1 또는 2인 경우이다.

20 대표 문제

각 면에 1부터 12까지의 자연수가 각각 하나씩 적힌 정십이면체 모양의 주사위를 한 번 던졌을 때, 윗면에 적힌 수가 3의 배수 또는 8의 약수인 경우의 수는?

① 6   ② 7   ③ 8
④ 9   ⑤ 10

03 두 사건 A와 B가 동시에 일어나는 경우의 수

정답과 풀이 54쪽

> 사건 A가 일어나는 경우의 수가 m이고 그 각각에 대하여 사건 B가 일어나는 경우의 수가 n이면
> (두 사건 A와 B가 동시에 일어나는 경우의 수)$=m \times n$

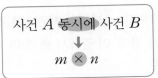

사건 A 동시에 사건 B
$\downarrow$
$m \times n$

물건을 선택하는 경우

❇ 다음을 구하시오.

따라하기

과자 4종류와 음료수 2종류가 있을 때, 과자와 음료수를 각각 한 종류씩 고르는 경우의 수

→ $\underline{4 \times 2}=8$
↳ 과자와 음료수를 고르는 사건이 동시에 일어난다.

01 상의 2종류와 하의 3종류가 있을 때, 상의와 하의를 하나씩 짝 지어 입는 경우의 수

02 투수 5명과 포수 2명이 있는 야구팀에서 감독이 투수와 포수를 각각 한 명씩 선발하는 경우의 수

03 서점에 수학 참고서 5종류와 국어 참고서 4종류가 있을 때, 수학 참고서와 국어 참고서를 각각 한 종류씩 고르는 경우의 수

04 3개의 자음 ㄱ, ㄴ, ㄷ과 4개의 모음 ㅏ, ㅑ, ㅓ, ㅕ 중에서 자음과 모음을 각각 한 가지씩 골라 짝 지어 만들 수 있는 글자의 수

길을 선택하는 경우

❇ 다음 그림에서 A 지점에서 B 지점을 거쳐 C 지점으로 가는 경우의 수를 구하시오.
(단, 한 번 지나간 지점은 다시 지나가지 않는다.)

따라하기

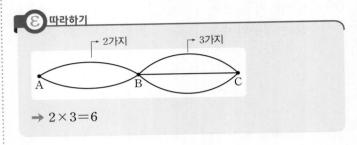

→ $2 \times 3=6$

05

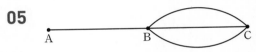

06

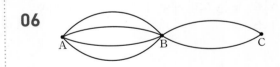

07

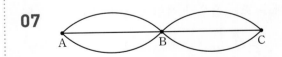

08 대표 문제

집에서 학교까지 가는 길이 3가지, 학교에서 학원까지 가는 길이 5가지가 있을 때, 집에서 학교를 거쳐 학원까지 가는 경우의 수는? (단, 한 번 지나간 곳은 다시 지나가지 않는다.)

① 8   ② 10   ③ 12
④ 15   ⑤ 20

동전 또는 주사위를 던지는 경우

� 다음 시행에서 일어나는 모든 경우의 수를 구하시오.

따라하기

동전 한 개와 주사위 한 개를 동시에 던진다.
→ 앞면, 뒷면의 2가지
→ 2×6=12   → 1, 2, 3, 4, 5, 6의 6가지

09 서로 다른 동전 두 개를 동시에 던진다.

10 서로 다른 동전 세 개를 동시에 던진다.

11 주사위 한 개를 두 번 던진다.

12 서로 다른 주사위 두 개를 동시에 던진다.

13 서로 다른 동전 두 개와 주사위 한 개를 동시에 던진다.

14 서로 다른 동전 세 개와 주사위 한 개를 동시에 던진다.

✖ 동전 한 개와 주사위 한 개를 동시에 던질 때, 다음을 구하시오.

따라하기

동전은 앞면이 나오고, 주사위는 2의 배수의 눈이 나오는 경우의 수
→ 앞면의 1가지   → 2, 4, 6의 3가지
→ 1×3=3

15 동전은 앞면이 나오고, 주사위는 5 이상의 눈이 나오는 경우의 수

16 동전은 뒷면이 나오고, 주사위는 6의 약수의 눈이 나오는 경우의 수

17 동전은 뒷면이 나오고, 주사위는 소수의 눈이 나오는 경우의 수

18 동전은 뒷면이 나오지 않고, 주사위는 홀수의 눈이 나오는 경우의 수

19 대표 문제

A, B 두 사람이 가위바위보를 할 때, 일어나는 모든 경우의 수는?

① 3   ② 6   ③ 9
④ 12   ⑤ 15

� 한 개의 주사위를 두 번 던질 때, 다음을 구하시오.

3 따라하기

┌→ 1, 3, 5의 3가지
첫 번째에는 <u>홀수의 눈</u>이 나오고, 두 번째에는 <u>짝수의
눈</u>이 나오는 경우의 수   2, 4, 6의 3가지 ┘
→ $3 \times 3 = 9$

20 첫 번째에는 5보다 큰 수의 눈이 나오고, 두 번째
에는 6보다 작은 수의 눈이 나오는 경우의 수

21 두 번 모두 소수의 눈이 나오는 경우의 수

✚ 두 개의 주사위 A, B를 동시에 던질 때, 다음을 구하시오.

22 A 주사위는 짝수의 눈이 나오고, B 주사위는 3
의 배수의 눈이 나오는 경우의 수

23 A 주사위는 합성수의 눈이 나오고, B 주사위는
4의 약수의 눈이 나오는 경우의 수

Tip 합성수는 자연수 중 1 또는 소수가 아닌 수이다.

24 두 주사위 모두 홀수의 눈이 나오는 경우의 수

✚ 각 면에 1부터 8까지의 자연수가 각각 하나씩 적힌 정팔
면체 모양의 주사위를 두 번 던져서 바닥에 닿은 면에 적힌
수를 읽을 때, 다음을 구하시오.

25 일어나는 모든 경우의 수

26 첫 번째에는 8의 약수의 눈이 나오고, 두 번째에
는 6 초과의 눈이 나오는 경우의 수

27 첫 번째에는 홀수의 눈이 나오고, 두 번째에는 5
이하의 눈이 나오는 경우의 수

28 두 번 모두 4의 배수의 눈이 나오는 경우의 수

29 두 번 모두 짝수의 눈이 나오는 경우의 수

30 대표 문제
서로 다른 동전 2개와 주사위 1개를 동시에 던질 때, 동전
은 서로 다른 면이 나오고, 주사위는 소수의 눈이 나오는 경
우의 수는?

① 4   ② 6   ③ 8

④ 10   ⑤ 12

04 한 줄로 세우는 경우의 수

정답과 풀이 55쪽

(1) n명을 한 줄로 세우는 경우의 수: $n\times(n-1)\times(n-2)\times\ \cdots\ \times2\times1$

(2) n명 중에서 2명을 뽑아 한 줄로 세우는 경우의 수: $n\times(n-1)$

(3) n명 중에서 3명을 뽑아 한 줄로 세우는 경우의 수: $n\times(n-1)\times(n-2)$

한 줄로 세우는 경우

✘ 다음을 구하시오.

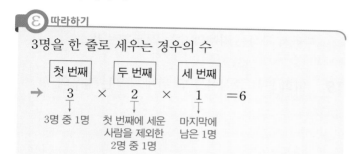

3명을 한 줄로 세우는 경우의 수

01 4명을 한 줄로 세우는 경우의 수

02 5명을 한 줄로 세우는 경우의 수

03 국어, 영어, 수학 교과서를 책꽂이에 한 줄로 꽂는 경우의 수

04 빨강, 초록, 파랑, 노랑 4개의 깃발을 한 줄로 세우는 경우의 수

05 학생 5명의 발표 순서를 정하는 경우의 수

06 알파벳 F, R, I, E, N, D를 일렬로 나열하는 경우의 수

✘ 다음을 구하시오.

③ 따라하기

4명 중에서 2명을 뽑아 한 줄로 세우는 경우의 수

첫 번째		두 번째

→ $\underset{\substack{\downarrow \\ \text{4명 중 1명}}}{4}$ × $\underset{\substack{\downarrow \\ \text{첫 번째에 세운} \\ \text{사람을 제외한} \\ \text{3명 중 1명}}}{3}$ $=12$

07 4명 중에서 3명을 뽑아 한 줄로 세우는 경우의 수

08 5명 중에서 2명을 뽑아 한 줄로 세우는 경우의 수

09 5명 중에서 3명을 뽑아 한 줄로 세우는 경우의 수

10 6명 중에서 2명을 뽑아 한 줄로 세우는 경우의 수

11 대표 문제

서로 다른 6곳의 관광지 중에서 3곳을 골라 관광 순서를 정하는 경우의 수는?

① 30 　② 60 　③ 90

④ 120 　⑤ 150

특정 자리를 고정하여 한 줄로 세우는 경우

✿ **A, B, C, D 4명을 한 줄로 세울 때, 다음을 구하시오.**

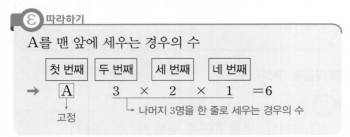

따라하기

A를 맨 앞에 세우는 경우의 수

| 첫 번째 | 두 번째 | 세 번째 | 네 번째 |

→ A   3 × 2 × 1 = 6

고정   ↳ 나머지 3명을 한 줄로 세우는 경우의 수

12 B를 맨 뒤에 세우는 경우의 수

13 A를 두 번째에 세우는 경우의 수

14 C를 맨 앞에, D를 맨 뒤에 세우는 경우의 수

Tip C와 D를 고정하고, 나머지 두 명을 한 줄로 세우는 경우의 수와 같다.

✿ **A, B, C, D, E 5명을 한 줄로 세울 때, 다음을 구하시오.**

15 C를 맨 앞에 세우는 경우의 수

16 A를 맨 뒤에 세우는 경우의 수

17 D를 정가운데에 세우는 경우의 수

18 E를 맨 앞에, B를 맨 뒤에 세우는 경우의 수

✿ **서현, 미희, 준석, 혜미, 수찬 5명을 한 줄로 세울 때, 다음을 구하시오.**

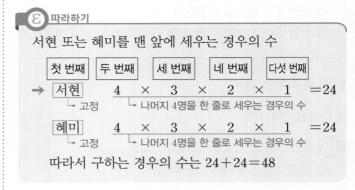

따라하기

서현 또는 혜미를 맨 앞에 세우는 경우의 수

| 첫 번째 | 두 번째 | 세 번째 | 네 번째 | 다섯 번째 |

→ 서현   4 × 3 × 2 × 1 = 24

고정   ↳ 나머지 4명을 한 줄로 세우는 경우의 수

혜미   4 × 3 × 2 × 1 = 24

고정   ↳ 나머지 4명을 한 줄로 세우는 경우의 수

따라서 구하는 경우의 수는 24+24=48

19 미희 또는 준석이를 맨 뒤에 세우는 경우의 수

20 서현 또는 수찬이를 정가운데에 세우는 경우의 수

21 혜미를 맨 앞 또는 맨 뒤에 세우는 경우의 수

22 준석이와 수찬이를 양 끝에 세우는 경우의 수

Tip 준석이와 수찬이를 양 끝에 세우는 경우는
(준석, □, □, □, 수찬), (수찬, □, □, □, 준석)의 2가지이다.

23 **대표 문제**

여학생 1명과 남학생 4명이 한 줄로 서서 노래를 부를 때, 여학생이 정가운데에 서는 경우의 수는?

① 6   ② 24   ③ 60

④ 85   ⑤ 120

05 이웃하게 한 줄로 세우는 경우의 수

정답과 풀이 56쪽

한 줄로 세울 때, 이웃하게 세우는 경우의 수는 다음과 같은 순서대로 구한다.
① 이웃하는 것을 하나로 묶어 한 줄로 세우는 경우의 수를 구한다.
② 묶음 안에서 자리를 바꾸는 경우의 수를 구한다.
③ ①의 경우의 수와 ②의 경우의 수를 곱한다.

이웃하게 한 줄로 세우는 경우의 수

A, B, C, D 4명을 한 줄로 세울 때, 다음을 구하시오.

따라하기

A, B를 이웃하게 세우는 경우의 수

→ (A, B)와 C, D를 한 줄로 세우는 경우의 수는 (A, B를 하나로 묶어 생각한다.)

$3\times2\times1=6$

A와 B가 자리를 바꾸는 경우의 수는

$2\times1=2$ → (A, B), (B, A)

따라서 구하는 경우의 수는 $6\times2=12$

01 B, D를 이웃하게 세우는 경우의 수

02 A, B, C를 이웃하게 세우는 경우의 수

A, B, C, D, E 5명을 한 줄로 세울 때, 다음을 구하시오.

03 A, B를 이웃하게 세우는 경우의 수

04 C, E를 이웃하게 세우는 경우의 수

05 B, C, D를 이웃하게 세우는 경우의 수

다음을 구하시오.

06 남학생 2명, 여학생 2명을 한 줄로 세울 때, 여학생끼리 이웃하게 서는 경우의 수

07 민희, 소민, 서윤, 영희가 긴 의자에 한 줄로 앉을 때, 소민이와 영희가 이웃하게 앉는 경우의 수

08 1, 2, 3, 4, 5가 각각 하나씩 적힌 5장의 카드를 한 줄로 나열할 때, 짝수가 적힌 카드끼리 이웃하게 나열하는 경우의 수

09 만화책 3권, 소설책 2권을 책꽂이에 한 줄로 나란히 꽂을 때, 만화책끼리 이웃하게 꽂는 경우의 수

10 대표 문제

부모님을 포함하여 5명의 가족이 한 줄로 서서 가족 사진을 찍으려고 할 때, 부모님이 이웃하여 서는 경우의 수는?

① 12 ② 24 ③ 36
④ 48 ⑤ 60

06 자연수의 개수

(1) 0을 포함하지 않는 경우

　0이 아닌 서로 다른 한 자리 숫자가 각각 하나씩 적힌 n장의 카드 중에서

　• 2장을 뽑아 만들 수 있는 두 자리 자연수의 개수: $n \times (n-1)$

　• 3장을 뽑아 만들 수 있는 세 자리 자연수의 개수: $n \times (n-1) \times (n-2)$

(2) 0을 포함하는 경우

　0을 포함한 서로 다른 한 자리 숫자가 각각 하나씩 적힌 n장의 카드 중에서

　• 2장을 뽑아 만들 수 있는 두 자리 자연수의 개수: $(n-1) \times (n-1)$

　• 3장을 뽑아 만들 수 있는 세 자리 자연수의 개수: $(n-1) \times (n-1) \times (n-2)$

　참고 맨 앞자리에는 0이 올 수 없다.

0을 포함하지 않는 경우

✖ 1, 2, 3, 4의 숫자가 각각 하나씩 적힌 4장의 카드가 있을 때, 다음을 구하시오.

따라하기

2장을 뽑아 만들 수 있는 두 자리 자연수의 개수

$$\boxed{십의\ 자리} \qquad \boxed{일의\ 자리}$$

$$\rightarrow \quad \underset{\substack{\downarrow\\4장\ 중\ 1장}}{4} \quad \times \quad \underset{\substack{\downarrow\\십의\ 자리의\ 숫자를\\제외한\ 3장\ 중\ 1장}}{3} \quad = 12$$

01 3장을 뽑아 만들 수 있는 세 자리 자연수의 개수

02 2장을 뽑아 만들 수 있는 두 자리 홀수의 개수

　Tip 홀수이려면 일의 자리에 올 수 있는 숫자는 1 또는 3이다.

03 2장을 뽑아 만들 수 있는 두 자리 자연수 중에서 30보다 큰 수의 개수

　Tip 30보다 크려면 십의 자리에 올 수 있는 숫자는 3 또는 4이다.

04 2장을 뽑아 만들 수 있는 두 자리 자연수 중에서 40보다 작은 수의 개수

✖ 1, 2, 3, 4, 5의 숫자가 각각 하나씩 적힌 5장의 카드가 있을 때, 다음을 구하시오.

05 2장을 뽑아 만들 수 있는 두 자리 자연수의 개수

06 3장을 뽑아 만들 수 있는 세 자리 자연수의 개수

07 2장을 뽑아 만들 수 있는 두 자리 짝수의 개수

08 2장을 뽑아 만들 수 있는 두 자리 자연수 중에서 35보다 큰 수의 개수

09 대표 문제

3, 4, 5, 6, 7의 숫자가 각각 하나씩 적힌 5장의 카드가 있다. 2장을 뽑아 만들 수 있는 두 자리 자연수 중에서 50 이상인 자연수의 개수는?

① 6　　　　② 8　　　　③ 10

④ 12　　　⑤ 14

0을 포함하는 경우

0, 1, 2, 3의 숫자가 각각 하나씩 적힌 4장의 카드가 있을 때, 다음을 구하시오.

따라하기

2장을 뽑아 만들 수 있는 두 자리 자연수의 개수

십의 자리		일의 자리	
3	×	3	=9
0을 제외한 3장 중 1장		십의 자리의 숫자를 제외한 3장 중 1장	

10 3장을 뽑아 만들 수 있는 세 자리 자연수의 개수

11 2장을 뽑아 만들 수 있는 두 자리 홀수의 개수

12 2장을 뽑아 만들 수 있는 두 자리 자연수 중에서 5의 배수의 개수

Tip 5의 배수이려면 일의 자리에 올 수 있는 숫자는 0 또는 5이다.

13 2장을 뽑아 만들 수 있는 두 자리 자연수 중에서 20보다 작은 수의 개수

14 2장을 뽑아 만들 수 있는 두 자리 자연수 중에서 15보다 큰 수의 개수

0, 1, 2, 3, 4의 숫자가 각각 하나씩 적힌 5장의 카드가 있을 때, 다음을 구하시오.

15 2장을 뽑아 만들 수 있는 두 자리 자연수의 개수

16 3장을 뽑아 만들 수 있는 세 자리 자연수의 개수

17 2장을 뽑아 만들 수 있는 두 자리 자연수 중에서 30 이상인 수의 개수

18 2장을 뽑아 만들 수 있는 두 자리 자연수 중에서 40 미만인 수의 개수

19 2장을 뽑아 만들 수 있는 두 자리 짝수의 개수

Tip 짝수이려면 일의 자리에 올 수 있는 숫자는 0, 2, 4이다.

20 대표 문제

0, 1, 2, 3, 4, 5의 숫자가 각각 하나씩 적힌 6장의 카드 중에서 3장을 뽑아 만들 수 있는 세 자리 홀수의 개수는?

① 16　② 32　③ 48　④ 64　⑤ 80

정답과 풀이 58쪽

(1) 자격이 다른 대표를 뽑는 경우 ← 뽑는 순서와 관계가 있다.
- n명 중에서 자격이 다른 대표 2명을 뽑는 경우의 수: $n \times (n-1)$
- n명 중에서 자격이 다른 대표 3명을 뽑는 경우의 수: $n \times (n-1) \times (n-2)$

(2) 자격이 같은 대표를 뽑는 경우 ← 뽑는 순서와 관계가 없다.
- n명 중에서 자격이 같은 대표 2명을 뽑는 경우의 수: $\dfrac{n \times (n-1)}{2}$
- n명 중에서 자격이 같은 대표 3명을 뽑는 경우의 수: $\dfrac{n \times (n-1) \times (n-2)}{3 \times 2 \times 1}$

자격이 다른 대표를 뽑는 경우

� A, B, C, D 4명의 학생 중에서 대표를 뽑을 때, 다음을 구하시오.

€ 따라하기

회장 1명, 부회장 1명을 뽑는 경우의 수

회장		부회장

→ $\underset{\substack{\uparrow \\ \text{4명 중 1명}}}{4} \times \underset{\substack{\uparrow \\ \text{회장을 제외한} \\ \text{3명 중 1명}}}{3} = 12$

01 회장 1명, 총무 1명을 뽑는 경우의 수

02 회장 1명, 부회장 1명, 총무 1명을 뽑는 경우의 수

✕ A, B, C, D, E 5명의 학생 중에서 대표를 뽑을 때, 다음을 구하시오.

03 회장 1명, 부회장 1명을 뽑는 경우의 수

04 회장 1명, 부회장 1명, 총무 1명을 뽑는 경우의 수

✕ 남학생 2명, 여학생 4명 중에서 대표를 뽑을 때, 다음을 구하시오.

05 회장 1명, 부회장 1명을 뽑는 경우의 수

06 회장 1명, 부회장 1명, 총무 1명을 뽑는 경우의 수

07 남학생 대표 1명, 여학생 대표 1명을 뽑는 경우의 수

Tip 남학생 중에서 대표 1명을 뽑는 경우와 여학생 중에서 대표 1명을 뽑는 경우를 나누어 생각한다.

08 남학생 중에서 회장 1명, 여학생 중에서 부회장 1명, 총무 1명을 뽑는 경우의 수

09 대표 문제

미술 대회에 나온 7개의 작품 중에서 대상 1개, 금상 1개, 은상 1개를 뽑는 경우의 수는?

① 120   ② 150   ③ 180
④ 210   ⑤ 240

자격이 같은 대표를 뽑는 경우

A, B, C, D 4명의 학생 중에서 대표를 뽑을 때, 다음을 구하시오.

따라하기

대표 2명을 뽑는 경우의 수

→ $\dfrac{4\times3}{2}=6$

(A, B)와 (B, A)가 같다.
즉, 중복된 횟수로 나눈다.

10 청소 당번 2명을 뽑는 경우의 수

11 대표 2명을 뽑을 때, A가 뽑히지 않는 경우의 수

Tip A를 제외한 3명 중에서 대표 2명을 뽑는 경우의 수와 같다.

A, B, C, D, E 5명의 학생 중에서 대표를 뽑을 때, 다음을 구하시오.

12 대표 2명을 뽑는 경우의 수

13 대표 3명을 뽑는 경우의 수

Tip (A, B, C), (A, C, B), (B, A, C), (B, C, A), (C, A, B), (C, B, A)는 모두 같은 경우이다. 즉, 3명을 한 줄로 세우는 경우의 수만큼 중복되므로 중복된 횟수로 나눈다.

14 대표 2명을 뽑을 때, B가 뽑히지 않는 경우의 수

15 대표 3명을 뽑을 때, D가 반드시 뽑히는 경우의 수

남학생 3명, 여학생 4명 중에서 대표를 뽑을 때, 다음을 구하시오.

16 대표 2명을 뽑는 경우의 수

17 대표 3명을 뽑는 경우의 수

18 남학생 중에서 대표 2명을 뽑는 경우의 수

19 여학생 중에서 대표 2명을 뽑는 경우의 수

20 여학생 중에서 회장 1명, 남학생 중에서 부회장 2명을 뽑는 경우의 수

21 대표 문제

회의에 참석한 8명의 사람이 한 사람도 빠짐없이 서로 한 번씩 악수를 할 때, 8명이 악수를 한 총 횟수는?

① 16 ② 20 ③ 24
④ 28 ⑤ 32

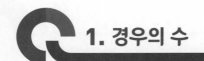

01

다음은 정수네 반 학생들의 혈액형을 조사하여 나타낸 표이다. 정수네 반 학생 중에서 한 명을 선택할 때, A형 또는 AB형인 경우의 수는?

혈액형	A	B	AB	O
학생 수(명)	13	8	4	6

① 10   ② 12   ③ 14

④ 17   ⑤ 21

02

어느 영화관의 평면도가 오른쪽 그림과 같을 때, 상영관에서 복도를 거쳐 화장실로 가는 경우의 수는? (단, 한 번 지나간 지점은 다시 지나가지 않는다.)

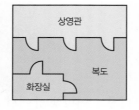

① 3   ② 5   ③ 6

④ 8   ⑤ 9

03

5명의 학생이 한 팀을 이루어 이어달리기를 하려고 할 때, 5명이 달리는 순서를 정하는 경우의 수는?

① 24   ② 50

③ 75   ④ 120

⑤ 150

04

초등학생 2명과 중학생 4명을 한 줄로 세울 때, 초등학생끼리 이웃하게 세우는 경우의 수는?

① 160   ② 180   ③ 200

④ 220   ⑤ 240

05

주머니 속에 0, 2, 4, 6, 8이 각각 하나씩 적힌 5개의 공이 들어 있다. 이 주머니에서 2개의 공을 꺼내 만들 수 있는 두 자리 자연수 중에서 50 이하인 수의 개수는?

① 4   ② 6   ③ 8

④ 10   ⑤ 12

06

6명의 탁구 선수 중에서 학교 대표로 대회에 나갈 복식조 2명을 뽑는 경우의 수는?

① 5   ② 8   ③ 10

④ 12   ⑤ 15

7 확률

1. 확률

01 확률

(1) **확률**: 같은 조건에서 실험이나 관찰을 여러 번 반복할 때, 어떤 사건 A가 일어나는 상대도수가 일정한 값에 가까워지면 이 일정한 값을 사건 A가 일어날 확률이라 한다.

(2) **사건 A가 일어날 확률**: 어떤 실험이나 관찰에서 각각의 경우가 일어날 가능성이 모두 같을 때, 일어나는 모든 경우의 수가 n이고 사건 A가 일어나는 경우의 수가 a이면 사건 A가 일어날 확률 p는

$$p = \frac{(\text{사건 } A\text{가 일어나는 경우의 수})}{(\text{일어나는 모든 경우의 수})} = \frac{a}{n}$$

공, 카드를 뽑을 때의 확률

✖ 주머니 속에 모양과 크기가 같은 빨간 공 3개, 파란 공 2개, 노란 공 4개가 들어 있다. 이 주머니에서 한 개의 공을 꺼낼 때, 다음을 구하시오.

ε 따라하기

빨간 공이 나올 확률
→ 모든 경우의 수는 3+2+4=9
  빨간 공이 나오는 경우의 수는 3
  따라서 구하는 확률은 $\dfrac{3}{9} = \dfrac{1}{3}$

$$\frac{(\text{빨간 공이 나오는 경우의 수})}{(\text{모든 경우의 수})}$$

01 파란 공이 나올 확률

02 노란 공이 나올 확률

✖ 1부터 15까지의 자연수가 각각 하나씩 적힌 15장의 카드 중에서 한 장을 뽑을 때, 다음을 구하시오.

03 짝수가 적힌 카드가 나올 확률

04 3의 배수가 적힌 카드가 나올 확률

05 15의 약수가 적힌 카드가 나올 확률

동전을 던질 때의 확률

✖ 서로 다른 두 개의 동전을 동시에 던질 때, 다음을 구하시오.

ε 따라하기

모두 앞면이 나올 확률 ┌ (앞면, 앞면), (앞면, 뒷면), (뒷면, 앞면), (뒷면, 뒷면)의 4가지
→ 모든 경우의 수는 $2 \times 2 = 4$
  모두 앞면이 나오는 경우의 수는 1
  ┗ (앞면, 앞면)의 1가지
  따라서 구하는 확률은 $\dfrac{1}{4}$

06 서로 다른 면이 나올 확률

07 앞면이 1개 이상 나올 확률

✖ 서로 다른 세 개의 동전을 동시에 던질 때, 다음을 구하시오.

08 앞면이 1개 나올 확률

09 앞면이 2개 나올 확률

10 모두 같은 면이 나올 확률

주사위를 던질 때의 확률

❈ 한 개의 주사위를 던질 때, 다음을 구하시오.

따라하기

홀수의 눈이 나올 확률

→ 모든 경우의 수는 6 → 1, 2, 3, 4, 5, 6의 6가지
　홀수의 눈이 나오는 경우의 수는 3 → 1, 3, 5의 3가지
　따라서 구하는 확률은 $\frac{3}{6}=\frac{1}{2}$

11 짝수의 눈이 나올 확률

12 6의 약수의 눈이 나올 확률

13 소수의 눈이 나올 확률

❈ 서로 다른 두 개의 주사위를 동시에 던질 때, 다음을 구하시오.

14 두 눈의 수가 같을 확률

15 두 눈의 수의 합이 5일 확률

16 두 눈의 수의 차가 1일 확률

17 두 눈의 수의 곱이 12일 확률

한 줄로 세울 때의 확률

❈ 소현, 민정, 현빈, 승민, 준호 5명을 한 줄로 세울 때, 다음을 구하시오.

따라하기

민정이가 맨 앞에 설 확률

→ 모든 경우의 수는
　$5 \times 4 \times 3 \times 2 \times 1 = 120$ → 5명을 한 줄로 세우는 경우의 수
　민정이가 맨 앞에 서는 경우의 수는
　$4 \times 3 \times 2 \times 1 = 24$ → 민정이를 맨 앞에 고정하고
　　　　　　　　　　　　　　4명을 한 줄로 세우는 경우의 수
　따라서 구하는 확률은 $\frac{24}{120}=\frac{1}{5}$

18 소현이가 맨 뒤에 설 확률

19 승민이가 정가운데에 설 확률

20 민정이가 맨 앞에, 현빈이가 맨 뒤에 설 확률

21 소현, 민정이가 이웃하게 설 확률

22 현빈, 승민, 준호가 이웃하게 설 확률

23 대표 문제

1, 2, 3, 4, 5의 숫자가 각각 하나씩 적힌 5장의 카드가 있다. 2장을 뽑아 두 자리 자연수를 만들 때, 홀수일 확률은?

① $\frac{1}{5}$　　　　② $\frac{1}{4}$　　　　③ $\frac{3}{5}$

④ $\frac{3}{4}$　　　　⑤ $\frac{4}{5}$

02 확률의 성질

정답과 풀이 61쪽

(1) 어떤 사건이 일어날 확률을 p라 하면 $0 \le p \le 1$이다.
(2) 반드시 일어나는 사건의 확률은 1이다.
(3) 절대로 일어나지 않는 사건의 확률은 0이다.

확률의 성질

주머니 속에 모양과 크기가 같은 흰 공 4개, 검은 공 6개가 들어 있다. 이 주머니에서 한 개의 공을 꺼낼 때, 다음을 구하시오.

ε 따라하기

파란 공이 나올 확률
→ 주머니 속에 파란 공은 들어 있지 않으므로 구하는 확률은 0이다.
(파란 공이 나오는 사건은 절대로 일어나지 않는다.)

01 빨간 공이 나올 확률

02 흰 공 또는 검은 공이 나올 확률

상자에 들어 있는 10개의 제비 중에 당첨 제비가 다음과 같이 들어 있다. 이 상자에서 한 개의 제비를 뽑을 때, 당첨 제비가 나올 확률을 구하시오.

03 당첨 제비가 5개인 경우

04 당첨 제비가 0개인 경우

05 당첨 제비가 10개인 경우

2, 4, 6, 8, 10의 숫자가 각각 하나씩 적힌 5장의 카드에서 한 장의 카드를 뽑을 때, 다음을 구하시오.

06 짝수가 적힌 카드를 뽑을 확률

07 홀수가 적힌 카드를 뽑을 확률

서로 다른 두 개의 주사위를 동시에 던질 때, 다음을 구하시오.

08 두 눈의 수의 합이 1일 확률

09 두 눈의 수의 차가 6일 확률

10 두 눈의 수의 합이 12 이하일 확률

11 대표 문제

한 개의 주사위를 던질 때, 6보다 큰 수의 눈이 나올 확률은?

① 0 ② $\frac{1}{6}$ ③ $\frac{1}{3}$
④ $\frac{1}{2}$ ⑤ 1

03 어떤 사건이 일어나지 않을 확률

정답과 풀이 61쪽

사건 A가 일어날 확률을 p라 하면
(사건 A가 일어나지 않을 확률)$=1-p$

참고 • 사건 A가 일어날 확률을 p, 사건 A가 일어나지 않을 확률을 q라 하면 $p+q=1$이다.
• 일반적으로 '적어도', '최소한', '~가 아닐', '~을 못할' 등의 표현이 있으면 어떤 사건이 일어나지 않을 확률을 이용한다.

어떤 사건이 일어나지 않을 확률

다음을 구하시오.

따라하기

현수가 시험에 합격할 확률이 $\frac{3}{4}$일 때, 시험에 불합격할 확률
1－(시험에 합격할 확률)
→ $1-\frac{3}{4}=\frac{1}{4}$

01 명중률이 $\frac{2}{3}$인 양궁 선수가 화살을 한 번 쏠 때, 명중하지 못할 확률

02 내일 비가 올 확률이 $\frac{5}{8}$일 때, 내일 비가 오지 않을 확률

03 재민이와 영철이가 탁구를 치는데 재민이가 이길 확률이 $\frac{2}{5}$일 때, 영철이가 이길 확률
(단, 무승부는 없다.)

04 10개의 제비 중에 3개의 당첨 제비가 들어 있는 상자에서 한 개의 제비를 뽑을 때, 당첨되지 않을 확률

05 자유투 성공률이 70 %인 선수가 자유투를 한 번 할 때, 실패할 확률

Tip 백분율을 분수로 나타낸다.

06 1부터 20까지의 자연수가 각각 하나씩 적힌 20장의 카드 중에서 한 장을 뽑을 때, 카드에 적힌 수가 5의 배수가 아닐 확률

07 명지와 민경이가 가위바위보를 할 때, 승부가 날 확률

08 A, B, C, D 4명을 한 줄로 세울 때, A가 맨 앞에 서지 않을 확률

09 대표 문제

서로 다른 두 개의 주사위를 동시에 던질 때, 나오는 두 눈의 수가 서로 다를 확률은?

① $\frac{1}{6}$　② $\frac{1}{3}$　③ $\frac{1}{2}$
④ $\frac{2}{3}$　⑤ $\frac{5}{6}$

적어도 ~일 확률

❄️ **다음을 구하시오.**

③ 따라하기

서로 다른 두 개의 동전을 동시에 던질 때, 적어도 한 개는 앞면이 나올 확률

$1-($모두 뒷면이 나올 확률$)$

→ 모든 경우의 수는 $2 \times 2 = 4$

모두 뒷면이 나오는 경우의 수는 1이므로 모두 뒷면이 나올 확률은 $\frac{1}{4}$

(뒷면, 뒷면)의 1가지

따라서 구하는 확률을 $1 - \frac{1}{4} = \frac{3}{4}$

10 서로 다른 세 개의 동전을 동시에 던질 때, 적어도 한 개는 뒷면이 나올 확률

11 ○, ×를 표시하는 3개의 문제에 무심코 ○, × 중에서 하나를 표시할 때, 적어도 한 문제는 맞힐 확률

12 한 개의 주사위를 두 번 던질 때, 적어도 한 번은 소수의 눈이 나올 확률

13 각 면에 1부터 4까지의 자연수가 각각 하나씩 적힌 정사면체 모양의 주사위를 두 번 던질 때, 바닥에 닿는 면에 적힌 수가 적어도 한 번은 짝수의 눈이 나올 확률

14 서로 다른 두 개의 주사위를 동시에 던질 때, 적어도 한 개는 3의 배수의 눈이 나올 확률

15 남학생 3명과 여학생 3명 중에서 대표 2명을 뽑을 때, 적어도 한 명은 남학생이 뽑힐 확률

16 모양과 크기가 같은 흰 공 5개, 검은 공 3개가 들어 있는 주머니에서 2개의 공을 동시에 꺼낼 때, 적어도 한 개는 검은 공이 나올 확률

17 현정, 미주, 세찬 세 사람이 가위바위보를 한 번 할 때, 적어도 한 사람이 다른 것을 낼 확률

⑱ 대표 문제 ☞

색연필 4자루와 사인펜 5자루가 꽂혀 있는 연필꽂이에서 두 자루를 동시에 꺼낼 때, 적어도 한 자루는 색연필을 뽑을 확률은?

① $\frac{5}{18}$ ② $\frac{7}{18}$ ③ $\frac{5}{9}$

④ $\frac{13}{18}$ ⑤ $\frac{5}{6}$

04 사건 A 또는 사건 B가 일어날 확률

정답과 풀이 63쪽

두 사건 A, B가 동시에 일어나지 않을 때, 사건 A가 일어날 확률을 p, 사건 B가 일어날 확률을 q라 하면

(사건 A 또는 사건 B가 일어날 확률)$=p+q$

사건 A 또는 사건 B
↓
$p + q$

참고 일반적으로 문제에 '또는', '~이거나' 등의 표현이 있으면 각 사건이 일어날 확률을 더한다.

사건 A 또는 사건 B가 일어날 확률

❈ 상자 안에 모양과 크기가 같은 빨간 공 2개, 파란 공 3개, 노란 공 5개가 들어 있다. 이 중에서 한 개의 공을 꺼낼 때, 다음을 구하시오.

따라하기

빨간 공 또는 파란 공이 나올 확률
→ 모든 경우의 수는 $2+3+5=10$

빨간 공이 나올 확률은 $\dfrac{2}{10}=\dfrac{1}{5}$

파란 공이 나올 확률은 $\dfrac{3}{10}$ ┐ → 빨간 공이 나오는 사건과 파란 공이 나오는 사건은 동시에 일어나지 않는다.

따라서 구하는 확률은 $\dfrac{1}{5}+\dfrac{3}{10}=\dfrac{1}{2}$

01 빨간 공 또는 노란 공이 나올 확률

02 파란 공 또는 노란 공이 나올 확률

❈ 1부터 15까지의 자연수가 각각 하나씩 적힌 15장의 카드 중에서 한 장의 카드를 뽑을 때, 다음을 구하시오.

03 4보다 작거나 10보다 큰 수가 적힌 카드가 나올 확률

04 5의 배수 또는 6의 배수가 적힌 카드가 나올 확률

❈ 오른쪽 그림은 어느 해 10월의 달력이다. 이 달력에서 하루를 선택할 때, 다음을 구하시오.

일	월	화	수	목	금	토
		1	2	3	4	5
6	7	8	9	10	11	12
13	14	15	16	17	18	19
20	21	22	23	24	25	26
27	28	29	30	31		

05 월요일 또는 목요일일 확률

06 금요일 또는 일요일일 확률

❈ 다음 표는 수정이네 반 학생들의 혈액형을 조사하여 나타낸 것이다. 이 중에서 한 명을 선택할 때, 다음을 구하시오.

혈액형	A	B	AB	O
학생 수(명)	14	7	3	6

07 A형 또는 O형일 확률

08 B형 또는 AB형일 확률

서로 다른 두 개의 주사위를 동시에 던질 때, 다음을 구하시오.

ε 따라하기

두 눈의 수의 합이 3 또는 6일 확률
→ 모든 경우의 수는 $6\times6=36$

(1, 2), (2, 1)의 2가지
두 눈의 수의 합이 3일 확률은 $\frac{2}{36}=\frac{1}{18}$

두 눈의 수의 합이 6일 확률은 $\frac{5}{36}$
(1, 5), (2, 4), (3, 3), (4, 2), (5, 1)의 5가지

따라서 구하는 확률은 $\frac{1}{18}+\frac{5}{36}=\frac{7}{36}$

09 두 눈의 수의 합이 7 또는 10일 확률

10 두 눈의 수의 차가 2 또는 3일 확률

11 두 눈의 수의 곱이 4 또는 18일 확률

12 두 눈의 수가 모두 홀수이거나 모두 짝수일 확률

13 두 눈의 수의 합이 4의 배수일 확률

14 두 눈의 수의 차가 3보다 클 확률

G, R, E, A, T 5개의 문자를 일렬로 나열할 때, 다음을 구하시오.

15 G가 맨 앞 또는 맨 뒤에 올 확률

16 E 또는 A가 정가운데에 올 확률

1, 2, 3, 4, 5의 숫자가 각각 하나씩 적힌 5장의 카드 중에서 2장의 카드를 뽑아 두 자리 자연수를 만들 때, 다음을 구하시오.

17 20보다 작거나 30보다 클 확률

18 2의 배수 또는 5의 배수일 확률

19 대표 문제

1번부터 25번까지의 번호표를 각각 하나씩 들고 있는 25명의 사람이 있다. 번호를 하나 부를 때, 3의 배수 또는 11의 배수일 확률은?

① $\frac{3}{25}$ ② $\frac{1}{5}$ ③ $\frac{8}{25}$
④ $\frac{2}{5}$ ⑤ $\frac{11}{25}$

05 두 사건 A와 B가 동시에 일어날 확률

정답과 풀이 65쪽

두 사건 A, B가 서로 영향을 끼치지 않을 때, 사건 A가 일어날 확률을 p, 사건 B가 일어날 확률을 q라 하면

(두 사건 A와 B가 동시에 일어날 확률)$=p \times q$

참고 일반적으로 문제에 '동시에', '그리고', '~와' 등의 표현이 있으면 각 사건이 일어날 확률을 곱한다.

사건 A 동시에 사건 B
↓
$p \times q$

두 사건 A와 B가 동시에 일어날 확률

❖ 동전 한 개와 주사위 한 개를 동시에 던질 때, 다음을 구하시오.

3 따라하기

동전은 앞면이 나오고, 주사위는 4보다 큰 수의 눈이 나올 확률

→ 동전에서 앞면이 나올 확률은 $\dfrac{1}{2}$

주사위에서 4보다 큰 수의 눈이 나올 확률은 $\dfrac{2}{6}=\dfrac{1}{3}$
└→ 5, 6의 2가지

따라서 구하는 확률은 $\dfrac{1}{2} \times \dfrac{1}{3}=\dfrac{1}{6}$
└→ 동전을 던지는 사건과 주사위를 던지는 사건은 서로 영향을 끼치지 않는다.

01 동전은 뒷면이 나오고, 주사위는 3 이하의 눈이 나올 확률

02 동전은 앞면이 나오고, 주사위는 6의 약수의 눈이 나올 확률

❖ 서로 다른 동전 두 개와 주사위 한 개를 동시에 던질 때, 다음을 구하시오.

03 동전은 모두 앞면이 나오고, 주사위는 3의 배수의 눈이 나올 확률

04 동전은 서로 다른 면이 나오고, 주사위는 소수의 눈이 나올 확률

❖ 두 개의 주사위 A, B를 동시에 던질 때, 다음을 구하시오.

05 A 주사위는 홀수의 눈이 나오고, B 주사위는 4의 약수의 눈이 나올 확률

06 A 주사위는 합성수의 눈이 나오고, B 주사위는 2의 배수의 눈이 나올 확률

07 A 주사위는 5 이상의 눈이 나오고, B 주사위는 6 미만의 눈이 나올 확률

08 두 주사위 모두 소수의 눈이 나올 확률

09 대표 문제

한 개의 주사위를 두 번 던질 때, 첫 번째에는 4 이하의 눈이 나오고, 두 번째에는 짝수의 눈이 나올 확률은?

① $\dfrac{1}{36}$ ② $\dfrac{1}{18}$ ③ $\dfrac{1}{12}$

④ $\dfrac{1}{6}$ ⑤ $\dfrac{1}{3}$

❀ 주머니 A에는 모양과 크기가 같은 파란 공 2개, 초록 공 3개가 들어 있고, 주머니 B에는 모양과 크기가 같은 파란 공 3개, 초록 공 1개가 들어 있다. 두 주머니에서 공을 각각 한 개씩 꺼낼 때, 다음을 구하시오.

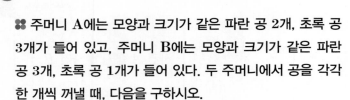

A   B

따라하기

주머니 A에서 파란 공이 나오고, 주머니 B에서 초록 공이 나올 확률

┌ 주머니 A에서 파란 공이 나올 확률

$\to \dfrac{2}{5} \times \dfrac{1}{4} = \dfrac{1}{10}$

└ 주머니 B에서 초록 공이 나올 확률

10 주머니 A에서 초록 공이 나오고, 주머니 B에서 파란 공이 나올 확률

11 두 주머니에서 모두 파란 공이 나올 확률

12 두 주머니에서 모두 초록 공이 나올 확률

13 두 주머니에서 서로 같은 색의 공이 나올 확률

Tip (서로 같은 색의 공이 나올 확률)
= (모두 파란 공이 나올 확률) + (모두 초록 공이 나올 확률)

❀ 다현이가 두 문제 A, B를 맞힐 확률이 각각 $\dfrac{2}{3}$, $\dfrac{3}{4}$일 때, 다음을 구하시오.

따라하기

A 문제는 맞히고, B 문제는 틀릴 확률

┌ A 문제를 맞힐 확률

$\to \dfrac{2}{3} \times \left(1 - \dfrac{3}{4}\right) = \dfrac{1}{6}$

└ B 문제를 틀릴 확률

14 A 문제는 틀리고, B 문제는 맞힐 확률

15 두 문제를 모두 맞힐 확률

16 두 문제를 모두 틀릴 확률

❀ 안타를 칠 확률이 각각 $\dfrac{5}{6}$, $\dfrac{3}{5}$인 두 야구 선수 A, B가 각각 타석에 한 번씩 설 때, 다음을 구하시오.

17 두 선수 모두 안타를 칠 확률

18 A는 안타를 치고, B는 안타를 치지 못할 확률

19 두 선수 모두 안타를 치지 못할 확률

❖ 수요일에 비가 올 확률이 $\frac{1}{10}$이고, 목요일에 비가 올 확률이 $\frac{3}{10}$일 때, 다음을 구하시오.

20 수요일과 목요일에 모두 비가 올 확률

21 수요일에는 비가 오고, 목요일에는 비가 오지 않을 확률

22 수요일에는 비가 오지 않고, 목요일에는 비가 올 확률

23 수요일과 목요일에 모두 비가 오지 않을 확률

❖ 명중률이 80 %인 양궁 선수가 화살을 두 번 쏠 때, 다음을 구하시오.

24 두 번 모두 명중할 확률

25 두 번 모두 명중하지 못할 확률

26 적어도 한 번은 명중할 확률

Tip (적어도 한 번은 명중할 확률)
=1−(두 번 모두 명중하지 못할 확률)

❖ 어느 시험에서 현수와 민주가 합격할 확률이 각각 $\frac{1}{3}$, $\frac{1}{4}$일 때, 다음을 구하시오.

27 두 사람 모두 합격할 확률

28 현수만 합격할 확률

29 두 사람 모두 불합격할 확률

30 적어도 한 사람은 합격할 확률

31 두 사람 중에서 한 사람만 합격할 확률

Tip (두 사람 중에서 한 사람만 합격할 확률)
=(현수만 합격할 확률)+(민주만 합격할 확률)

32 대표 문제

한주와 미현이가 다트를 던져 풍선을 맞힐 확률이 각각 $\frac{3}{5}$, $\frac{1}{2}$이다. 두 사람이 동시에 풍선 한 개를 향해 다트를 던질 때, 풍선이 터질 확률은?

① $\frac{1}{5}$　② $\frac{3}{10}$　③ $\frac{1}{2}$
④ $\frac{7}{10}$　⑤ $\frac{4}{5}$

✖ 찬준이와 재석이가 어느 장소에서 만나기로 약속하였다. 찬준이와 재석이가 약속을 지킬 확률이 각각 $\frac{4}{5}$, $\frac{3}{4}$일 때, 다음을 구하시오.

33 두 사람이 만날 확률

Tip 두 사람이 만나는 경우는 둘 다 약속을 지킬 때이다.

34 두 사람이 만나지 못할 확률

Tip (두 사람이 만나지 못할 확률)＝1－(두 사람이 만날 확률)

35 찬준이만 약속을 지킬 확률

36 재석이만 약속을 지킬 확률

37 두 사람 모두 약속을 지키지 않을 확률

38 두 사람 중에서 한 사람만 약속을 지킬 확률

Tip (두 사람 중에서 한 사람만 약속을 지킬 확률)
＝(찬준이만 약속을 지킬 확률)＋(재석이만 약속을 지킬 확률)

✖ A, B 두 사람이 가위바위보를 두 번 할 때, 다음을 구하시오.

39 첫 번째에는 A가 이기고, 두 번째에는 B가 이길 확률

40 첫 번째에는 B가 이기고, 두 번째에는 비길 확률

41 두 번 모두 비길 확률

42 두 번 모두 승부가 결정될 확률

43 대표 문제 🖐

수현이와 민서가 탁구 경기를 한 번 할 때, 수현이가 이길 확률은 $\frac{3}{7}$이다. 탁구 경기를 두 번 할 때, 수현이가 첫 번째 경기에서는 이기고, 두 번째 경기에서는 질 확률은?

① $\frac{9}{49}$ ② $\frac{12}{49}$ ③ $\frac{24}{49}$

④ $\frac{33}{49}$ ⑤ $\frac{45}{49}$

06 연속하여 뽑는 경우의 확률

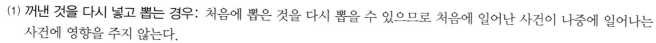

정답과 풀이 67쪽

(1) 꺼낸 것을 다시 넣고 뽑는 경우: 처음에 뽑은 것을 다시 뽑을 수 있으므로 처음에 일어난 사건이 나중에 일어나는 사건에 영향을 주지 않는다.

→ (처음에 뽑을 때의 조건) = (나중에 뽑을 때의 조건)

(2) 꺼낸 것을 다시 넣지 않고 뽑는 경우: 처음에 뽑은 것을 다시 뽑을 수 없으므로 처음에 일어난 사건이 나중에 일어나는 사건에 영향을 준다.

→ (처음에 뽑을 때의 조건) ≠ (나중에 뽑을 때의 조건)

꺼낸 것을 다시 넣고 뽑는 경우의 확률

✿ 모양과 크기가 같은 흰 공 6개, 검은 공 4개가 들어 있는 주머니에서 연속하여 한 개씩 두 번 공을 꺼낼 때, 다음을 구하시오. (단, 꺼낸 공은 다시 넣는다.)

따라하기

두 번 모두 흰 공이 나올 확률

└ 첫 번째에 흰 공이 나올 확률

→ $\frac{3}{5} \times \frac{3}{5} = \frac{9}{25}$

└ 두 번째에 흰 공이 나올 확률

01 두 번 모두 검은 공이 나올 확률

02 첫 번째에는 흰 공이 나오고, 두 번째에는 검은 공이 나올 확률

✿ 모양과 크기가 같은 빨간 구슬 5개, 파란 구슬 3개가 들어 있는 상자에서 연속하여 한 개씩 두 번 구슬을 꺼낼 때, 다음을 구하시오. (단, 꺼낸 구슬은 다시 넣는다.)

03 두 번 모두 빨간 구슬이 나올 확률

04 두 번 모두 파란 구슬이 나올 확률

✿ 12개의 제비 중에 4개의 당첨 제비가 들어 있는 주머니에서 연속하여 한 개씩 두 번 제비를 뽑을 때, 다음을 구하시오. (단, 뽑은 제비는 다시 넣는다.)

05 두 번 모두 당첨될 확률

06 첫 번째에는 당첨되고, 두 번째에는 당첨되지 않을 확률

07 첫 번째에는 당첨되지 않고, 두 번째에는 당첨될 확률

08 두 번 모두 당첨되지 않을 확률

09 대표 문제

1부터 9까지의 자연수가 각각 하나씩 적힌 9장의 카드가 들어 있는 상자에서 한 장의 카드를 꺼내 확인하고 넣은 후 다시 한 장의 카드를 꺼낼 때, 첫 번째에는 짝수가 적힌 카드가 나오고 두 번째에는 홀수가 적힌 카드가 나올 확률은?

① $\frac{20}{81}$ ② $\frac{8}{27}$ ③ $\frac{4}{9}$

④ $\frac{40}{81}$ ⑤ $\frac{5}{9}$

꺼낸 것을 다시 넣지 않고 뽑는 경우의 확률

❇ 모양과 크기가 같은 흰 공 6개, 검은 공 4개가 들어 있는 주머니에서 연속하여 한 개씩 두 번 공을 꺼낼 때, 다음을 구하시오.

(단, 꺼낸 공은 다시 넣지 않는다.)

③ 따라하기

두 번 모두 흰 공이 나올 확률
┌→ 첫 번째에 흰 공이 나올 확률
→ $\dfrac{3}{5} \times \dfrac{5}{9} = \dfrac{1}{3}$
└→ 두 번째에 흰 공이 나올 확률

10 두 번 모두 검은 공이 나올 확률

11 첫 번째에는 흰 공이 나오고, 두 번째에는 검은 공이 나올 확률

❇ 모양과 크기가 같은 빨간 구슬 5개, 파란 구슬 3개가 들어 있는 상자에서 연속하여 한 개씩 두 번 구슬을 꺼낼 때, 다음을 구하시오. (단, 꺼낸 구슬은 다시 넣지 않는다.)

12 두 번 모두 빨간 구슬이 나올 확률

13 두 번 모두 파란 구슬이 나올 확률

14 첫 번째에는 빨간 구슬이 나오고, 두 번째에는 파란 구슬이 나올 확률

❇ 12개의 제비 중에 4개의 당첨 제비가 들어 있는 주머니에서 연속하여 한 개씩 두 번 제비를 뽑을 때, 다음을 구하시오. (단, 뽑은 제비는 다시 넣지 않는다.)

15 두 번 모두 당첨될 확률

16 첫 번째에는 당첨되고, 두 번째에는 당첨되지 않을 확률

17 첫 번째에는 당첨되지 않고, 두 번째에는 당첨될 확률

18 두 번 모두 당첨되지 않을 확률

19 적어도 한 번은 당첨될 확률

⑳ 대표 문제

1부터 9까지의 자연수가 각각 하나씩 적힌 9장의 카드가 들어 있는 상자에서 연속하여 한 장씩 두 장의 카드를 꺼낼 때, 두 번 모두 홀수가 적힌 카드가 나올 확률은?

(단, 꺼낸 카드는 다시 넣지 않는다.)

① $\dfrac{1}{9}$ ② $\dfrac{1}{6}$ ③ $\dfrac{5}{18}$

④ $\dfrac{7}{18}$ ⑤ $\dfrac{1}{2}$

01

포도 맛 사탕 3개, 사과 맛 사탕 7개가 들어 있는 주머니에서 한 개의 사탕을 꺼낼 때, 딸기 맛 사탕이 나올 확률은?

① 0
② $\dfrac{3}{10}$
③ $\dfrac{1}{2}$

④ $\dfrac{7}{10}$
⑤ 1

02

서로 다른 두 개의 주사위를 동시에 던질 때, 적어도 한 개는 2 이하의 눈이 나올 확률은?

① $\dfrac{1}{9}$
② $\dfrac{2}{9}$
③ $\dfrac{1}{3}$

④ $\dfrac{4}{9}$
⑤ $\dfrac{5}{9}$

03

주머니 속에 1에서 25까지의 자연수가 각각 하나씩 적힌 25개의 공이 들어 있다. 이 중에서 한 개의 공을 꺼낼 때, 4의 배수 또는 7의 배수가 적힌 공이 나올 확률은?

① $\dfrac{3}{25}$
② $\dfrac{6}{25}$
③ $\dfrac{9}{25}$

④ $\dfrac{12}{25}$
⑤ $\dfrac{3}{5}$

04

다음 그림과 같이 각각 3등분, 4등분된 두 원판 A, B가 돌다가 멈추었을 때, 두 바늘이 모두 짝수를 가리킬 확률은?
(단, 바늘이 경계선을 가리키는 경우는 생각하지 않는다.)

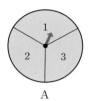

A   B

① $\dfrac{1}{12}$
② $\dfrac{1}{7}$
③ $\dfrac{1}{6}$

④ $\dfrac{1}{3}$
⑤ $\dfrac{1}{2}$

05

오늘 눈이 올 확률이 $\dfrac{1}{4}$, 내일 눈이 올 확률이 $\dfrac{2}{5}$일 때, 오늘은 눈이 오지 않고, 내일은 눈이 올 확률은?

① $\dfrac{1}{10}$
② $\dfrac{1}{5}$
③ $\dfrac{3}{10}$

④ $\dfrac{2}{5}$
⑤ $\dfrac{1}{2}$

06

상자 속에 들어 있는 제품 20개 중에 불량품이 3개 섞여 있다. 이 상자에서 연속하여 한 개씩 두 개의 제품을 꺼낼 때, 두 개 모두 불량품일 확률은?
(단, 꺼낸 제품은 다시 넣지 않는다.)

① $\dfrac{3}{190}$
② $\dfrac{3}{200}$
③ $\dfrac{9}{400}$

④ $\dfrac{9}{380}$
⑤ $\dfrac{21}{400}$

사뿐

중학 사회
중학 역사

사회를 한 권으로
가뿐하게!

중학 사회

①-1 ②-1 ①-2 ②-2

중학 역사

①-1 ②-1 ①-2 ②-2

중 | 학 | 도 | 역 | 시 **EBS**

수학
마스터
중학 수학의 기초력 강화

연산 **3**
엡실론

정답과 풀이

중학 수학

2 · 2

Contents

이 책의 차례

정답과 풀이

정답과 풀이

1 삼각형의 성질

1. 이등변삼각형과 직각삼각형

01 이등변삼각형 | 6쪽 |

01 ① ∠A ② $\overline{BC}$ ③ ∠B, ∠C
02 ① ∠E ② $\overline{DF}$ ③ ∠D, ∠F
03 ① ∠I ② $\overline{GH}$ ③ ∠G, ∠H
04 9   05 11   06 ④

04 △ABC는 ∠A가 꼭지각인 이등변삼각형이므로
$\overline{AB}=\overline{AC}=9$
따라서 $x=9$

05 △ABC는 ∠A가 꼭지각인 이등변삼각형이므로
$\overline{AB}=\overline{AC}=11$
따라서 $x=11$

06 ① 밑변은 $\overline{AB}$이다.
② 밑각은 ∠A, ∠B이다.
③, ④, ⑤ △ABC는 ∠C가 꼭지각인 이등변삼각형이므로
$\overline{AC}=\overline{BC}=12$ cm
따라서 옳은 것은 ④이다.

02 이등변삼각형의 성질 (1) | 7쪽 |

01 50°   02 90°   03 61°   04 75°   05 115°
06 ①

01 △ABC는 $\overline{AB}=\overline{AC}$인 이등변삼각형이므로
∠B=∠C=50°
따라서 $\angle x=50°$

02 △ABC는 $\overline{AB}=\overline{AC}$인 이등변삼각형이므로
∠B=∠C=45°
따라서 $\angle x=180°-2\times45°=90°$

03 △ABC는 $\overline{AB}=\overline{AC}$인 이등변삼각형이므로
∠B=∠C
따라서 $\angle x=\dfrac{1}{2}\times(180°-58°)=61°$

04 ∠ABC=180°-105°=75°
△ABC는 $\overline{AB}=\overline{AC}$인 이등변삼각형이므로
∠C=∠ABC=75°
따라서 $\angle x=75°$

05 △ABC는 $\overline{AB}=\overline{AC}$인 이등변삼각형이므로
∠B=∠ACB
따라서 $\angle ACB=\dfrac{1}{2}\times(180°-50°)=65°$이므로
$\angle x=180°-65°=115°$

06 ∠BAC=180°-100°=80°
△ABC는 $\overline{AB}=\overline{AC}$인 이등변삼각형이므로
∠B=∠C
따라서 $\angle x=\dfrac{1}{2}\times(180°-80°)=50°$

03 이등변삼각형의 성질 (2) | 8쪽 |

01 7   02 6   03 18   04 60°   05 26°
06 ③

01 $\overline{AD}$는 ∠A의 이등분선이므로
$\overline{CD}=\overline{BD}=7$
따라서 $x=7$

02 $\overline{AD}$는 ∠A의 이등분선이므로
$\overline{CD}=\dfrac{1}{2}\overline{BC}=\dfrac{1}{2}\times12=6$
따라서 $x=6$

03 $\overline{AD}$는 ∠A의 이등분선이므로
$\overline{BC}=2\overline{CD}=2\times9=18$
따라서 $x=18$

04 ∠BAD=∠CAD이므로
∠ADB=90°
△ABD에서
$\angle x=180°-(30°+90°)=60°$

05 $\overline{AB}=\overline{AC}$이므로
∠C=∠B=64°
∠BAD=∠CAD이므로
∠ADC=90°
△ADC에서
$\angle x=180°-(90°+64°)=26°$

06 ∠BAD=∠CAD이므로
$\overline{BC}=2\overline{BD}=2\times8=16\,(cm)$
즉, $x=16$
또, ∠ADC=90°이므로 △ADC에서
∠ACD=180°-(36°+90°)=54°
즉, $y=54$
따라서 $x+y=16+54=70$

04 이등변삼각형이 되는 조건 | 9쪽 |

01 8	02 9	03 13	04 15	05 7
06 10	07 12	08 3 cm		

01 ∠A=∠B이므로 △CAB는 $\overline{CA}=\overline{CB}$인 이등변삼각형이다.

따라서 $x=8$

02 △ABC에서

∠C=180°−(50°+65°)=65°

즉, ∠B=∠C이므로 △ABC는 $\overline{AB}=\overline{AC}$인 이등변삼각형이다.

따라서 $x=9$

03 △ABC에서

∠A=180°−(40°+70°)=70°

즉, ∠A=∠C이므로 △BCA는 $\overline{BA}=\overline{BC}$인 이등변삼각형이다.

따라서 $x=13$

04 △ABC에서

∠A=180°−(60°+60°)=60°

즉, ∠A=∠B=∠C이므로 △ABC는 $\overline{AB}=\overline{BC}=\overline{CA}$인 정삼각형이다.

따라서 $x=15$

05 ∠BCA=180°−130°=50°

즉, ∠A=∠BCA이므로 △BCA는 $\overline{BA}=\overline{BC}$인 이등변삼각형이다.

따라서 $x=7$

06 △ABC에서

∠A=110°−55°=55°

즉, ∠A=∠C이므로 △BCA는 $\overline{BA}=\overline{BC}$인 이등변삼각형이다.

따라서 $x=10$

07 △ABC에서

∠C=64°−32°=32°

즉, ∠B=∠C이므로 △ABC는 $\overline{AB}=\overline{AC}$인 이등변삼각형이다.

따라서 $x=12$

08 △DBC에서 ∠B=∠DCB이므로 △DBC는 $\overline{DB}=\overline{DC}$인 이등변삼각형이다.

즉, $\overline{DC}=\overline{DB}$=3 cm

또, ∠CDA=∠DBC+∠DCB=28°+28°=56°이므로

∠A=∠CDA

따라서 △CAD는 $\overline{CA}=\overline{CD}$인 이등변삼각형이므로

$\overline{CA}=\overline{CD}$=3 cm

05 이등변삼각형의 성질의 활용 | 10~12쪽 |

01 75°	02 87°	03 108°	04 117°	05 46°
06 30°	07 ∠x=60°, ∠y=60°			
08 ∠x=50°, ∠y=40°	09 ∠x=37°, ∠y=53°			
10 ∠x=84°, ∠y=48°	11 120°	12 90°	13 35°	
14 38°	15 32°	16 38°	17 29°	18 34°
19 7	20 10	21 56	22 70	23 ④

01 △ABC에서 $\overline{AB}=\overline{AC}$이므로

∠ACB=∠B=50°

∠DCB=$\frac{1}{2}$∠ACB=$\frac{1}{2}$×50°=25°

△DBC에서

∠x=∠B+∠DCB

   =50°+25°=75°

02 △ABC에서 $\overline{AB}=\overline{AC}$이므로

∠ABC=$\frac{1}{2}$×(180°−56°)=62°

∠ABD=$\frac{1}{2}$∠ABC=$\frac{1}{2}$×62°=31°

△ABD에서

∠x=∠A+∠ABD

   =56°+31°=87°

03 △ABC에서 $\overline{AB}=\overline{AC}$이므로

∠ACB=$\frac{1}{2}$×(180°−84°)=48°

∠ACD=$\frac{1}{2}$∠ACB=$\frac{1}{2}$×48°=24°

△ADC에서

∠x=∠A+∠ACD

   =84°+24°=108°

04 △ABC에서 $\overline{AB}=\overline{AC}$이므로

∠C=$\frac{1}{2}$×(180°−54°)=63°

△BCD에서 $\overline{BC}=\overline{BD}$이므로

∠BDC=∠C=63°

따라서 ∠x=180°−63°=117°

05 ∠BDC=180°−113°=67°

△BCD에서 $\overline{BC}=\overline{BD}$이므로

∠C=∠BDC=67°

△ABC에서 $\overline{AB}=\overline{AC}$이므로

∠x=180°−2×67°=46°

06 △BCA에서 $\overline{BA}=\overline{BC}$이므로

$\angle x=180°-2\times78°=24°$

△CAD에서 $\overline{CA}=\overline{CD}$이므로

$\angle ACD=180°-2\times78°=24°$

이때 $\angle ACB=\angle A=78°$이므로

$\angle y=\angle ACB-\angle ACD$

$\qquad=78°-24°=54°$

따라서 $\angle y-\angle x=54°-24°=30°$

07 △DAB에서 $\overline{DA}=\overline{DB}$이므로

$\angle DAB=\angle B=30°$

$\angle x=\angle DAB+\angle B$

$\qquad=30°+30°=60°$

△DCA에서 $\overline{DA}=\overline{DC}$이므로

$\angle y=\dfrac{1}{2}\times(180°-60°)=60°$

08 △DCA에서 $\overline{DA}=\overline{DC}$이므로

$\angle x=\angle C=50°$

$\angle ADB=\angle DAC+\angle C$

$\qquad\qquad=50°+50°=100°$

△DAB에서 $\overline{DA}=\overline{DB}$이므로

$\angle y=\dfrac{1}{2}\times(180°-100°)=40°$

09 △DCA에서 $\overline{DA}=\overline{DC}$이므로

$\angle x=\angle A=37°$

$\angle BDC=\angle A+\angle DCA$

$\qquad\qquad=37°+37°=74°$

△DBC에서 $\overline{DB}=\overline{DC}$이므로

$\angle y=\dfrac{1}{2}\times(180°-74°)=53°$

10 △DCA에서 $\overline{DA}=\overline{DC}$이므로

$\angle DCA=\angle A=42°$

$\angle x=\angle A+\angle DCA$

$\qquad=42°+42°=84°$

△DBC에서 $\overline{DB}=\overline{DC}$이므로

$\angle y=\dfrac{1}{2}\times(180°-84°)=48°$

11 △ABC에서 $\overline{AB}=\overline{AC}$이므로

$\angle ACB=\angle B=40°$

$\angle CAD=\angle B+\angle ACB$

$\qquad\qquad=40°+40°=80°$

△CDA에서 $\overline{CA}=\overline{CD}$이므로

$\angle D=\angle CAD=80°$

△BCD에서

$\angle x=\angle B+\angle D$

$\qquad=40°+80°=120°$

12 △ABC에서 $\overline{AB}=\overline{AC}$이므로

$\angle B=\dfrac{1}{2}\times(180°-120°)=30°$

△CDA에서 $\overline{CA}=\overline{CD}$이므로

$\angle D=\angle CAD=180°-120°=60°$

△BCD에서

$\angle x=\angle B+\angle D$

$\qquad=30°+60°=90°$

13 △ABC에서 $\overline{AB}=\overline{AC}$이므로

$\angle ACB=\angle B=\angle x$

$\angle CAD=\angle B+\angle ACB$

$\qquad\qquad=\angle x+\angle x=2\angle x$

△CDA에서 $\overline{CA}=\overline{CD}$이므로

$\angle D=\angle CAD=2\angle x$

△BCD에서

$\angle x+2\angle x=105°,\ 3\angle x=105°$

$\angle x=35°$

14 △ABC에서 $\overline{AB}=\overline{AC}$이므로

$\angle B=\angle ACB=\angle x$

$\angle CAD=\angle B+\angle ACB$

$\qquad\qquad=\angle x+\angle x=2\angle x$

△CDA에서 $\overline{CA}=\overline{CD}$이므로

$\angle D=\angle CAD=2\angle x$

△BCD에서

$\angle x+2\angle x=114°,\ 3\angle x=114°$

$\angle x=38°$

15 △ABC에서 $\overline{AB}=\overline{AC}$이므로

$\angle ABC=\angle ACB=\dfrac{1}{2}\times(180°-64°)=58°$

$\angle DBC=\dfrac{1}{2}\angle ABC=\dfrac{1}{2}\times58°=29°$

$\angle ACE=180°-58°=122°$이므로

$\angle DCE=\dfrac{1}{2}\angle ACE=\dfrac{1}{2}\times122°=61°$

△BCD에서

$29°+\angle x=61°,\ \angle x=32°$

16 $\triangle ABC$에서 $\overline{AB}=\overline{AC}$이므로

$\angle ABC=\angle ACB=\dfrac{1}{2}\times(180°-76°)=52°$

$\angle DBC=\dfrac{1}{2}\angle ABC=\dfrac{1}{2}\times52°=26°$

$\angle ACE=180°-52°=128°$이므로

$\angle DCE=\dfrac{1}{2}\angle ACE=\dfrac{1}{2}\times128°=64°$

$\triangle BCD$에서

$26°+\angle x=64°,\ \angle x=38°$

17 $\triangle ABC$에서 $\overline{AB}=\overline{AC}$이므로

$\angle ACB=\dfrac{1}{2}\times(180°-52°)=64°$

$\angle ACE=180°-64°=116°$이므로

$\angle DCE=\dfrac{1}{2}\angle ACE=\dfrac{1}{2}\times116°=58°$

$\triangle CDB$에서 $\overline{CB}=\overline{CD}$이므로

$\angle CBD=\angle D=\angle x$

따라서 $\angle x+\angle x=58°$이므로

$2\angle x=58°,\ \angle x=29°$

18 $\triangle ABC$에서 $\overline{AB}=\overline{AC}$이므로

$\angle ACB=\dfrac{1}{2}\times(180°-92°)=44°$

$\angle ACE=180°-44°=136°$이므로

$\angle DCE=\dfrac{1}{2}\angle ACE=\dfrac{1}{2}\times136°=68°$

$\triangle CDB$에서 $\overline{CB}=\overline{CD}$이므로

$\angle CBD=\angle D=\angle x$

따라서 $\angle x+\angle x=68°$이므로

$2\angle x=68°,\ \angle x=34°$

19 $\overline{AC}/\!/\overline{BD}$이므로

$\angle ACB=\angle DBC$ (엇각)

이때 $\angle ABC=\angle DBC$ (접은 각)이므로

$\angle ABC=\angle ACB$

따라서 $\triangle ABC$는 $\overline{AB}=\overline{AC}$인 이등변삼각형이므로

$x=7$

20 $\overline{AC}/\!/\overline{BD}$이므로

$\angle CAB=\angle DBA$ (엇각)

이때 $\angle CBA=\angle DBA$ (접은 각)이므로

$\angle CAB=\angle CBA$

따라서 $\triangle CAB$는 $\overline{CA}=\overline{CB}$인 이등변삼각형이므로

$x=10$

21 $\overline{AC}/\!/\overline{BD}$이므로

$\angle DBC=\angle ACB=62°$ (엇각)

또, $\angle ABC=\angle DBC=62°$ (접은 각)이므로 $\triangle ABC$에서

$\angle BAC=180°-2\times62°=56°$

따라서 $x=56$

22 $\overline{AC}/\!/\overline{BD}$이므로

$\angle DBC=\angle ACB=x°$ (엇각)

또, $\angle ABC=\angle DBC=x°$ (접은 각)이므로 $\triangle ABC$에서

$40°+x°+x°=180°,\ 40°+2x°=180°,\ x°=70°$

따라서 $x=70$

23 $\overline{AD}/\!/\overline{BC}$이므로

$\angle EGF=\angle CFG=54°$ (엇각)

또, $\angle EFG=\angle CFG=54°$ (접은 각)이므로 $\triangle EFG$에서

$\angle FEG=180°-2\times54°=72°$

즉, $x=72$

또, $\triangle EFG$는 $\overline{EF}=\overline{EG}$인 이등변삼각형이므로

$y=9$

따라서 $x+y=72+9=81$

---

06 직각삼각형의 합동 조건 | 13~14쪽 |

01 $\triangle ABC\equiv\triangle DFE$, RHA 합동
02 $\triangle ABC\equiv\triangle DFE$, RHA 합동
03 $\triangle ABC\equiv\triangle EFD$, RHA 합동
04 $\triangle ABC\equiv\triangle DFE$, RHS 합동
05 $\triangle ABC\equiv\triangle EFD$, RHS 합동
06 $\triangle ABC\equiv\triangle FDE$, RHS 합동
07 $\triangle PQR\equiv\triangle GIH$, RHA 합동
08 $\triangle PQR\equiv\triangle EFD$, RHS 합동
09 $\triangle PQR\equiv\triangle BCA$, RHA 합동
10 $\triangle PQR\equiv\triangle KJL$, RHS 합동
11 12   **12** 8   **13** 52   **14** 35

01 $\triangle ABC$와 $\triangle DFE$에서

$\angle C=\angle E=90°$

$\overline{AB}=\overline{DF}=7$

$\angle A=\angle D=62°$

이므로 $\triangle ABC\equiv\triangle DFE$ (RHA 합동)

02 $\triangle ABC$와 $\triangle DFE$에서

$\angle A=\angle D=90°$

$\overline{BC}=\overline{FE}=6$

$\angle B=180°-(90°+60°)=30°=\angle F$

이므로 $\triangle ABC\equiv\triangle DFE$ (RHA 합동)

03 $\triangle ABC$와 $\triangle EFD$에서

$\angle A=\angle E=90°$

$\overline{BC}=\overline{FD}=12$

$\angle C=180°-(90°+55°)=35°=\angle D$

이므로 $\triangle ABC\equiv\triangle EFD$ (RHA 합동)

04 △ABC와 △DFE에서

∠B=∠F=90°

$\overline{AC}=\overline{DE}=8$

$\overline{AB}=\overline{DF}=6$

이므로 △ABC≡△DFE (RHS 합동)

05 △ABC와 △EFD에서

∠C=∠D=90°

$\overline{AB}=\overline{EF}=13$

$\overline{AC}=\overline{ED}=5$

이므로 △ABC≡△EFD (RHS 합동)

06 △ABC와 △FDE에서

∠C=∠E=90°

$\overline{AB}=\overline{FD}=15$

$\overline{BC}=\overline{DE}=9$

이므로 △ABC≡△FDE (RHS 합동)

07 △PQR와 △GIH에서

∠Q=∠I=90°

$\overline{PR}=\overline{GH}=8$

∠P=∠G=60°

이므로 △PQR≡△GIH (RHA 합동)

08 △PQR와 △EFD에서

∠P=∠E=90°

$\overline{QR}=\overline{FD}=8$

$\overline{PR}=\overline{ED}=4$

이므로 △PQR≡△EFD (RHS 합동)

09 △PQR와 △BCA에서

∠R=∠A=90°

$\overline{PQ}=\overline{BC}=4$

∠P=180°−(30°+90°)=60°=∠B

이므로 △PQR≡△BCA (RHA 합동)

10 △PQR와 △KJL에서

∠Q=∠J=90°

$\overline{PR}=\overline{KL}=4$

$\overline{PQ}=\overline{KJ}=2$

이므로 △PQR≡△KJL (RHS 합동)

11 △ABC와 △EDF에서

∠B=∠D=90°

$\overline{AC}=\overline{EF}$

∠A=180°−(90°+50°)=40°=∠E

이므로 △ABC≡△EDF (RHA 합동)

따라서 $\overline{ED}=\overline{AB}=12$이므로

$x=12$

12 △ABC와 △EDF에서

∠C=∠F=90°

$\overline{AB}=\overline{ED}=17$

$\overline{AC}=\overline{EF}=15$

이므로 △ABC≡△EDF (RHS 합동)

따라서 $\overline{BC}=\overline{DF}=8$이므로 $x=8$

13 △ABC와 △EFD에서

∠A=∠E=90°

$\overline{BC}=\overline{FD}$

$\overline{AC}=\overline{ED}=6$

이므로 △ABC≡△EFD (RHS 합동)

따라서 ∠D=∠C=180°−(90°+38°)=52°이므로

$x=52$

14 △AMC와 △BMD에서

∠C=∠D=90°

$\overline{AM}=\overline{BM}=25$ cm

∠CMA=∠DMB (맞꼭지각)

이므로 △AMC≡△BMD (RHA 합동)

$\overline{CM}=\overline{DM}=20$ cm이므로 $x=20$

$\overline{BD}=\overline{AC}=15$ cm이므로 $y=15$

따라서 $x+y=20+15=35$

---

07 직각삼각형의 합동 조건의 응용 | 15~16쪽 |

01 9	**02** 25	**03** 3	**04** 3	**05** 11
06 8	**07** 200 cm²	**08** 47°	**09** 94°	**10** 37°
11 45°	**12** 19	**13** 48	**14** 5	**15** 18 cm²

01 △ADB와 △CEA에서

∠D=∠E=90°

$\overline{AB}=\overline{CA}$

∠DAB=90°−∠CAE=∠ECA

이므로 △ADB≡△CEA (RHA 합동)

따라서 $\overline{AE}=\overline{BD}=9$이므로 $x=9$

02 △ADB와 △CEA에서

∠D=∠E=90°

$\overline{AB}=\overline{CA}$

∠DAB=90°−∠CAE=∠ECA

이므로 △ADB≡△CEA (RHA 합동)

이때 $\overline{DA}=\overline{EC}=11$, $\overline{AE}=\overline{BD}=14$이므로

$\overline{DE}=\overline{DA}+\overline{AE}$

$\qquad =11+14=25$

따라서 $x=25$

03 △ADB와 △CEA에서

$\angle D = \angle E = 90°$

$\overline{AB} = \overline{CA}$

$\angle DAB = 90° - \angle CAE = \angle ECA$

이므로 △ADB ≡ △CEA (RHA 합동)

이때 $\overline{AE} = \overline{BD} = 5$이므로

$\overline{EC} = \overline{DA} = \overline{DE} - \overline{AE}$

$\quad = 8 - 5 = 3$

따라서 $x = 3$

04 △ABD와 △CAE에서

$\angle D = \angle E = 90°$

$\overline{AB} = \overline{CA}$

$\angle BAD = 90° - \angle CAE = \angle ACE$

이므로 △ABD ≡ △CAE (RHA 합동)

따라서 $\overline{DA} = \overline{EC} = 3$이므로

$x = 3$

05 △ABD와 △CAE에서

$\angle D = \angle E = 90°$

$\overline{AB} = \overline{CA}$

$\angle BAD = 90° - \angle CAE = \angle ACE$

이므로 △ABD ≡ △CAE (RHA 합동)

이때 $\overline{DA} = \overline{EC} = 7$, $\overline{AE} = \overline{BD} = 4$이므로

$\overline{DE} = \overline{DA} + \overline{AE}$

$\quad = 7 + 4 = 11$

따라서 $x = 11$

06 △ABD와 △CAE에서

$\angle D = \angle E = 90°$

$\overline{AB} = \overline{CA}$

$\angle BAD = 90° - \angle CAE = \angle ACE$

이므로 △ABD ≡ △CAE (RHA 합동)

이때 $\overline{DA} = \overline{EC} = 10$이므로

$\overline{BD} = \overline{AE} = \overline{DE} - \overline{DA}$

$\quad = 18 - 10 = 8$

따라서 $x = 8$

07 △ABD와 △CAE에서

$\angle D = \angle E = 90°$

$\overline{AB} = \overline{CA}$

$\angle BAD = 90° - \angle CAE = \angle ACE$

이므로 △ABD ≡ △CAE (RHA 합동)

이때 $\overline{DA} = \overline{EC} = 12$ cm, $\overline{AE} = \overline{BD} = 8$ cm이므로

$\overline{DE} = \overline{DA} + \overline{AE} = 12 + 8 = 20 \text{(cm)}$

따라서 사각형 BDEC의 넓이는

$\frac{1}{2} \times (8 + 12) \times 20 = 200 \text{(cm}^2)$

08 △EBD와 △FCD에서

$\angle BED = \angle CFD = 90°$

$\overline{BD} = \overline{CD}$

$\overline{ED} = \overline{FD}$

이므로 △EBD ≡ △FCD (RHS 합동)

따라서 $\angle B = \angle C$이므로 △ABC에서

$\angle x = \frac{1}{2} \times (180° - 86°) = 47°$

09 △EBD와 △FCD에서

$\angle BED = \angle CFD = 90°$

$\overline{BD} = \overline{CD}$

$\overline{ED} = \overline{FD}$

이므로 △EBD ≡ △FCD (RHS 합동)

따라서 $\angle C = \angle B = 43°$이므로 △ABC에서

$\angle x = 180° - 2 \times 43° = 94°$

10 △EBD와 △FCD에서

$\angle BED = \angle CFD = 90°$

$\overline{BD} = \overline{CD}$

$\overline{BE} = \overline{CF}$

이므로 △EBD ≡ △FCD (RHS 합동)

따라서 $\angle B = \angle C$이므로 △ABC에서

$\angle B = \frac{1}{2} \times (180° - 74°) = 53°$

△EBD에서

$\angle x = 180° - (90° + 53°) = 37°$

11 △EBD와 △FCD에서

$\angle BED = \angle CFD = 90°$

$\overline{BD} = \overline{CD}$

$\overline{BE} = \overline{CF}$

이므로 △EBD ≡ △FCD (RHS 합동)

따라서 $\angle B = \angle C$이므로 △ABC에서

$\angle C = \frac{1}{2} \times (180° - 90°) = 45°$

△FDC에서

$\angle x = 180° - (90° + 45°) = 45°$

12 △ABD와 △AED에서

$\angle B = \angle AED = 90°$

$\overline{AD}$는 공통

$\overline{AB} = \overline{AE}$

이므로 △ABD ≡ △AED (RHS 합동)

따라서 $\angle BAD = \angle EAD = x°$이므로 △ABC에서

$x° + x° + 90° + 52° = 180°$

$x° = 19°$

따라서 $x = 19$

13 △ADE와 △ACE에서
$\angle$ADE$=\angle$C$=90°$
$\overline{AE}$는 공통
$\overline{AD}=\overline{AC}$
이므로 △ADE≡△ACE (RHS 합동)
따라서 $\angle$CAE$=\angle$DAE$=21°$이므로 △ABC에서
$21°+21°+x°+90°=180°$
$x°=48°$
따라서 $x=48$

14 △ABD와 △AED에서
$\angle$B$=\angle$AED$=90°$
$\overline{AD}$는 공통
$\overline{AB}=\overline{AE}$
이므로 △ABD≡△AED (RHS 합동)
따라서 $\overline{ED}=\overline{BD}=5$이므로
$x=5$

15 △ABD와 △AED에서
$\angle$B$=\angle$AED$=90°$
$\overline{AD}$는 공통
$\overline{AB}=\overline{AE}$
이므로 △ABD≡△AED (RHS 합동)
따라서 $\overline{DE}=\overline{DB}=3$ cm이므로
△ADC$=\dfrac{1}{2}\times\overline{AC}\times\overline{DE}=\dfrac{1}{2}\times12\times3=18(\text{cm}^2)$

08 각의 이등분선의 성질 | 17쪽 |

01 8	02 3	03 9	04 38°	05 49°
06 5 cm				

01 $\angle$AOP$=\angle$BOP이므로
$\overline{PB}=\overline{PA}=8$
따라서 $x=8$

02 $\angle$ABD$=\angle$CBD이므로
$\overline{CD}=\overline{AD}=3$
따라서 $x=3$

03 $\angle$DBE$=\angle$CBE이므로
$\overline{CE}=\overline{DE}=9$
따라서 $x=9$

04 $\overline{PA}=\overline{PB}$이므로
$\angle$AOP$=\angle$BOP$=38°$
따라서 $\angle x=38°$

05 $\overline{PA}=\overline{PB}$이므로
$\angle$BOP$=\angle$AOP$=41°$
△OBP에서
$\angle x=180°-(41°+90°)=49°$

06 $\angle$DBE$=\angle$CBE이므로
$\overline{DE}=\overline{CE}=5$ cm
이때 $\angle$DEA$=180°-(90°+45°)=45°$이므로 △DEA는 직
각이등변삼각형이다.
따라서 $\overline{AD}=\overline{ED}=5$ cm

확인문제 | 18쪽 |

01 ④	02 ③	03 ③	04 ⑤	05 ②	06 ①

01 △CAB는 $\overline{CA}=\overline{CB}$인 이등변삼각형이므로
$\angle x=\angle$CAB$=\dfrac{1}{2}\times(180°-80°)=50°$
$\angle y=180°-\angle$CAB
$=180°-50°=130°$

02 △ABC는 $\overline{AB}=\overline{AC}$인 이등변삼각형이므로 $\overline{AD}$는 $\overline{BC}$를 수
직이등분한다.
$\overline{CD}=\dfrac{1}{2}\overline{BC}=\dfrac{1}{2}\times14=7(\text{cm})$이므로
$x=7$
또, $\angle$BAD$=\angle$CAD$=33°$이고 $\angle$ADB$=90°$이므로
△ABD에서
$\angle$ABD$=180°-(33°+90°)=57°$
즉, $y=57$
따라서 $x+y=7+57=64$

03 △ABC에서 $\overline{AB}=\overline{AC}$이므로
$\angle$ACB$=\angle$B$=20°$
$\angle$CAD$=\angle$B$+\angle$ACB
$=20°+20°=40°$
△CDA에서 $\overline{CA}=\overline{CD}$이므로
$\angle$CDA$=\angle$CAD$=40°$
△BCD에서
$\angle x=\angle$B$+\angle$CDA
$=20°+40°=60°$

04 ① RHS 합동
② SAS 합동
③ RHA 합동
④ ASA 합동

⑤ 세 내각의 크기가 각각 같다고 하여 두 직각삼각형 ABC와 DEF가 합동인 것은 아니다.

따라서 두 직각삼각형 ABC와 DEF가 합동인 조건이 아닌 것은 ⑤이다.

05 △ADB와 △CEA에서

$\angle D = \angle E = 90°$

$\overline{AB} = \overline{CA}$

$\angle DAB = 90° - \angle CAE = \angle ECA$

이므로 △ADB≡△CEA (RHA 합동)

따라서 $\overline{AE} = \overline{BD} = 9$ cm이므로

$\overline{CE} = \overline{AD} = \overline{DE} - \overline{AE}$

$= 16 - 9 = 7$(cm)

06 △BED와 △BEC에서

$\angle BDE = \angle C = 90°$

$\overline{BE}$는 공통

$\overline{BD} = \overline{BC}$

이므로 △BED≡△BEC (RHS 합동)

따라서 $\overline{DE} = \overline{CE} = 7$ cm이므로

$\triangle ABE = \frac{1}{2} \times \overline{AB} \times \overline{DE} = \frac{1}{2} \times 20 \times 7 = 70(\text{cm}^2)$

2. 삼각형의 외심과 내심

01 삼각형의 외심 | 19~20쪽 |

01 ㄴ	**02** ㄷ	**03** ㅂ	**04** ○	**05** ×
06 ○	**07** ×	**08** ○	**09** 8	**10** 10
11 65	**12** 52	**13** 7	**14** 28	**15** 110
16 ②				

04 삼각형의 외심에서 세 꼭짓점에 이르는 거리는 같으므로
$\overline{OA} = \overline{OB} = \overline{OC}$

06 삼각형의 외심은 세 변의 수직이등분선의 교점이므로
$\overline{BE} = \overline{CE}$

08 △OCF와 △OAF에서
$\angle OFC = \angle OFA = 90°$
$\overline{OC} = \overline{OA}$
$\overline{OF}$는 공통
따라서 △OCF≡△OAF (RHS 합동)이므로
$\angle OCF = \angle OAF$

09 $\overline{OD} \perp \overline{AC}$이므로
$\overline{CD} = \overline{AD}$
따라서 $x = 8$

10 $\overline{OD} \perp \overline{AB}$이므로
$\overline{AD} = \overline{BD}$
즉, $\overline{AB} = 2\overline{AD} = 2 \times 5 = 10$이므로
$x = 10$

11 $\overline{AD} = \overline{CD}$이므로
$\overline{OD} \perp \overline{AC}$
즉, $\angle ODA = 90°$이므로 △AOD에서
$\angle AOD = 180° - (25° + 90°) = 65°$
따라서 $x = 65$

12 $\overline{AD} = \overline{BD}$이므로
$\overline{OD} \perp \overline{AB}$
△OAD와 △OBD에서
$\angle ODA = \angle ODB = 90°$
$\overline{OA} = \overline{OB}$
$\overline{AD} = \overline{BD}$
이므로 △OAD≡△OBD (RHS 합동)
이때 $\angle OAD = \angle OBD = 38°$이므로 △OAD에서
$\angle AOD = 180° - (38° + 90°) = 52°$
따라서 $x = 52$

13 $\overline{OA} = \overline{OC}$이므로
$x = 7$

14 △OBC에서
$\overline{OB} = \overline{OC}$이므로
$\angle OCB = \angle OBC = 28°$
따라서 $x = 28$

15 △OCA에서
$\overline{OA} = \overline{OC}$이므로
$\angle OCA = \angle OAC = 35°$
$\angle AOC = 180° - 2 \times 35° = 110°$
따라서 $x = 110$

16 △OAB에서 $\overline{OA} = \overline{OB}$이므로
$\angle x = \frac{1}{2} \times (180° - 100°) = 40°$
△OBC에서 $\overline{OB} = \overline{OC}$이므로
$\angle y = \frac{1}{2} \times (180° - 125°) = 27.5°$
따라서 $\angle x - \angle y = 40° - 27.5° = 12.5°$

02 삼각형의 외심의 위치 | 21쪽 |

01 11	**02** 18	**03** 8	**04** 54°	**05** 82°
06 44°	**07** 78			

01 점 O는 직각삼각형 ABC의 외심이므로
$\overline{OA}=\overline{OB}=\overline{OC}=11$
따라서 $x=11$

02 점 O는 직각삼각형 ABC의 외심이므로
$\overline{OA}=\overline{OB}=\overline{OC}=9$
따라서 $\overline{AB}=2\overline{OA}=2\times9=18$이므로
$x=18$

03 점 O는 직각삼각형 ABC의 외심이므로
$\overline{OA}=\overline{OB}=\overline{OC}$
$=\dfrac{1}{2}\overline{BC}=\dfrac{1}{2}\times16=8$
따라서 $x=8$

04 점 O는 직각삼각형 ABC의 외심이므로
$\overline{OA}=\overline{OB}=\overline{OC}$
이때 $\angle OAB=\angle OBA=36°$이므로
$\angle x=90°-36°=54°$

05 점 O는 직각삼각형 ABC의 외심이므로
$\overline{OA}=\overline{OB}=\overline{OC}$
이때 $\angle OCB=\angle OBC=41°$이므로 △OBC에서
$\angle x=41°+41°=82°$

06 점 O는 직각삼각형 ABC의 외심이므로
$\overline{OA}=\overline{OB}=\overline{OC}$
△OCA에서
$\angle OAC=\dfrac{1}{2}\times(180°-88°)=46°$
따라서 $\angle x=\angle OAB=90°-46°=44°$

07 점 O는 직각삼각형 ABC의 외심이므로
$\overline{OA}=\overline{OB}=\overline{OC}$
$=\dfrac{1}{2}\overline{AB}=\dfrac{1}{2}\times24=12(cm)$
즉, $x=12$
$\overline{OA}=\overline{OB}=\overline{OC}$이므로
$\angle OCB=\angle OBC=33°$
△OBC에서
$\angle AOC=\angle OBC+\angle OCB$
$=33°+33°=66°$
즉, $y=66$
따라서 $x+y=12+66=78$

03 삼각형의 외심의 응용 | 22~24쪽 |

01 40°	**02** 32°	**03** 27°	**04** 19°	**05** 21°
06 23°	**07** 25°	**08** 63°	**09** 25°	**10** 20°
11 ③	**12** 100°	**13** 65°	**14** 77°	**15** 110°
16 126°	**17** 132°	**18** 148°	**19** 80°	**20** 25°
21 33°	**22** 16°	**23** 60°	**24** 65°	**25** ①

01 $30°+20°+\angle x=90°$이므로
$\angle x=40°$

02 $31°+27°+\angle x=90°$이므로
$\angle x=32°$

03 $\angle x+40°+23°=90°$이므로
$\angle x=27°$

04 $33°+\angle x+38°=90°$이므로
$\angle x=19°$

05 $\angle x+42°+27°=90°$이므로
$\angle x=21°$

06 $49°+\angle x+18°=90°$이므로
$\angle x=23°$

07 $22°+43°+\angle x=90°$이므로
$\angle x=25°$

08 오른쪽 그림과 같이 $\overline{OC}$를 그으면
$27°+25°+\angle OCA=90°$이므로
$\angle OCA=38°$
또, △OBC에서 $\overline{OB}=\overline{OC}$이므로
$\angle OCB=\angle OBC=25°$
따라서
$\angle x=\angle OCA+\angle OCB$
$=38°+25°=63°$

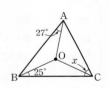

09 오른쪽 그림과 같이 $\overline{OA}$를 그으면
△OAB에서 $\overline{OA}=\overline{OB}$이므로
$\angle OAB=\angle OBA=30°$
$\angle OAC=\angle BAC-\angle OAB$
$=65°-30°=35°$
$30°+\angle x+35°=90°$이므로
$\angle x=25°$

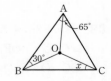

10 오른쪽 그림과 같이 $\overline{\text{OB}}$를 그으면
$\triangle\text{OAB}$에서 $\overline{\text{OA}}=\overline{\text{OB}}$이므로
$\angle\text{OBA}=\angle\text{OAB}=41°$
$\angle\text{OBC}=\angle\text{ABC}-\angle\text{OBA}$
$\qquad=70°-41°=29°$
$41°+29°+\angle x=90°$이므로
$\angle x=20°$

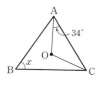

11 $38°+\angle x+24°=90°$이므로
$\angle x=28°$
$\triangle\text{OBC}$에서 $\overline{\text{OB}}=\overline{\text{OC}}$이므로
$\angle y=180°-2\times28°=124°$
따라서 $\angle y-\angle x=124°-28°=96°$

12 $\angle x=2\angle\text{B}=2\times50°=100°$

13 $\angle x=\dfrac{1}{2}\angle\text{BOC}=\dfrac{1}{2}\times130°=65°$

14 $\angle x=\dfrac{1}{2}\angle\text{AOC}=\dfrac{1}{2}\times154°=77°$

15 $\angle x=2\angle\text{BAC}=2\times(20°+35°)=110°$

16 $\angle x=2\angle\text{ACB}=2\times(38°+25°)=126°$

17 $\triangle\text{OCA}$에서 $\overline{\text{OA}}=\overline{\text{OC}}$이므로
$\angle\text{OAC}=\angle\text{OCA}=36°$
$\angle\text{BAC}=\angle\text{OAB}+\angle\text{OAC}$
$\qquad=30°+36°=66°$
따라서 $\angle x=2\angle\text{BAC}=2\times66°=132°$

18 $\triangle\text{OAB}$에서 $\overline{\text{OA}}=\overline{\text{OB}}$이므로
$\angle\text{OAB}=\angle\text{OBA}=33°$
$\triangle\text{OCA}$에서 $\overline{\text{OA}}=\overline{\text{OC}}$이므로
$\angle\text{OAC}=\angle\text{OCA}=41°$
$\angle\text{BAC}=\angle\text{OAB}+\angle\text{OAC}$
$\qquad=33°+41°=74°$
따라서 $\angle x=2\angle\text{BAC}=2\times74°=148°$

19 $\triangle\text{OBC}$에서 $\overline{\text{OB}}=\overline{\text{OC}}$이므로
$\angle\text{OCB}=\angle\text{OBC}=22°$
$\triangle\text{OCA}$에서 $\overline{\text{OA}}=\overline{\text{OC}}$이므로
$\angle\text{OCA}=\angle\text{OAC}=18°$
$\angle\text{ACB}=\angle\text{OCB}+\angle\text{OCA}$
$\qquad=22°+18°=40°$
따라서 $\angle x=2\angle\text{ACB}=2\times40°=80°$

20 $\triangle\text{OCA}$에서 $\overline{\text{OA}}=\overline{\text{OC}}$이므로
$\angle\text{OAC}=\angle\text{OCA}=40°$
$\angle\text{BOC}=2\angle\text{BAC}$이므로
$130°=2(\angle x+40°)$
$130°=2\angle x+80°$
$2\angle x=50°$
$\angle x=25°$
[다른 풀이]
$\triangle\text{OBC}$에서 $\overline{\text{OB}}=\overline{\text{OC}}$이므로
$\angle\text{OBC}=\dfrac{1}{2}\times(180°-130°)=25°$
따라서 $\angle x+25°+40°=90°$이므로
$\angle x=25°$

21 $\triangle\text{OBC}$에서 $\overline{\text{OB}}=\overline{\text{OC}}$이므로
$\angle\text{OBC}=\angle\text{OCB}=27°$
$\angle\text{AOC}=2\angle\text{ABC}$이므로
$120°=2(\angle x+27°)$
$120°=2\angle x+54°$
$2\angle x=66°$
$\angle x=33°$
[다른 풀이]
$\triangle\text{OCA}$에서 $\overline{\text{OA}}=\overline{\text{OC}}$이므로
$\angle\text{OAC}=\dfrac{1}{2}\times(180°-120°)=30°$
따라서 $\angle x+27°+30°=90°$이므로
$\angle x=33°$

22 $\angle\text{BOC}=2\angle\text{A}=2\times74°=148°$
$\triangle\text{OBC}$에서 $\overline{\text{OB}}=\overline{\text{OC}}$이므로
$\angle x=\dfrac{1}{2}\times(180°-148°)=16°$

23 $\triangle\text{OBC}$에서 $\overline{\text{OB}}=\overline{\text{OC}}$이므로
$\angle\text{BOC}=180°-2\times30°=120°$
따라서 $\angle x=\dfrac{1}{2}\angle\text{BOC}=\dfrac{1}{2}\times120°=60°$

24 $\triangle\text{OAB}$에서 $\overline{\text{OA}}=\overline{\text{OB}}$이므로
$\angle\text{AOB}=180°-2\times25°=130°$
따라서 $\angle x=\dfrac{1}{2}\angle\text{AOB}=\dfrac{1}{2}\times130°=65°$

25 오른쪽 그림과 같이 $\overline{\text{OC}}$를 그으면
$\triangle\text{OCA}$에서 $\overline{\text{OA}}=\overline{\text{OC}}$이므로
$\angle\text{AOC}=180°-2\times34°=112°$
따라서 $\angle x=\dfrac{1}{2}\angle\text{AOC}=\dfrac{1}{2}\times112°=56°$

04 삼각형의 내심
| 25~26쪽 |

01 ㄱ	02 ㄷ	03 ㅂ	04 ×	05 ○
06 ○	07 ×	08 ×	09 ○	10 $24°$
11 $35°$	12 $35°$	13 $40°$	14 $103°$	15 5
16 8	17 11	18 ②		

05 삼각형의 내심에서 세 변에 이르는 거리는 같으므로
$\overline{ID}=\overline{IE}=\overline{IF}$

06 삼각형의 내심은 세 내각의 이등분선의 교점이므로
$\angle IAD=\angle IAF$

09 △IEC와 △IFC에서
$\angle IEC=\angle IFC=90°$
$\overline{IC}$는 공통
$\angle ICE=\angle ICF$
따라서 △IEC≡△IFC (RHA 합동)이므로
$\overline{CE}=\overline{CF}$

10 $\angle IAC=\angle IAB$이므로
$\angle x=24°$

11 $\angle IBA=\angle IBC$이므로
$\angle x=35°$

12 $\angle IBC=\angle IBA=25°$이므로 △IBC에서
$\angle x=180°-(120°+25°)=35°$

13 $\angle IAB=\angle IAC=32°$이므로 △IAB에서
$\angle x=180°-(108°+32°)=40°$

14 $\angle IAC=\angle IAB=30°$, $\angle ICA=\angle ICB=47°$이므로
△ICA에서
$\angle x=180°-(30°+47°)=103°$

15 $\overline{IE}=\overline{ID}$이므로
$x=5$

16 △IDB와 △IEB에서
$\angle IDB=\angle IEB=90°$
$\overline{IB}$는 공통
$\angle IBD=\angle IBE$
이므로 △IDB≡△IEB (RHA 합동)
따라서 $\overline{BE}=\overline{BD}=8$이므로
$x=8$

17 △IAD와 △IAF에서
$\angle IDA=\angle IFA=90°$
$\overline{IA}$는 공통
$\angle IAD=\angle IAF$
이므로 △IAD≡△IAF (RHA 합동)

따라서 $\overline{AF}=\overline{AD}=11$이므로
$x=11$

18 $\overline{ID}=\overline{IF}=4$ cm이므로 $x=4$
$\angle IBE=\angle IBD=27°$이므로 $y=27$
따라서 $x+y=4+27=31$

05 삼각형의 내심의 응용
| 27~29쪽 |

01 $19°$	02 $25°$	03 $22°$	04 $\angle x=25°$, $\angle y=32°$	
05 $\angle x=29°$, $\angle y=34°$		06 $\angle x=37°$, $\angle y=37°$		
07 $\angle x=35°$, $\angle y=35°$		08 $24°$	09 $24°$	10 $82°$
11 $56°$	12 $62°$	13 $114°$	14 $122°$	15 $20°$
16 $68°$	17 $82°$	18 $\angle x=128°$, $\angle y=20°$		
19 $\angle x=80°$, $\angle y=35°$		20 $\angle x=56°$, $\angle y=35°$		
21 $\angle x=126°$, $\angle y=72°$		22 $\angle x=115°$, $\angle y=50°$		
23 12	24 5	25 9	26 ④	

01 $\angle x+28°+43°=90°$이므로
$\angle x=19°$

02 $20°+45°+\angle x=90°$이므로
$\angle x=25°$

03 $32°+\angle x+36°=90°$이므로
$\angle x=22°$

04 $\angle IAC=\angle IAB$이므로
$\angle x=25°$
$25°+33°+\angle y=90°$이므로
$\angle y=32°$

05 $\angle IBA=\angle IBC$이므로
$\angle x=29°$
$27°+29°+\angle y=90°$이므로
$\angle y=34°$

06 $\angle x+35°+18°=90°$이므로
$\angle x=37°$
$\angle IAC=\angle IAB$이므로
$\angle y=37°$

07 $26°+29°+\angle x=90°$이므로
$\angle x=35°$
$\angle ICB=\angle ICA$이므로
$\angle y=35°$

08 오른쪽 그림과 같이 $\overline{\text{IC}}$를 그으면

$\angle\text{ICA}=\angle\text{ICB}=\dfrac{1}{2}\angle\text{ACB}$

$\qquad=\dfrac{1}{2}\times78°=39°$

$\angle x+27°+39°=90°$이므로

$\angle x=24°$

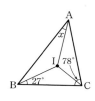

09 오른쪽 그림과 같이 $\overline{\text{IB}}$를 그으면

$\angle\text{IBA}=\angle\text{IBC}=\dfrac{1}{2}\angle\text{ABC}$

$\qquad=\dfrac{1}{2}\times62°=31°$

$35°+31°+\angle x=90°$이므로

$\angle x=24°$

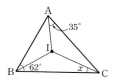

10 오른쪽 그림과 같이 $\overline{\text{IA}}$를 그으면

$\angle\text{IAB}+23°+26°=90°$

$\angle\text{IAB}=41°$

이때 $\angle\text{IAB}=\angle\text{IAC}$이므로

$\angle x=2\angle\text{IAB}=2\times41°=82°$

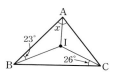

11 오른쪽 그림과 같이 $\overline{\text{IC}}$를 그으면

$38°+24°+\angle\text{ICA}=90°$

$\angle\text{ICA}=28°$

이때 $\angle\text{ICA}=\angle\text{ICB}$이므로

$\angle x=2\angle\text{ICA}=2\times28°=56°$

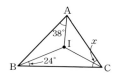

12 오른쪽 그림과 같이 $\overline{\text{IB}}$를 그으면

$42°+\angle\text{IBC}+17°=90°$

$\angle\text{IBC}=31°$

이때 $\angle\text{IBA}=\angle\text{IBC}$이므로

$\angle x=2\angle\text{IBC}=2\times31°=62°$

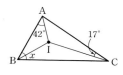

13 $\angle x=90°+\dfrac{1}{2}\angle\text{B}$

$\qquad=90°+\dfrac{1}{2}\times48°=114°$

14 $\angle\text{ICA}=\angle\text{ICB}=\dfrac{1}{2}\angle\text{ACB}$이므로

$\angle x=90°+\dfrac{1}{2}\angle\text{ACB}$

$\qquad=90°+32°=122°$

15 $\angle\text{IAB}=\angle\text{IAC}$이고 $90°+\dfrac{1}{2}\angle\text{BAC}=110°$이므로

$90°+\angle x=110°$, $\angle x=20°$

16 $90°+\dfrac{1}{2}\angle x=124°$이므로

$\dfrac{1}{2}\angle x=34°$, $\angle x=68°$

17 $90°+\dfrac{1}{2}\angle x=131°$이므로

$\dfrac{1}{2}\angle x=41°$, $\angle x=82°$

18 $\angle x=90°+\dfrac{1}{2}\angle\text{A}=90°+\dfrac{1}{2}\times76°=128°$

$\angle\text{ICB}=\angle\text{ICA}=32°$이므로 $\triangle\text{IBC}$에서

$128°+\angle y+32°=180°$, $\angle y=20°$

19 $90°+\dfrac{1}{2}\angle x=130°$이므로

$\dfrac{1}{2}\angle x=40°$, $\angle x=80°$

$\angle\text{IBC}=\angle\text{IBA}=15°$, $\angle\text{ICB}=\angle\text{ICA}=\angle y$이므로

$\triangle\text{IBC}$에서

$130°+15°+\angle y=180°$, $\angle y=35°$

20 $90°+\dfrac{1}{2}\angle x=118°$이므로

$\dfrac{1}{2}\angle x=28°$, $\angle x=56°$

$\angle\text{ICA}=\angle\text{ICB}=\angle y$이므로 $\triangle\text{ICA}$에서

$118°+\angle y+27°=180°$, $\angle y=35°$

21 $\angle\text{IBC}=\angle\text{IBA}=21°$이므로 $\triangle\text{IBC}$에서

$\angle x+21°+33°=180°$, $\angle x=126°$

$90°+\dfrac{1}{2}\angle y=126°$이므로

$\dfrac{1}{2}\angle y=36°$, $\angle y=72°$

22 $\angle\text{IAB}=\angle\text{IAC}=35°$, $\angle\text{IBA}=\angle\text{IBC}=30°$이므로

$\triangle\text{IAB}$에서

$\angle x+35°+30°=180°$, $\angle x=115°$

$90°+\dfrac{1}{2}\angle y=115°$이므로

$\dfrac{1}{2}\angle y=25°$, $\angle y=50°$

23 $\overline{\text{DE}}\,/\!/\,\overline{\text{BC}}$이므로 $\angle\text{IBC}=\angle\text{DIB}$ (엇각)

이때 $\angle\text{DBI}=\angle\text{IBC}$이므로 $\angle\text{DBI}=\angle\text{DIB}$

즉, $\triangle\text{DBI}$는 $\overline{\text{DB}}=\overline{\text{DI}}$인 이등변삼각형이므로

$\overline{\text{DI}}=\overline{\text{DB}}=7$

같은 방법으로 하면 $\triangle\text{EIC}$는 $\overline{\text{EI}}=\overline{\text{EC}}$인 이등변삼각형이므로

$\overline{\text{EI}}=\overline{\text{EC}}=5$

따라서 $\overline{\text{DE}}=\overline{\text{DI}}+\overline{\text{EI}}=7+5=12$이므로

$x=12$

24 $\overline{\text{DE}}\,/\!/\,\overline{\text{BC}}$이므로 $\angle\text{IBC}=\angle\text{DIB}$ (엇각)

이때 $\angle\text{DBI}=\angle\text{IBC}$이므로 $\angle\text{DBI}=\angle\text{DIB}$

즉, $\triangle\text{DBI}$는 $\overline{\text{DB}}=\overline{\text{DI}}$인 이등변삼각형이므로

$\overline{\text{DI}}=\overline{\text{DB}}=6$, $\overline{\text{EI}}=\overline{\text{DE}}-\overline{\text{DI}}=11-6=5$

같은 방법으로 하면 $\triangle\text{EIC}$는 $\overline{\text{EI}}=\overline{\text{EC}}$인 이등변삼각형이므로

$\overline{\text{EC}}=\overline{\text{EI}}=5$

따라서 $x=5$

25 $\overline{DE}/\!\!/\overline{BC}$이므로 $\angle ICB=\angle EIC$ (엇각)

이때 $\angle ECI=\angle ICB$이므로 $\angle ECI=\angle EIC$

즉, $\triangle EIC$는 $\overline{EI}=\overline{EC}$인 이등변삼각형이므로

$\overline{EI}=\overline{EC}=6$, $\overline{DI}=\overline{DE}-\overline{EI}=15-6=9$

같은 방법으로 하면 $\triangle DBI$는 $\overline{DB}=\overline{DI}$인 이등변삼각형이므로

$\overline{DB}=\overline{DI}=9$

따라서 $x=9$

26 $\overline{DE}/\!\!/\overline{BC}$이므로 $\angle IBC=\angle DIB$ (엇각)

이때 $\angle DBI=\angle IBC$이므로 $\angle DBI=\angle DIB$

즉, $\triangle DBI$는 $\overline{DB}=\overline{DI}$인 이등변삼각형이다.

같은 방법으로 하면 $\triangle EIC$는 $\overline{EI}=\overline{EC}$인 이등변삼각형이다.

따라서 $\triangle ADE$의 둘레의 길이는

$\overline{AD}+\overline{DE}+\overline{EA}=\overline{AD}+(\overline{DI}+\overline{EI})+\overline{EA}$

$\qquad\qquad\qquad\qquad=\overline{AD}+\overline{DB}+\overline{EC}+\overline{EA}$

$\qquad\qquad\qquad\qquad=(\overline{AD}+\overline{DB})+(\overline{AE}+\overline{EC})$

$\qquad\qquad\qquad\qquad=\overline{AB}+\overline{AC}$

$\qquad\qquad\qquad\qquad=13+10=23(cm)$

06 삼각형의 내접원의 응용 (1) | 30쪽 |

01 14	**02** 21	**03** 6	**04** 7	**05** 14
06 22	**07** 21 cm			

01 $\overline{AD}=\overline{AF}=6$, $\overline{BD}=\overline{BE}=8$이므로

$\overline{AB}=\overline{AD}+\overline{BD}=6+8=14$

따라서 $x=14$

02 $\overline{BE}=\overline{BD}=12$, $\overline{CE}=\overline{CF}=9$이므로

$\overline{BC}=\overline{BE}+\overline{CE}=12+9=21$

따라서 $x=21$

03 $\overline{AD}=\overline{AF}=4$이므로

$\overline{BD}=\overline{AB}-\overline{AD}=10-4=6$

$\overline{BE}=\overline{BD}=6$이므로

$x=6$

04 $\overline{CF}=\overline{CE}=10$이므로

$\overline{AF}=\overline{AC}-\overline{CF}=17-10=7$

$\overline{AD}=\overline{AF}=7$이므로

$x=7$

05 $\overline{AD}=\overline{AF}=5$이므로

$\overline{BD}=\overline{AB}-\overline{AD}=13-5=8$

$\overline{BE}=\overline{BD}=8$, $\overline{CE}=\overline{CF}=6$이므로

$\overline{BC}=\overline{BE}+\overline{CE}=8+6=14$

따라서 $x=14$

06 $\overline{CF}=\overline{CE}=11$이므로

$\overline{AF}=\overline{AC}-\overline{CF}=20-11=9$

$\overline{AD}=\overline{AF}=9$, $\overline{BD}=\overline{BE}=13$이므로

$\overline{AB}=\overline{AD}+\overline{BD}=9+13=22$

따라서 $x=22$

07 $\overline{BD}=\overline{BE}=13$ cm이므로

$\overline{AD}=\overline{AB}-\overline{BD}=22-13=9(cm)$

즉, $\overline{AF}=\overline{AD}=9$ cm

$\overline{CE}=\overline{BC}-\overline{BE}=25-13=12(cm)$이므로

$\overline{CF}=\overline{CE}=12$ cm

따라서 $\overline{AC}=\overline{AF}+\overline{CF}=9+12=21(cm)$

07 삼각형의 내접원의 응용 (2) | 31쪽 |

01 30	**02** 84	**03** 192	**04** 24	**05** 30
06 30	**07** 3 cm			

01 $\triangle ABC=\dfrac{1}{2}\times 2\times(12+13+5)=30$

02 $\triangle ABC=\dfrac{1}{2}\times 4\times(14+15+13)=84$

03 $\triangle ABC=\dfrac{1}{2}\times 6\times(20+24+20)=192$

04 $\triangle ABC$

$=\dfrac{1}{2}\times$(내접원의 반지름의 길이)$\times(\triangle ABC$의 둘레의 길이)

이므로

$\dfrac{1}{2}\times 2\times(\triangle ABC$의 둘레의 길이)$=24$

$(\triangle ABC$의 둘레의 길이)$=24$

05 $\triangle ABC$

$=\dfrac{1}{2}\times$(내접원의 반지름의 길이)$\times(\triangle ABC$의 둘레의 길이)

이므로

$\dfrac{1}{2}\times 4\times(\triangle ABC$의 둘레의 길이)$=60$

$(\triangle ABC$의 둘레의 길이)$=30$

06 $\triangle ABC$

$=\dfrac{1}{2}\times$(내접원의 반지름의 길이)$\times(\triangle ABC$의 둘레의 길이)

이므로

$\dfrac{1}{2}\times 5\times(\triangle ABC$의 둘레의 길이)$=75$

$(\triangle ABC$의 둘레의 길이)$=30$

07 내접원의 반지름의 길이를 r cm라 하면

$$\triangle ABC = \frac{1}{2} \times r \times (\triangle ABC의 둘레의 길이)$$

이므로

$$\frac{1}{2} \times 15 \times 8 = \frac{1}{2} \times r \times (17 + 15 + 8)$$

$$20r = 60, \ r = 3$$

따라서 구하는 내접원의 반지름의 길이는 3 cm이다.

---

08 삼각형의 외심과 내심의 응용 | 32~33쪽 |

01 ◯ **02** × **03** × **04** ◯ **05** ◯
06 × **07** × **08** ◯ **09** ⑤
10 $\angle x = 96°$, $\angle y = 114°$ **11** $\angle x = 32°$, $\angle y = 106°$
12 $\angle x = 60°$, $\angle y = 120°$ **13** $\angle x = 40°$, $\angle y = 80°$
14 ⑴ 46° ⑵ 34° ⑶ 12° **15** ⑴ 42° ⑵ 33° ⑶ 9°
16 190°

02 삼각형의 세 변의 수직이등분선은 외심에서 만난다.

03 삼각형의 외심에서 세 꼭짓점에 이르는 거리는 같다.

06 삼각형의 내심에서 세 변에 이르는 거리는 같다.

07 삼각형의 내심은 삼각형의 내부에 있다.

09 ⑤ 이등변삼각형의 외심은 삼각형의 모양에 따라 삼각형의 내부, 빗변의 중점, 삼각형의 외부 중 어느 하나에 있다.

10 $\angle x = 2\angle A = 2 \times 48° = 96°$

$$\angle y = 90° + \frac{1}{2}\angle A$$

$$= 90° + \frac{1}{2} \times 48° = 114°$$

11 $\angle x = \frac{1}{2}\angle BOC = \frac{1}{2} \times 64° = 32°$

$$\angle y = 90° + \frac{1}{2}\angle A$$

$$= 90° + \frac{1}{2} \times 32° = 106°$$

12 $\angle BIC = 90° + \frac{1}{2}\angle x$이므로

$$90° + \frac{1}{2}\angle x = 120°, \ \frac{1}{2}\angle x = 30°, \ \angle x = 60°$$

$$\angle y = 2\angle x = 2 \times 60° = 120°$$

13 $\angle BIC = 90° + \frac{1}{2}\angle x$이므로

$$90° + \frac{1}{2}\angle x = 110°, \ \frac{1}{2}\angle x = 20°, \ \angle x = 40°$$

$$\angle y = 2\angle x = 2 \times 40° = 80°$$

14 ⑴ $\angle BOC = 2\angle A = 2 \times 44° = 88°$

$\triangle OBC$에서 $\overline{OB} = \overline{OC}$이므로

$$\angle OBC = \frac{1}{2} \times (180° - 88°) = 46°$$

⑵ $\triangle ABC$에서 $\overline{AB} = \overline{AC}$이므로

$$\angle ABC = \frac{1}{2} \times (180° - 44°) = 68°$$

따라서 $\angle IBC = \frac{1}{2}\angle ABC = \frac{1}{2} \times 68° = 34°$

⑶ $\angle x = \angle OBC - \angle IBC$

$$= 46° - 34° = 12°$$

15 ⑴ $\angle BOC = 2\angle A = 2 \times 48° = 96°$

$\triangle OBC$에서 $\overline{OB} = \overline{OC}$이므로

$$\angle OCB = \frac{1}{2} \times (180° - 96°) = 42°$$

⑵ $\triangle ABC$에서 $\overline{AB} = \overline{AC}$이므로

$$\angle ACB = \frac{1}{2} \times (180° - 48°) = 66°$$

따라서 $\angle ICB = \frac{1}{2}\angle ACB = \frac{1}{2} \times 66° = 33°$

⑶ $\angle x = \angle OCB - \angle ICB$

$$= 42° - 33° = 9°$$

16 오른쪽 그림과 같이 $\overline{IA}$를 그으면

$$\angle IAB + 30° + 40° = 90°$$

$$\angle IAB = 20°$$

$$\angle IAB = \angle IAC이므로$$

$$\angle BAC = 2\angle IAB$$

$$= 2 \times 20° = 40°$$

$$\angle x = 90° + \frac{1}{2}\angle BAC = 90° + \frac{1}{2} \times 40° = 110°$$

$$\angle y = 2\angle BAC = 2 \times 40° = 80°$$

따라서 $\angle x + \angle y = 110° + 80° = 190°$

확인문제 | 34쪽 |

01 ①, ④ **02** ③ **03** ③ **04** ④ **05** ② **06** 7 cm

01 ① 외접원 O의 중심에서 세 꼭짓점에 이르는 거리는 모두 같으므로

$$\overline{OA} = \overline{OB} = \overline{OC}$$

④ △OAD와 △OBD에서

∠ODA=∠ODB=90°

$\overline{OA}=\overline{OB}$

$\overline{OD}$는 공통

따라서 △OAD≡△OBD (RHS 합동)이므로

∠OAD=∠OBD

따라서 옳은 것은 ①, ④이다.

02 오른쪽 그림과 같이 $\overline{OA}$를 그으면

$\overline{OA}=\overline{OB}=\overline{OC}$이므로

∠OBA=∠OAB, ∠OCA=∠OAC

따라서

∠OBA+∠OCA=∠OAB+∠OAC

=∠BAC=56°

03 △OBC에서 $\overline{OB}=\overline{OC}$이므로

$\angle OCB = \frac{1}{2} \times (180° - 140°) = 20°$

∠x+20°+35°=90°이므로

∠x=35°

04 점 I는 ∠B, ∠C의 이등분선의 교점이므로 △ABC의 내심이다.

따라서 $\angle IAB = \angle IAC = \frac{1}{2}\angle BAC$이므로

$\angle BIC = 90° + \frac{1}{2}\angle BAC$

=90°+23°=113°

05 $\overline{AF}=\overline{AD}=9$ cm이므로

$\overline{CF}=\overline{AC}-\overline{AF}=13-9=4$(cm)

$\overline{CE}=\overline{CF}=4$ cm, $\overline{BE}=\overline{BD}=6$ cm이므로

$\overline{BC}=\overline{BE}+\overline{CE}=6+4=10$(cm)

06 직각삼각형의 외심은 빗변의 중점과 일치하므로 △ABC의 외접원의 반지름의 길이는

$\frac{1}{2}\overline{AB}=\frac{1}{2}\times 10=5$(cm)

또, 내접원의 반지름의 길이를 r cm라 하면

$\triangle ABC = \frac{1}{2} \times r \times (\triangle ABC$의 둘레의 길이$)$

이므로

$\frac{1}{2} \times 8 \times 6 = \frac{1}{2} \times r \times (10+8+6)$

$12r=24$, $r=2$

즉, △ABC의 내접원의 반지름의 길이는 2 cm이다.

따라서 구하는 합은

5+2=7(cm)

---

2 사각형의 성질

1. 평행사변형

01 평행사변형 | 36쪽 |

01 $\overline{BC}$ **02** $\overline{AB}$ **03** $\overline{DC}$ **04** $\overline{AD}$ **05** ∠C
06 ∠B   **07** ∠x=65°, ∠y=35°   **08** ∠x=60°, ∠y=45°
09 ∠x=70°, ∠y=125°

07 $\overline{AB}/\!/\overline{DC}$이므로 ∠x=∠ACD=65° (엇각)

$\overline{AD}/\!/\overline{BC}$이므로 ∠y=∠DAC=35° (엇각)

08 $\overline{AB}/\!/\overline{DC}$이므로 ∠x=∠BAC=60° (엇각)

△ACD에서 ∠y+60°+75°=180°, ∠y=45°

09 $\overline{AB}/\!/\overline{DC}$이므로 ∠x=∠ACD=70° (엇각)

△OAB에서 ∠y=70°+55°=125°

02 평행사변형의 성질 | 37~38쪽 |

01 ×   **02** ○   **03** ×   **04** ×   **05** ○
06 ×   **07** $x=7$, $y=11$ **08** $x=3$, $y=2$
09 $x=1$, $y=6$ **10** ∠x=100°, ∠y=80°
11 ∠x=70°, ∠y=70°   **12** ∠x=105°, ∠y=35°
13 ∠x=80°, ∠y=60°   **14** $x=8$, $y=9$
15 $x=12$, $y=4$ **16** $x=3$, $y=10$ **17** ③

07 $\overline{AB}=\overline{DC}$이므로 $x=7$

$\overline{AD}=\overline{BC}$이므로 $y=11$

08 $\overline{AB}=\overline{DC}$이므로

$2x-1=5$, $2x=6$, $x=3$

$\overline{AD}=\overline{BC}$이므로

$4y=8$, $y=2$

09 $\overline{AB}=\overline{DC}$이므로

$3x+2=5$, $3x=3$, $x=1$

$\overline{AD}=\overline{BC}$이므로

$y+3=9$, $y=6$

10 ∠B=∠D이므로 ∠x=100°

∠A=∠C이므로 ∠y=80°

11 $\overline{AD}/\!/\overline{BC}$이므로

∠x=70° (엇각)

∠A=∠C이므로 ∠y=70°

12 △ABD에서 ∠A$=180°-(40°+35°)=105°$
∠A$=$∠C이므로 ∠$x=105°$
$\overline{AD}/\!/\overline{BC}$이므로 ∠$y=35°$ (엇각)

13 ∠B$=$∠D이므로 ∠$x=80°$
$\overline{AD}/\!/\overline{BC}$이므로 ∠DAC$=$∠ACB$=40°$ (엇각)
△ACD에서 $40°+$∠$y+80°=180°$, ∠$y=60°$

14 $\overline{OA}=\overline{OC}$이므로 $x=8$
$\overline{OB}=\overline{OD}$이므로 $y=9$

15 $\overline{OB}=\overline{OD}$이므로
$\overline{BD}=2\overline{OB}=2\times6=12$
즉, $x=12$
$\overline{OA}=\overline{OC}$이므로
$\overline{OC}=\dfrac{1}{2}\overline{AC}=\dfrac{1}{2}\times8=4$
즉, $y=4$

16 $\overline{OB}=\overline{OD}$이므로
$3x=9$, $x=3$
$\overline{OA}=\overline{OC}$이므로
$y+4=14$, $y=10$

17 $\overline{AB}=\overline{DC}=8$ cm이므로 $x=8$
△ABC에서 $45°+$∠B$+60°=180°$, ∠B$=75°$
∠D$=$∠B$=75°$이므로 $y=75$
따라서 $x+y=8+75=83$

---

03 평행사변형의 성질의 응용 | 39~40쪽 |

01 2	02 3	03 4	04 5	05 6
06 50	07 125	08 8	09 10	10 6
11 ②	12 45°	13 72°	14 75°	15 ⑤

01 $\overline{AD}/\!/\overline{BC}$이므로
∠DAE$=$∠BEA (엇각)
이때 ∠BAE$=$∠DAE이므로
∠BAE$=$∠BEA
즉, △BEA는 이등변삼각형이므로
$\overline{BE}=\overline{BA}=\overline{DC}=5$
$\overline{BC}=\overline{AD}=7$이므로
$\overline{EC}=\overline{BC}-\overline{BE}=7-5=2$
따라서 $x=2$

02 $\overline{AD}/\!/\overline{BC}$이므로
∠ADE$=$∠CED (엇각)
이때 ∠ADE$=$∠CDE이므로
∠CDE$=$∠CED

즉, △CDE는 이등변삼각형이므로
$\overline{CE}=\overline{CD}=8$
$\overline{BC}=\overline{AD}=11$이므로
$\overline{BE}=\overline{BC}-\overline{EC}=11-8=3$
따라서 $x=3$

03 $\overline{AD}=\overline{BC}=9$이므로
$\overline{AE}=\overline{AD}-\overline{ED}=9-5=4$
$\overline{AD}/\!/\overline{BC}$이므로
∠AEB$=$∠CBE (엇각)
이때 ∠ABE$=$∠CBE이므로
∠ABE$=$∠AEB
즉, △ABE는 이등변삼각형이므로
$\overline{AB}=\overline{AE}=4$
따라서 $x=4$

04 $\overline{AB}/\!/\overline{DF}$이므로
∠BAF$=$∠DFA (엇각)
이때 ∠BAF$=$∠DAF이므로
∠DAF$=$∠DFA
즉, △DAF는 이등변삼각형이므로
$\overline{DF}=\overline{DA}=13$
$\overline{DC}=\overline{AB}=8$이므로
$\overline{CF}=\overline{DF}-\overline{DC}=13-8=5$
따라서 $x=5$

05 $\overline{AB}/\!/\overline{FC}$이므로
∠ABF$=$∠CFB (엇각)
이때 ∠ABF$=$∠CBF이므로
∠CBF$=$∠CFB
즉, △CFB는 이등변삼각형이므로
$\overline{CF}=\overline{CB}=15$
$\overline{DC}=\overline{AB}=9$이므로
$\overline{DF}=\overline{CF}-\overline{CD}=15-9=6$
따라서 $x=6$

06 ∠ABC$+$∠C$=180°$이므로
∠ABC$+80°=180°$, ∠ABC$=100°$
∠EBC$=\dfrac{1}{2}$∠ABC$=\dfrac{1}{2}\times100°=50°$이고
$\overline{AD}/\!/\overline{BC}$이므로
∠AEB$=$∠EBC$=50°$ (엇각)
따라서 $x=50$

07 ∠BCD$=$∠A$=110°$이므로
∠BCE$=\dfrac{1}{2}$∠BCD$=\dfrac{1}{2}\times110°=55°$
$\overline{AD}/\!/\overline{BC}$이므로 ∠DEC$=$∠BCE$=55°$ (엇각)
∠AEC$=180°-55°=125°$이므로
$x=125$

08 △ABE와 △DFE에서

∠BAE=∠FDE (엇각)

$\overline{AE}=\overline{DE}$

∠AEB=∠DEF (맞꼭지각)

이므로 △ABE≡△DFE (ASA 합동)

따라서 $\overline{DF}=\overline{AB}$=8이므로

$x=8$

09 △ABE와 △DFE에서

∠BAE=∠FDE (엇각)

$\overline{AE}=\overline{DE}$

∠AEB=∠DEF (맞꼭지각)

이므로 △ABE≡△DFE (ASA 합동)

이때 $\overline{DF}=\overline{AB}$=5이고 $\overline{DC}=\overline{AB}$=5이므로

$\overline{CF}=\overline{CD}+\overline{DF}$=5+5=10

따라서 $x=10$

10 △ABE와 △FCE에서

∠ABE=∠FCE (엇각)

$\overline{BE}=\overline{CE}$

∠AEB=∠FEC (맞꼭지각)

이므로 △ABE≡△FCE (ASA 합동)

이때 $\overline{FC}=\overline{AB}$=3이고 $\overline{DC}=\overline{AB}$=3이므로

$\overline{DF}=\overline{DC}+\overline{CF}$=3+3=6

따라서 $x=6$

11 △AED와 △FEC에서

∠ADE=∠FCE (엇각)

$\overline{DE}=\overline{CE}$

∠AED=∠FEC (맞꼭지각)

이므로 △AED≡△FEC (ASA 합동)

이때 $\overline{FC}=\overline{AD}=x$ cm이고 $\overline{BC}=\overline{AD}=x$ cm이므로

$\overline{BF}=\overline{BC}+\overline{CF}$에서 $x+x=18$, $2x=18$, $x=9$

12 ∠A+∠B=180°이고 ∠A : ∠B=3 : 1이므로

$\angle B=\dfrac{1}{3+1}\times 180°=45°$

따라서 $\angle x=45°$

13 ∠B+∠C=180°이고 ∠B : ∠C=3 : 2이므로

$\angle C=\dfrac{2}{3+2}\times 180°=72°$

따라서 $\angle x=72°$

14 ∠C+∠D=180°이고 ∠C : ∠D=5 : 7이므로

$\angle C=\dfrac{5}{5+7}\times 180°=75°$

이때 ∠A=∠C이므로 $\angle x=75°$

15 ∠A+∠D=180°이고 ∠A : ∠D=5 : 4이므로

$\angle A=\dfrac{5}{5+4}\times 180°=100°$

따라서 ∠C=∠A=100°

04 평행사변형이 되는 조건 | 41~43쪽 |

01 $\overline{BC}$	02 $\overline{AB}$, $\overline{AD}$	03 ADC	04 $\overline{OC}$, $\overline{OB}$
05 $\overline{AB}$, $\overline{AB}$		06 ○	07 ×	08 ○
09 ○	10 $x=42, y=37$	11 $x=7, y=12$
12 $x=114, y=66$	13 $x=5, y=8$	
14 $x=48, y=5$	15 ○	16 ×	17 ○
18 ×	19 ×	20 ○	

21 EBF, EDF, BFD, 대각

22 $\overline{DF}$, $\overline{AE}$, $\overline{CF}$, $\overline{DF}$, 평행

23 $\overline{OC}$, $\overline{OD}$, $\overline{BE}$, $\overline{DF}$, $\overline{OF}$, 대각선　24 ⑤

06 $\overline{AB}=\overline{DC}$, $\overline{AD}=\overline{BC}$이므로 두 쌍의 대변의 길이가 각각 같다.

따라서 □ABCD는 평행사변형이다.

07 ∠C=360°−(120°+70°+70°)=100°이므로

∠A≠∠C

따라서 두 쌍의 대각의 크기가 각각 같지 않으므로 □ABCD는 평행사변형이 아니다.

08 $\overline{OA}=\overline{OC}$, $\overline{OB}=\overline{OD}$이므로 두 대각선이 서로 다른 것을 이등분한다.

따라서 □ABCD는 평행사변형이다.

09 ∠A+∠B=100°+80°=180°이므로

$\overline{AD}\,/\!/\,\overline{BC}$

또, $\overline{AD}=\overline{BC}$이므로 한 쌍의 대변이 평행하고 그 길이가 같다.

따라서 □ABCD는 평행사변형이다.

10 $\overline{AB}\,/\!/\,\overline{DC}$이어야 하므로

∠ABD=∠CDB=42° (엇각)

즉, $x=42$

$\overline{AD}\,/\!/\,\overline{BC}$이어야 하므로

∠BCA=∠DAC=37° (엇각)

즉, $y=37$

11 $\overline{AB}=\overline{DC}$이어야 하므로 $x=7$

$\overline{AD}=\overline{BC}$이어야 하므로 $y=12$

12 ∠A=∠C이어야 하므로 $x=114$

∠B=∠D이어야 하므로 $y=66$

13 $\overline{OA}=\overline{OC}$이어야 하므로

$x=5$

$\overline{OB}=\overline{OD}$이어야 하므로

$\overline{OB}=\dfrac{1}{2}\overline{BD}=\dfrac{1}{2}\times 16=8$

즉, $y=8$

14 $\overline{AD}\,/\!/\,\overline{BC}$이어야 하므로
$\angle BCA=\angle DAC=48°$ (엇각)
즉, $x=48$
$\overline{AD}=\overline{BC}$이어야 하므로
$y=5$

15 $\angle BCD=360°-(125°+55°+55°)=125°$이므로
$\angle BAD=\angle BCD$
또, $\angle ABC=\angle ADC$이므로 두 쌍의 대각의 크기가 각각 같다.
따라서 □ABCD는 평행사변형이 된다.

16 $\angle BAD+\angle ABC=110°+70°=180°$이므로 $\overline{AD}\,/\!/\,\overline{BC}$
그런데 $\overline{AB}\,/\!/\,\overline{DC}$ 또는 $\overline{AD}=\overline{BC}$인지 알 수 없으므로 □ABCD는 평행사변형이라 할 수 없다.

17 $\angle BAC=\angle DCA$이므로 $\overline{AB}\,/\!/\,\overline{DC}$
$\angle DAC=\angle BCA$이므로 $\overline{AD}\,/\!/\,\overline{BC}$
따라서 두 쌍의 대변이 각각 평행하므로 □ABCD는 평행사변형이 된다.

18 $\overline{OA}\neq\overline{OC}$, $\overline{OB}\neq\overline{OD}$이므로 두 대각선이 서로 다른 것을 이등분하지 않는다.
따라서 □ABCD는 평행사변형이라 할 수 없다.

19 $\overline{AB}\neq\overline{CD}$, $\overline{AB}\,/\!/\,\overline{CD}$이므로 한 쌍의 대변이 평행하지만 그 길이가 같지 않다.
따라서 □ABCD는 평행사변형이라 할 수 없다.

20 $\angle DAC=\angle BCA$이므로 $\overline{AD}\,/\!/\,\overline{BC}$
또, $\overline{AD}=\overline{BC}$이므로 한 쌍의 대변이 평행하고 그 길이가 같다.
따라서 □ABCD는 평행사변형이 된다.

24 ① 두 쌍의 대변의 길이가 각각 같으므로 □ABCD는 평행사변형이다.
② $\angle DAC=\angle BCA$이므로 $\overline{AD}\,/\!/\,\overline{BC}$
즉, 한 쌍의 대변이 평행하고 그 길이가 같으므로 □ABCD는 평행사변형이다.
③ 두 대각선이 서로 다른 것을 이등분하므로 □ABCD는 평행사변형이다.
④ $\angle D=360°-(108°+72°+108°)=72°$이므로
$\angle A=\angle C$, $\angle B=\angle D$
즉, 두 쌍의 대각의 크기가 각각 같으므로 □ABCD는 평행사변형이다.
⑤ $\angle ABD=\angle CDB$이므로 $\overline{AB}\,/\!/\,\overline{DC}$
즉, 한 쌍의 대변이 평행하지만 그 길이가 같은지 알 수 없으므로 □ABCD는 평행사변형이 아니다.
따라서 평행사변형이 아닌 것은 ⑤이다.

05 평행사변형과 넓이　　| 44쪽 |

| 44쪽 |

01 10　　02 5　　03 10　　04 30　　05 28
06 20　　07 35

01 (색칠한 부분의 넓이)$=\dfrac{1}{2}$□ABCD
$=\dfrac{1}{2}\times20=10$

02 (색칠한 부분의 넓이)$=\dfrac{1}{4}$□ABCD
$=\dfrac{1}{4}\times20=5$

03 (색칠한 부분의 넓이)$=\triangle OAB+\triangle OCD$
$=\dfrac{1}{4}$□ABCD$+\dfrac{1}{4}$□ABCD
$=\dfrac{1}{2}$□ABCD
$=\dfrac{1}{2}\times20=10$

04 (색칠한 부분의 넓이)$=2\triangle BCD$
$=2\times15=30$

05 (색칠한 부분의 넓이)$=4\triangle OAB$
$=4\times7=28$

06 (색칠한 부분의 넓이)$=\dfrac{1}{2}$□ABCD
$=\dfrac{1}{2}\times40=20$

07 $\triangle PAB+\triangle PCD=\dfrac{1}{2}$□ABCD이므로
$25+\triangle PCD=\dfrac{1}{2}\times120$
$\triangle PCD=35$

확인문제　　| 45쪽 |

| 45쪽 |

01 ②　　02 ①　　03 ⑤　　04 ①　　05 ④　　06 ⑤

01 $\overline{AD}\,/\!/\,\overline{BC}$이므로
$\angle CAD=\angle ACB=58°$ (엇각)
$\triangle AOD$에서
$\angle AOD=180°-(58°+32°)=90°$

02 $\overline{AB}=\overline{DC}$이므로
$3x-2=x+4$, $2x=6$, $x=3$
따라서 $\overline{BC}=\overline{AD}=2x+3=2\times3+3=9$

03 $\overline{OC}=\overline{OA}=5$

$\overline{CD}=\overline{AB}=8$

$\overline{OD}=\dfrac{1}{2}\overline{BD}=\dfrac{1}{2}\times 14=7$

따라서

(△OCD의 둘레의 길이)$=\overline{OC}+\overline{CD}+\overline{OD}$

$=5+8+7=20$

04 △ABE와 △FCE에서

∠ABE=∠FCE (엇각)

$\overline{BE}=\overline{CE}$

∠AEB=∠FEC (맞꼭지각)

이므로 △ABE≡△FCE (ASA 합동)

이때 $\overline{FC}=\overline{AB}=7$이고 $\overline{DC}=\overline{AB}=7$이므로

$\overline{DF}=\overline{DC}+\overline{CF}=7+7=14$

05 ① 두 쌍의 대변의 길이가 각각 같으므로 □ABCD는 평행사변형이 된다.

② 두 대각선이 서로 다른 것을 이등분하므로 □ABCD는 평행사변형이 된다.

③ ∠ABC+∠BCD=180°이므로 $\overline{AB}/\!/\overline{DC}$

즉, 한 쌍의 대변이 평행하고 그 길이가 같으므로 □ABCD는 평행사변형이 된다.

④ 한 쌍의 대변이 평행하지만 그 길이가 같은지 알 수 없으므로 □ABCD는 평행사변형이라 할 수 없다.

⑤ ∠BAD=∠BCD, $\overline{AB}/\!/\overline{DC}$이므로 ∠ABC=∠ADC

즉, 두 쌍의 대각의 크기가 각각 같으므로 □ABCD는 평행사변형이 된다.

따라서 □ABCD가 평행사변형이 아닌 것은 ④이다.

06 □ABCD$=4$△OBC$=4\times 9=36$

2. 여러 가지 사각형

01 직사각형 | 46쪽 |

01 ×	02 ○	03 ○	04 ×
05 $x=7$, $y=10$		06 $x=6$, $y=12$	
07 $x=90$, $y=53$		08 $x=35$, $y=55$	
09 $x=30$, $y=120$		10 ②	

05 $\overline{AB}=\overline{DC}$이므로 $x=7$

$\overline{AD}=\overline{BC}$이므로 $y=10$

06 $\overline{OA}=\overline{OB}=\overline{OC}=\overline{OD}$이므로 $x=6$

$\overline{BD}=2\overline{OD}=2\times 6=12$이므로 $y=12$

07 ∠A=90°이므로 $x=90$

△BCD에서 ∠C=90°이므로

∠BDC$=180°-(37°+90°)=53°$

즉, $y=53$

08 △OBC에서 $\overline{OB}=\overline{OC}$이므로

∠OCB=∠OBC=35°

즉, $x=35$

∠ABC=90°이므로

∠ABD$=90°-35°=55°$

즉, $y=55$

09 ∠BAD=90°이므로

∠OAD$=90°-60°=30°$

△ODA에서 $\overline{OD}=\overline{OA}$이므로

∠ODA=∠OAD=30°

즉, $x=30$

∠AOD$=180°-(30°+30°)=120°$

즉, $y=120$

10 $\overline{AC}=\overline{BD}=2\overline{OD}=2\times 4=8$(cm)이므로

$x=8$

∠OBC$=90°-58°=32°$이므로

$y=32$

따라서 $x+y=8+32=40$

02 평행사변형이 직사각형이 되는 조건 | 47쪽 |

01 ○	02 ○	03 ×	04 ○	05 ×
06 ○	07 ×	08 ×	09 90	10 8
11 7	12 6			

01 한 내각이 직각이므로 평행사변형 ABCD는 직사각형이 된다.

02 ∠ABC+∠BCD=180°에서 ∠ABC=∠BCD이므로

∠ABC+∠ABC=180°, 2∠ABC=180°

∠ABC=90°

따라서 한 내각이 직각이므로 평행사변형 ABCD는 직사각형이 된다.

04 두 대각선의 길이가 같으므로 평행사변형 ABCD는 직사각형이 된다.

06 $\overline{OC}=\overline{OD}$이므로

$\overline{AC}=2\overline{OC}=2\overline{OD}=\overline{BD}$

따라서 두 대각선의 길이가 같으므로 평행사변형 ABCD는 직사각형이 된다.

03 마름모

| 48쪽 |

01 ○　　02 ×　　03 ○　　04 ×
05 $x=5$, $y=5$　　　　06 $x=25$, $y=130$
07 $x=12$, $y=8$　　　08 $x=90$, $y=40$
09 $x=65$, $y=25$　　　10 ③

05 $\overline{AB}=\overline{BC}=\overline{CD}=\overline{DA}$이므로
$x=y=5$

06 △ABD에서 $\overline{AB}=\overline{AD}$이므로
$\angle ABD=\dfrac{1}{2}\times(180°-130°)=25°$
즉, $x=25$
$\angle C=\angle A=130°$이므로 $y=130$

07 $\overline{AC}=2\overline{OC}=2\times6=12$이므로 $x=12$
$\overline{OD}=\overline{OB}=8$이므로 $y=8$

08 $\angle AOD=90°$이므로 $x=90$
△CDB에서 $\overline{CD}=\overline{CB}$이므로
$\angle CDB=\angle CBD=40°$
즉, $y=40$

09 △OCD에서 $\angle COD=90°$이므로
$\angle OCD=180°-(90°+25°)=65°$
즉, $x=65$
$\overline{AB}/\!/\overline{DC}$이므로
$\angle ABD=\angle CDB=25°$ (엇각)
△ABD에서 $\overline{AB}=\overline{AD}$이므로
$\angle ADB=\angle ABD=25°$
즉, $y=25$

10 $\overline{AB}=\overline{BC}=8$ cm이므로 $x=8$
△DAC에서 $\overline{DA}=\overline{DC}$이므로
$\angle DAC=\angle DCA=55°$
즉, $y=55$
따라서 $y-x=55-8=47$

04 평행사변형이 마름모가 되는 조건

| 49쪽 |

01 ○　　02 ×　　03 ×　　04 ○　　05 ×
06 ×　　07 ○　　08 ○　　09 9　　10 90
11 40　　12 46

01 두 대각선이 서로 수직이므로 평행사변형 ABCD는 마름모가
된다.

04 두 대각선이 서로 수직이므로 평행사변형 ABCD는 마름모가
된다.

07 $\overline{AD}/\!/\overline{BC}$이므로 $\angle ADB=\angle CBD$ (엇각)
이때 $\angle ABD=\angle CBD$이므로 $\angle ABD=\angle ADB$
즉, △ABD는 이등변삼각형이므로 $\overline{AB}=\overline{AD}$
따라서 이웃하는 두 변의 길이가 같으므로 평행사변형 ABCD
는 마름모가 된다.

08 이웃하는 두 변의 길이가 같으므로 평행사변형 ABCD는 마름
모가 된다.

05 정사각형

| 50쪽 |

01 ×　　02 ○　　03 ○　　04 ○
05 $x=90$, $y=12$　　06 $x=9$, $y=90$
07 $x=8$, $y=45$　　　08 $x=45$, $y=10$
09 $x=45$, $y=80$　　　10 ②

05 $\angle A=\angle B=\angle C=\angle D$이므로 $x=90$
$\overline{AB}=\overline{BC}=\overline{CD}=\overline{DA}$이므로 $y=12$

06 $\overline{OA}=\overline{OB}=\overline{OC}=\overline{OD}$이므로 $x=9$
$\overline{AC}\perp\overline{BD}$이므로 $y=90$

07 $\overline{AC}=\overline{BD}$이므로 $x=8$
△CDB는 직각이등변삼각형이므로
$\angle CDB=45°$
즉, $y=45$

08 △ABC는 직각이등변삼각형이므로
$\angle BAC=45°$
즉, $x=45$
$\overline{OB}=\dfrac{1}{2}\overline{BD}=\dfrac{1}{2}\overline{AC}=\dfrac{1}{2}\times20=10$
즉, $y=10$

09 △ABC는 직각이등변삼각형이므로
$\angle BCA=45°$
즉, $x=45$
△BCE에서 $\angle AEB=35°+45°=80°$
즉, $y=80$

10 ② $\overline{CD}=\overline{BD}$인지는 알 수 없다.

06 정사각형이 되는 조건 | 51쪽 |

01 ○	02 ×	03 ×	04 ○	05 ×
06 ○	07 ○	08 ×	09 6	10 90
11 90	12 9			

01 이웃하는 두 변의 길이가 같으므로 직사각형 ABCD는 정사각형이 된다.

04 두 대각선이 서로 수직이므로 직사각형 ABCD는 정사각형이 된다.

06 $\overline{OA}=\overline{OD}$이므로 $\overline{AC}=2\overline{OA}=2\overline{OD}=\overline{BD}$
따라서 두 대각선의 길이가 같으므로 마름모 ABCD는 정사각형이 된다.

07 한 내각이 직각이므로 마름모 ABCD는 정사각형이 된다.

07 등변사다리꼴 | 52쪽 |

01 $x=74, y=13$	02 $x=40, y=4$	
03 $x=6, y=70$	04 $x=7, y=122$	05 40°
06 70°	07 60°	08 36°

01 $\angle B=\angle C$이므로 $x=74$
$\overline{AB}=\overline{DC}$이므로 $y=13$

02 $\angle ABC=\angle C=60°$이므로
$\angle DBC=\angle ABC-\angle ABD$
$\qquad =60°-20°=40°$
$\overline{AD}\,/\!/\,\overline{BC}$이므로 $\angle ADB=\angle DBC=40°$ (엇각)
즉, $x=40$
$\overline{AB}=\overline{DC}$이므로 $y=4$

03 $\overline{AC}=\overline{BD}$이므로 $x=6$
$\angle DAB+\angle ABC=180°$이므로
$110°+\angle ABC=180°$, $\angle ABC=70°$
즉, $y=70$

04 $\overline{AC}=\overline{BD}$이므로
$x+5=12$, $x=7$
$\angle DAB+\angle ABC=180°$이므로
$\angle DAB+58°=180°$, $\angle DAB=122°$
즉, $y=122$

05 $\overline{AD}\,/\!/\,\overline{BC}$이므로
$\angle DBC=\angle ADB=25°$ (엇각)
$\angle ABC=\angle C=65°$이므로
$\angle x+25°=65°$, $\angle x=40°$

06 $\overline{AD}\,/\!/\,\overline{BC}$이므로
$\angle ACB=\angle DAC=40°$ (엇각)
$\angle DCB=\angle DCA+\angle ACB=30°+40°=70°$이므로
$\angle x=\angle DCB=70°$

07 $\overline{AD}\,/\!/\,\overline{BC}$이므로
$\angle ACB=\angle DAC=30°$ (엇각)
$\triangle DAC$에서 $\overline{DA}=\overline{DC}$이므로
$\angle DCA=\angle DAC=30°$
$\angle DCB=\angle DCA+\angle ACB=30°+30°=60°$이므로
$\angle x=\angle DCB=60°$

08 $\overline{AD}\,/\!/\,\overline{BC}$이므로
$\angle ADB=\angle DBC=\angle x$ (엇각)
$\triangle ABD$에서 $\overline{AB}=\overline{AD}$이므로
$\angle ABD=\angle ADB=\angle x$
이때 $\angle ABC=\angle C=72°$이므로
$\angle x+\angle x=72°$, $2\angle x=72°$, $\angle x=36°$

08 여러 가지 사각형 사이의 관계 | 53~54쪽 |

01 ㄴ	02 ㄱ	03 ㄷ, ㅂ	04 ㄹ, ㅁ	05 ㄹ, ㅁ
06 ㄷ, ㅂ	07 직사각형		08 마름모	09 정사각형
10 직사각형		11 ×	12 ○	13 ○
14 ×	15 ㄷ, ㅁ, ㅂ		16 ㄴ, ㄷ, ㄹ, ㅁ	
17 ㄹ, ㅁ	18 ㄷ, ㅁ	19 ㅁ	20 ④	

09 $\overline{BC}=\overline{CD}$이므로 평행사변형 ABCD는 마름모가 된다.
또, $\angle ADC=90°$이므로 마름모 ABCD는 정사각형이 된다.

10 $\overline{OA}=\overline{OD}$이므로 $\overline{AC}=2\overline{OA}=2\overline{OD}=\overline{BD}$
따라서 평행사변형 ABCD는 직사각형이 된다.

20 ④ $\overline{OA}=\overline{OB}=\overline{OC}=\overline{OD}$ ➔ 직사각형

09 평행선과 삼각형의 넓이 | 55~56쪽 |

01 △ABC	02 △ABD	03 △DOC	04 20	05 25
06 190	07 △CED	08 △ACD	09 □ABCD	
10 △AFD	11 22	12 10	13 20	14 ⑤

03 $\overline{AD}\,/\!/\,\overline{BC}$이므로 $\triangle ABC=\triangle DBC$
따라서
(색칠한 부분의 넓이)$=\triangle ABC-\triangle OBC$
$\qquad\qquad\qquad\quad =\triangle DBC-\triangle OBC=\triangle DOC$

04 $\overline{AD} \parallel \overline{BC}$이므로 $\triangle ACD = \triangle ABD$

따라서

(색칠한 부분의 넓이) $= \triangle ACD - \triangle ODA$

$\qquad\qquad\qquad\quad = \triangle ABD - \triangle ODA$

$\qquad\qquad\qquad\quad = 30 - 10 = 20$

05 $\overline{AD} \parallel \overline{BC}$이므로 $\triangle OAB = \triangle OCD$

따라서

(색칠한 부분의 넓이) $= \triangle ABC - \triangle OAB$

$\qquad\qquad\qquad\quad = \triangle ABC - \triangle OCD$

$\qquad\qquad\qquad\quad = 40 - 15 = 25$

06 $\overline{AD} \parallel \overline{BC}$이므로

$\triangle OCD = \triangle OAB$

$\qquad\quad\; = \triangle ABC - \triangle OBC$

$\qquad\quad\; = 120 - 80 = 40$

따라서

(색칠한 부분의 넓이) $= \triangle ABC + \triangle OCD + \triangle ODA$

$\qquad\qquad\qquad\quad = 120 + 40 + 30 = 190$

09 $\overline{AC} \parallel \overline{DE}$이므로 $\triangle ACE = \triangle ACD$

따라서

(색칠한 부분의 넓이) $= \triangle ABC + \triangle ACE$

$\qquad\qquad\qquad\quad = \triangle ABC + \triangle ACD$

$\qquad\qquad\qquad\quad = \square ABCD$

10 $\overline{AC} \parallel \overline{DE}$이므로 $\triangle ACE = \triangle ACD$

따라서

(색칠한 부분의 넓이) $= \triangle ACE - \triangle ACF$

$\qquad\qquad\qquad\quad = \triangle ACD - \triangle ACF$

$\qquad\qquad\qquad\quad = \triangle AFD$

11 $\overline{AC} \parallel \overline{DE}$이므로 $\triangle ACD = \triangle ACE$

따라서

(색칠한 부분의 넓이) $= \square ABCD - \triangle ACD$

$\qquad\qquad\qquad\quad = \square ABCD - \triangle ACE$

$\qquad\qquad\qquad\quad = 40 - 18 = 22$

12 $\overline{AC} \parallel \overline{DE}$이므로 $\triangle ACE = \triangle ACD$

(색칠한 부분의 넓이) $= \triangle ACD$

$\qquad\qquad\qquad\quad = \square ABCD - \triangle ABC$

$\qquad\qquad\qquad\quad = 26 - 16 = 10$

13 $\overline{AC} \parallel \overline{DE}$이므로 $\triangle ACD = \triangle ACE$

따라서

(색칠한 부분의 넓이) $= \triangle ACE$

$\qquad\qquad\qquad\quad = \triangle ABE - \triangle ABC$

$\qquad\qquad\qquad\quad = 38 - 18 = 20$

14 $\overline{AC} \parallel \overline{DE}$이므로 $\triangle ACE = \triangle ACD$

따라서

$\triangle ABE = \triangle ABC + \triangle ACE$

$\qquad\quad\; = \triangle ABC + \triangle ACD$

$\qquad\quad\; = 17 + 15 = 32 (\text{cm}^2)$

---

10 높이가 같은 삼각형의 넓이의 비 | 57쪽 |

01 75	**02** 48	**03** 70	**04** 40	**05** 42
06 14				

01 $\triangle ABD : \triangle ADC = \overline{BD} : \overline{DC} = 5 : 3$이므로

(색칠한 부분의 넓이) $= \dfrac{5}{5+3} \triangle ABC$

$\qquad\qquad\qquad\quad = \dfrac{5}{8} \times 120 = 75$

02 $\triangle ABD : \triangle BCD = \overline{AD} : \overline{DC} = 3 : 2$이므로

(색칠한 부분의 넓이) $= \dfrac{2}{3+2} \triangle ABC$

$\qquad\qquad\qquad\quad = \dfrac{2}{5} \times 120 = 48$

03 $\triangle ADC : \triangle BCD = \overline{AD} : \overline{DB} = 7 : 5$이므로

(색칠한 부분의 넓이) $= \dfrac{7}{7+5} \triangle ABC$

$\qquad\qquad\qquad\quad = \dfrac{7}{12} \times 120 = 70$

04 $\triangle BCD = \dfrac{1}{2} \square ABCD = \dfrac{1}{2} \times 140 = 70$

$\overline{BE} : \overline{EC} = 4 : 3$이므로

(색칠한 부분의 넓이) $= \dfrac{4}{4+3} \triangle BCD$

$\qquad\qquad\qquad\quad = \dfrac{4}{7} \times 70 = 40$

05 $\triangle ABD = \dfrac{1}{2} \square ABCD = \dfrac{1}{2} \times 140 = 70$

$\overline{BE} : \overline{ED} = 2 : 3$이므로

(색칠한 부분의 넓이) $= \dfrac{3}{2+3} \triangle ABD$

$\qquad\qquad\qquad\quad = \dfrac{3}{5} \times 70 = 42$

06 $\triangle ACD = \dfrac{1}{2} \square ABCD = \dfrac{1}{2} \times 140 = 70$

$\overline{AE} : \overline{EC} = 4 : 1$이므로

(색칠한 부분의 넓이) $= \dfrac{1}{4+1} \triangle ACD$

$\qquad\qquad\qquad\quad = \dfrac{1}{5} \times 70 = 14$

확인문제

| 58쪽 |

01 $\overline{OA}=\overline{OC}$이므로
$x+3=3x-5$, $2x=8$, $x=4$
따라서
$\overline{BD}=\overline{AC}=(x+3)+(3x-5)=4x-2$
　　　　$=4\times4-2=14$

02 ① 한 내각이 직각이므로 평행사변형 ABCD는 직사각형이 된다.
② 이웃하는 두 변의 길이가 같으므로 평행사변형 ABCD는 마름모가 된다.
③ 두 대각선의 길이가 같으므로 평행사변형 ABCD는 직사각형이 된다.
④ $\overline{OA}=\overline{OB}$이므로 $\overline{AC}=2\overline{OA}=2\overline{OB}=\overline{BD}$
즉, 두 대각선의 길이가 같으므로 평행사변형 ABCD는 직사각형이 된다.
⑤ 두 대각선이 서로 수직으로 만나므로 평행사변형 ABCD는 마름모가 된다.
따라서 평행사변형 ABCD가 마름모가 되는 조건인 것은 ②, ⑤이다.

03 $\overline{AC}\perp\overline{BD}$이고
$\overline{AO}=\dfrac{1}{2}\overline{AC}=\dfrac{1}{2}\overline{BD}=\dfrac{1}{2}\times10=5$(cm)이므로
$\square ABCD=2\triangle ABD$
　　　　　$=2\times\left(\dfrac{1}{2}\times10\times5\right)=50$(cm²)

04 $\overline{AD}/\!/\overline{BC}$이므로
$\angle ACB=\angle CAD=32°$ (엇각)
$\angle DCB=\angle B=65°$이므로
$\angle y=\angle DCB-\angle ACB=65°-32°=33°$
$\triangle ACD$에서
$32°+33°+\angle x=180°$, $\angle x=115°$
따라서 $\angle x-\angle y=115°-33°=82°$

05 두 대각선의 길이가 같은 사각형은 ㄱ, ㄴ, ㅁ의 3개이다.

06 $\overline{AD}/\!/\overline{BC}$이므로 $\triangle DBC=\triangle ABC$
따라서
$\triangle OBC=\triangle DBC-\triangle OCD$
　　　　　$=\triangle ABC-\triangle OCD$
　　　　　$=48-12=36$(cm²)

07 $\triangle ABC=\dfrac{1}{2}\square ABCD=\dfrac{1}{2}\times18=9$(cm²)
$\overline{BE}:\overline{EC}=2:1$이므로
$\triangle ABE=\dfrac{2}{2+1}\triangle ABC=\dfrac{2}{3}\times9=6$(cm²)

---

3 도형의 닮음

1. 닮은 도형과 삼각형의 닮음 조건

01 닮은 도형

| 60쪽 |

11 오른쪽 그림과 같은 두 직각삼각형은 닮은 도형이 아니다.

12 오른쪽 그림과 같은 두 부채꼴은 닮은 도형이 아니다.

02 평면도형에서의 닮음의 성질

| 61~62쪽 |

01 $\triangle ABC$와 $\triangle DEF$의 닮음비는
$\overline{AB}:\overline{DE}=6:10=3:5$

02 $\overline{BC}:\overline{EF}=3:5$이므로
$9:\overline{EF}=3:5$, $3\overline{EF}=45$
$\overline{EF}=15$(cm)

03 $\angle B=\angle E=60°$

04 $\square ABCD$와 $\square EFGH$의 닮음비는
$\overline{CD}:\overline{GH}=12:15=4:5$

05 $\overline{AD}:\overline{EH}=4:5$이므로
$\overline{AD}:10=4:5$, $5\overline{AD}=40$
$\overline{AD}=8$(cm)

06 $\overline{BC}:\overline{FG}=4:5$이므로
$16:\overline{FG}=4:5$, $4\overline{FG}=80$
$\overline{FG}=20$(cm)

07 $\angle B=\angle F=80°$

08 $\angle E = \angle A = 100°$이므로
$\angle H = 360° - (100° + 80° + 60°) = 120°$

09 $\overline{AB} : \overline{DE} = 2 : 1$이므로
$14 : \overline{DE} = 2 : 1, 2\overline{DE} = 14$
$\overline{DE} = 7(cm)$

10 $\overline{BC} : \overline{EF} = 2 : 1$이므로
$6 : \overline{EF} = 2 : 1, 2\overline{EF} = 6$
$\overline{EF} = 3(cm)$

11 ($\triangle DEF$의 둘레의 길이) $= \overline{DE} + \overline{EF} + \overline{FD}$
$= 7 + 3 + 5 = 15(cm)$

12 $\overline{AC} : \overline{DF} = 1 : 3$이므로
$\overline{AC} : 6 = 1 : 3, 3\overline{AC} = 6$
$\overline{AC} = 2(cm)$

13 $\overline{BC} : \overline{EF} = 1 : 3$이므로
$\overline{BC} : 9 = 1 : 3, 3\overline{BC} = 9$
$\overline{BC} = 3(cm)$

14 ($\triangle ABC$의 둘레의 길이) $= \overline{AB} + \overline{BC} + \overline{CA}$
$= 4 + 3 + 2 = 9(cm)$

15 $\overline{AD} : \overline{EH} = 3 : 2$이므로
$\overline{AD} : 4 = 3 : 2, 2\overline{AD} = 12$
$\overline{AD} = 6(cm)$

16 $\overline{CD} : \overline{GH} = 3 : 2$이므로
$\overline{CD} : 8 = 3 : 2, 2\overline{CD} = 24$
$\overline{CD} = 12(cm)$

17 $\overline{AB} : \overline{EF} = 3 : 2$이므로
$9 : \overline{EF} = 3 : 2, 3\overline{EF} = 18$
$\overline{EF} = 6(cm)$

18 $\overline{BC} : \overline{FG} = 3 : 2$이므로
$12 : \overline{FG} = 3 : 2, 3\overline{FG} = 24$
$\overline{FG} = 8(cm)$

19 ($\square ABCD$의 둘레의 길이) $= \overline{AB} + \overline{BC} + \overline{CD} + \overline{DA}$
$= 9 + 12 + 12 + 6 = 39(cm)$

20 ($\square EFGH$의 둘레의 길이) $= \overline{EF} + \overline{FG} + \overline{GH} + \overline{HE}$
$= 6 + 8 + 8 + 4 = 26(cm)$

21 $\overline{AB} : \overline{DE} = 3 : 4$이므로
$x : 20 = 3 : 4, 4x = 60, x = 15$
$\angle E = \angle B = 30°$이므로
$\angle D = 180° - (30° + 40°) = 110°$
즉, $y = 110$
따라서 $x + y = 15 + 110 = 125$

03 입체도형에서의 닮음의 성질 | 63~64쪽 |

01 면 GJLI **02** $3 : 2$ **03** $12\ cm$ **04** $10\ cm$ **05** $2 : 5$
06 $6\ cm$ **07** $20\ cm$ **08** $3 : 1$ **09** $9\ cm$ **10** $4\ cm$
11 $4 : 3$ **12** $9\ cm$ **13** $24\pi\ cm$ **14** $18\pi\ cm$ **15** $4 : 3$
16 $5 : 6$ **17** $15\ cm$ **18** $5 : 6$ **19** ④

02 $\overline{EF}$에 대응하는 모서리는 $\overline{KL}$이므로 닮음비는
$\overline{EF} : \overline{KL} = 9 : 6 = 3 : 2$

03 $\overline{AC} : \overline{GI} = 3 : 2$이므로
$\overline{AC} : 8 = 3 : 2, 2\overline{AC} = 24$
$\overline{AC} = 12(cm)$

04 $\overline{AD} : \overline{GJ} = 3 : 2$이므로
$15 : \overline{GJ} = 3 : 2, 3\overline{GJ} = 30$
$\overline{GJ} = 10(cm)$

05 $\overline{FG}$에 대응하는 모서리는 $\overline{NO}$이므로 닮음비는
$\overline{FG} : \overline{NO} = 10 : 25 = 2 : 5$

06 $\overline{GH} : \overline{OP} = 2 : 5$이므로
$\overline{GH} : 15 = 2 : 5, 5\overline{GH} = 30$
$\overline{GH} = 6(cm)$

07 $\overline{DH} : \overline{LP} = 2 : 5$이므로
$8 : \overline{LP} = 2 : 5, 2\overline{LP} = 40$
$\overline{LP} = 20(cm)$

08 $\overline{AD}$에 대응하는 모서리는 $\overline{EH}$이므로 닮음비는
$\overline{AD} : \overline{EH} = 18 : 6 = 3 : 1$

09 $\overline{BC} : \overline{FG} = 3 : 1$이므로
$\overline{BC} : 3 = 3 : 1, \overline{BC} = 9(cm)$

10 $\overline{CD} : \overline{GH} = 3 : 1$이므로
$12 : \overline{GH} = 3 : 1, 3\overline{GH} = 12$
$\overline{GH} = 4(cm)$

11 두 원기둥 A, B의 높이의 비가 $16 : 12 = 4 : 3$이므로 닮음비는
$4 : 3$이다.

12 원기둥 B의 밑면의 반지름의 길이를 $r\ cm$라 하면
$12 : r = 4 : 3, 4r = 36$
$r = 9$
따라서 원기둥 B의 밑면의 반지름의 길이는 9 cm이다.

13 원기둥 A의 밑면의 둘레의 길이는
$2\pi \times 12 = 24\pi(cm)$

14 원기둥 B의 밑면의 둘레의 길이는
$2\pi \times 9 = 18\pi(cm)$

15 두 원기둥 A, B의 밑면의 둘레의 길이의 비는
$24\pi : 18\pi = 4 : 3$

16 두 원뿔 A, B의 높이의 비가 $20 : 24 = 5 : 6$이므로 닮음비는
$5 : 6$이다.

17 원뿔 A의 밑면의 반지름의 길이를 r cm라 하면
$r : 18 = 5 : 6$, $6r = 90$
$r = 15$
따라서 원뿔 A의 밑면의 반지름의 길이는 15 cm이다.

18 원뿔 A의 밑면의 둘레의 길이는
$2\pi \times 15 = 30\pi$(cm)
원뿔 B의 밑면의 둘레의 길이는
$2\pi \times 18 = 36\pi$(cm)
따라서 두 원뿔 A, B의 밑면의 둘레의 길이의 비는
$30\pi : 36\pi = 5 : 6$

19 ③ 닮음비는 $\overline{GH} : \overline{OP} = 6 : 9 = 2 : 3$
④ $\overline{FG} : \overline{NO} = 2 : 3$이므로
$\overline{FG} : 12 = 2 : 3$, $3\overline{FG} = 24$
$\overline{FG} = 8$(cm)
⑤ $\overline{DH} : \overline{LP} = 2 : 3$이므로
$12 : \overline{LP} = 2 : 3$, $2\overline{LP} = 36$
$\overline{LP} = 18$(cm)
따라서 옳지 않은 것은 ④이다.

---

04 삼각형의 닮음 조건 | 65~66쪽 |

01 3, 2, 8, 3, 2, 6, 3, 2, SSS
02 2, 1, 5, 2, 1, E, 60, SAS
03 E, 70, F, 65, AA
04 100, 30, E, 100, AA
05 △PQR∽△HIG, SAS 닮음
06 △PQR∽△CAB, SSS 닮음
07 △PQR∽△LJK, AA 닮음
08 △PQR∽△DFE, SAS 닮음
09 △ABC∽△CBD, SSS 닮음
10 △ABC∽△ADE, SAS 닮음
11 △ABC∽△DBE, AA 닮음 　　**12** ④

---

05 △PQR와 △HIG에서
$\overline{PR} : \overline{HG} = 12 : 9 = 4 : 3$
$\angle R = \angle G = 70°$
$\overline{QR} : \overline{IG} = 16 : 12 = 4 : 3$
이므로 △PQR∽△HIG (SAS 닮음)

06 △PQR와 △CAB에서
$\overline{PQ} : \overline{CA} = 10 : 8 = 5 : 4$
$\overline{QR} : \overline{AB} = 15 : 12 = 5 : 4$
$\overline{RP} : \overline{BC} = 20 : 16 = 5 : 4$
이므로 △PQR∽△CAB (SSS 닮음)

07 △PQR에서 $\angle Q = 180° - (35° + 70°) = 75°$
△PQR와 △LJK에서
$\angle Q = \angle J = 75°$
$\angle R = \angle K = 35°$
이므로 △PQR∽△LJK (AA 닮음)

08 △PQR와 △DFE에서
$\overline{PR} : \overline{DE} = 10 : 6 = 5 : 3$
$\angle R = \angle E = 45°$
$\overline{QR} : \overline{FE} = 15 : 9 = 5 : 3$
이므로 △PQR∽△DFE (SAS 닮음)

09 △ABC와 △CBD에서
$\overline{AB} : \overline{CB} = 5 : 10 = 1 : 2$
$\overline{BC} : \overline{BD} = 10 : 20 = 1 : 2$
$\overline{CA} : \overline{DC} = 6 : 12 = 1 : 2$
이므로 △ABC∽△CBD (SSS 닮음)

10 △ABC와 △ADE에서
$\overline{AB} : \overline{AD} = 15 : 5 = 3 : 1$
$\angle BAC = \angle DAE$ (맞꼭지각)
$\overline{AC} : \overline{AE} = 21 : 7 = 3 : 1$
이므로 △ABC∽△ADE (SAS 닮음)

11 △ABC와 △DBE에서
$\angle B$는 공통
$\angle BCA = \angle BED$
이므로 △ABC∽△DBE (AA 닮음)

12 ④ 나머지 한 내각의 크기는
$180° - (55° + 80°) = 45°$
따라서 두 쌍의 대응각의 크기가 각각 같으므로 주어진 삼각형과 AA 닮음이다.

---

05 삼각형의 닮음 조건의 응용 – SAS 닮음 | 67쪽 |

01 4　　**02** 18　　**03** 12　　**04** 6　　**05** 24
06 ③

---

01 △ABC와 △EDC에서
$\overline{AC} : \overline{EC} = (7+8) : 5 = 3 : 1$
$\angle C$는 공통
$\overline{BC} : \overline{DC} = (19+5) : 8 = 3 : 1$

이므로 △ABC∽△EDC (SAS 닮음)

이때 닮음비가 3 : 1이므로

$\overline{AB}$: $\overline{ED}$=3 : 1, 12 : x=3 : 1

$3x$=12, x=4

02 △ABC와 △EBD에서

$\overline{AB}$: $\overline{EB}$=(9+12) : 14=3 : 2

∠B는 공통

$\overline{BC}$: $\overline{BD}$=(14+4) : 12=3 : 2

이므로 △ABC∽△EBD (SAS 닮음)

이때 닮음비가 3 : 2이므로

$\overline{AC}$: $\overline{ED}$=3 : 2, x : 12=3 : 2

$2x$=36, x=18

03 △ABC와 △AED에서

$\overline{AB}$: $\overline{AE}$=(6+10) : 8=2 : 1

∠A는 공통

$\overline{AC}$: $\overline{AD}$=(8+4) : 6=2 : 1

이므로 △ABC∽△AED (SAS 닮음)

이때 닮음비가 2 : 1이므로

$\overline{BC}$: $\overline{ED}$=2 : 1, x : 6=2 : 1

x=12

04 △ABC와 △DBA에서

$\overline{AB}$: $\overline{DB}$=12 : 9=4 : 3

∠B는 공통

$\overline{BC}$: $\overline{BA}$=(9+7) : 12=4 : 3

이므로 △ABC∽△DBA (SAS 닮음)

이때 닮음비가 4 : 3이므로

$\overline{CA}$: $\overline{AD}$=4 : 3, 8 : x=4 : 3

$4x$=24, x=6

05 △ABC와 △ADB에서

$\overline{AB}$: $\overline{AD}$=12 : 8=3 : 2

∠A는 공통

$\overline{AC}$: $\overline{AB}$=(8+10) : 12=3 : 2

이므로 △ABC∽△ADB (SAS 닮음)

이때 닮음비가 3 : 2이므로

$\overline{BC}$: $\overline{DB}$=3 : 2, x : 16=3 : 2

$2x$=48, x=24

06 △ABC와 △CBD에서

$\overline{AB}$: $\overline{CB}$=(9+3) : 6=2 : 1

∠B는 공통

$\overline{BC}$: $\overline{BD}$=6 : 3=2 : 1

이므로 △ABC∽△CBD (SAS 닮음)

이때 닮음비가 2 : 1이므로

$\overline{AC}$: $\overline{CD}$=2 : 1, 10 : $\overline{CD}$=2 : 1

$2\overline{CD}$=10, $\overline{CD}$=5(cm)

---

06 삼각형의 닮음 조건의 응용 – **AA 닮음** | 68쪽 |

01 12　　**02** 14　　**03** 5　　**04** 6　　**05** 9
06 ①

01 △ABC와 △EBD에서

∠B는 공통

∠C=∠BDE

이므로 △ABC∽△EBD (AA 닮음)

이때 닮음비는 $\overline{AB}$: $\overline{EB}$=20 : 16=5 : 4이므로

$\overline{AC}$: $\overline{ED}$=5 : 4, 15 : x=5 : 4

$5x$=60, x=12

02 △ABC와 △EDC에서

∠C는 공통

∠A=∠DEC

이므로 △ABC∽△EDC (AA 닮음)

이때 닮음비는 $\overline{AB}$: $\overline{ED}$=18 : 12=3 : 2이므로

$\overline{BC}$: $\overline{DC}$=3 : 2, 21 : x=3 : 2

$3x$=42, x=14

03 △ABC와 △AED에서

∠A는 공통

∠B=∠AED

이므로 △ABC∽△AED (AA 닮음)

이때 닮음비는 $\overline{AB}$: $\overline{AE}$=25 : 15=5 : 3이므로

$\overline{AC}$: $\overline{AD}$=5 : 3, (15+x) : 12=5 : 3

$3(15+x)$=60, $45+3x$=60

$3x$=15, x=5

04 △ABC와 △DBA에서

∠B는 공통

∠C=∠BAD

이므로 △ABC∽△DBA (AA 닮음)

이때 닮음비는 $\overline{BC}$: $\overline{BA}$=24 : 12=2 : 1이므로

$\overline{AB}$: $\overline{DB}$=2 : 1, 12 : x=2 : 1

$2x$=12, x=6

05 △ABC와 △ADB에서

∠A는 공통

∠C=∠ABD

이므로 △ABC∽△ADB (AA 닮음)

이때 닮음비는 $\overline{AB}$: $\overline{AD}$=20 : 16=5 : 4이므로

$\overline{AC}$: $\overline{AB}$=5 : 4, (16+x) : 20=5 : 4

$4(16+x)$=100, $64+4x$=100

$4x$=36, x=9

06 △ABC와 △ACD에서

∠A는 공통

∠B=∠ACD

이므로 △ABC∽△ACD (AA 닮음)

이때 닮음비는 $\overline{AC}:\overline{AD}=12:9=4:3$

$\overline{AB}:\overline{AC}=4:3$에서 $(9+x):12=4:3$

$3(9+x)=48$, $27+3x=48$

$3x=21$, $x=7$

$\overline{BC}:\overline{CD}=4:3$에서 $20:y=4:3$

$4y=60$, $y=15$

따라서 $x+y=7+15=22$

---

07 직각삼각형의 닮음　　　　| 69~70쪽 |

01 9	02 12	03 20	04 7	05 16
06 4	07 $\dfrac{25}{3}$	08 12	09 12	10 10
11 13	12 ②			

01 △ABC와 △EBD에서

∠A=∠BED=90°

∠B는 공통

이므로 △ABC∽△EBD (AA 닮음)

이때 닮음비는 $\overline{BC}:\overline{BD}=20:15=4:3$이므로

$\overline{AC}:\overline{ED}=4:3$, $12:x=4:3$

$4x=36$, $x=9$

02 △ABC와 △DEC에서

∠B=∠DEC=90°

∠C는 공통

이므로 △ABC∽△DEC (AA 닮음)

이때 닮음비는 $\overline{AB}:\overline{DE}=12:4=3:1$이므로

$\overline{AC}:\overline{DC}=3:1$, $(x+3):5=3:1$

$x+3=15$, $x=12$

03 △ABC와 △EDC에서

∠BAC=∠DEC=90°

∠C는 공통

이므로 △ABC∽△EDC (AA 닮음)

이때 닮음비는 $\overline{AC}:\overline{EC}=12:9=4:3$이므로

$\overline{BC}:\overline{DC}=4:3$, $x:(3+12)=4:3$

$3x=60$, $x=20$

04 △ABC와 △EBD에서

∠ACB=∠EDB=90°

∠B는 공통

이므로 △ABC∽△EBD (AA 닮음)

이때 닮음비는 $\overline{BC}:\overline{BD}=5:6$이므로

$\overline{AB}:\overline{EB}=5:6$, $(4+6):(5+x)=5:6$

$5(5+x)=60$, $25+5x=60$

$5x=35$, $x=7$

05 $\overline{AB}^2=\overline{BD}\times\overline{BC}$이므로

$8^2=4\times x$, $x=16$

06 $\overline{AB}^2=\overline{BD}\times\overline{BC}$이므로

$x^2=2\times(2+6)=16$

이때 $x>0$이므로 $x=4$

07 $\overline{AC}^2=\overline{CD}\times\overline{CB}$이므로

$5^2=3\times x$, $x=\dfrac{25}{3}$

08 $\overline{BC}^2=\overline{BD}\times\overline{BA}$이므로

$x^2=8\times(8+10)=144$

이때 $x>0$이므로 $x=12$

09 $\overline{AD}^2=\overline{BD}\times\overline{CD}$이므로

$6^2=3\times x$, $x=12$

10 $\overline{BD}^2=\overline{AD}\times\overline{CD}$이므로

$x^2=5\times20=100$

이때 $x>0$이므로 $x=10$

11 $\overline{AD}^2=\overline{BD}\times\overline{CD}$이므로

$6^2=9\times(x-9)$, $36=9x-81$

$9x=117$, $x=13$

12 $\overline{AB}^2=\overline{BD}\times\overline{BC}$이므로

$x^2=9\times25=225$

이때 $x>0$이므로 $x=15$

$\overline{AD}^2=\overline{BD}\times\overline{CD}$이므로

$y^2=9\times(25-9)=144$

이때 $y>0$이므로 $y=12$

따라서 $x+y=15+12=27$

확인문제　　　　| 71쪽 |

01 ②	02 ②, ④	03 ⑤	04 ③	05 ⑤	06 ①

01 ② 오른쪽 그림과 같은 두 원뿔은 닮은 도형이 아니다.

02 ① ∠A＝∠E＝85°

② ∠G＝∠C＝120°이므로 □EFGH에서

∠H＝360°－(85°＋120°＋60°)

＝95°

③ $\overline{AD}:\overline{EH}=\overline{CD}:\overline{GH}$이므로

$15:\overline{EH}=10:8$, $10\overline{EH}=120$

$\overline{EH}=12$

④ $\overline{AB}:\overline{EF}=\overline{CD}:\overline{GH}$이므로

$\overline{AB}:\overline{EF}=10:8$, $8\overline{AB}=10\overline{EF}$

$\overline{AB}=\dfrac{5}{4}\overline{EF}$

⑤ $\overline{BC}:\overline{FG}=\overline{CD}:\overline{GH}$

$=10:8=5:4$

따라서 옳지 않은 것은 ②, ④이다.

03 ⑤ 두 쌍의 대응변의 길이의 비가 같고, 그 끼인각의 크기가 같으므로 SAS 닮음이다.

04 △ABC와 △CBD에서

$\overline{AC}:\overline{CD}=6:8=3:4$

∠ACB＝∠D

$\overline{BC}:\overline{BD}=12:16=3:4$

이므로 △ABC∽△CBD (SAS 닮음)

이때 닮음비는 3 : 4이므로

$\overline{AB}:\overline{CB}=3:4$, $\overline{AB}:12=3:4$

$4\overline{AB}=36$, $\overline{AB}=9$(cm)

05 △ABC와 △AED에서

∠B＝∠AED＝90°

∠A는 공통

이므로 △ABC∽△AED (AA 닮음)

이때 $\overline{AE}=\dfrac{1}{2}\overline{AC}=\dfrac{1}{2}\times12=6$(cm)이므로 닮음비는

$\overline{AB}:\overline{AE}=10:6=5:3$

$\overline{AC}:\overline{AD}=5:3$에서 $12:\overline{AD}=5:3$

$5\overline{AD}=36$, $\overline{AD}=\dfrac{36}{5}$(cm)

06 $\overline{AD}^2=\overline{BD}\times\overline{CD}$이므로

$\overline{AD}^2=9\times4=36$

이때 $\overline{AD}>0$이므로

$\overline{AD}=6$(cm)

따라서

$\triangle ABC=\dfrac{1}{2}\times\overline{BC}\times\overline{AD}$

$=\dfrac{1}{2}\times(9+4)\times6$

$=39$(cm²)

2. 닮음의 활용

01 닮은 두 평면도형의 둘레의 길이의 비와 넓이의 비 | 72~73쪽 |

01 3 : 2	**02** 3 : 2	**03** 9 : 4	**04** 1 : 3	**05** 1 : 3
06 1 : 9	**07** 4 : 3	**08** 4 : 3	**09** 16 : 9	**10** 27 cm
11 80 cm²	**12** 2 : 5	**13** 2 : 5	**14** 4 : 25	**15** 6π cm
16 125π cm²		**17** 2 : 3	**18** 4 : 9	**19** 24 cm²
20 30 cm²	**21** ⑤			

01 △ABC와 △DEF의 닮음비는

$\overline{AC}:\overline{DF}=9:6=3:2$

02 △ABC와 △DEF의 닮음비가 3 : 2이므로 둘레의 길이의 비는 3 : 2이다.

03 △ABC와 △DEF의 닮음비가 3 : 2이므로 넓이의 비는

$3^2:2^2=9:4$

04 두 원 O, O'의 반지름의 길이가 각각 4 cm, 12 cm이므로 닮음비는

$4:12=1:3$

05 두 원 O, O'의 닮음비가 1 : 3이므로 둘레의 길이의 비는 1 : 3이다.

06 두 원 O, O'의 닮음비가 1 : 3이므로 넓이의 비는

$1^2:3^2=1:9$

07 □ABCD와 □EFGH의 닮음비는

$\overline{BC}:\overline{FG}=8:6=4:3$

08 □ABCD와 □EFGH의 닮음비가 4 : 3이므로 둘레의 길이의 비는 4 : 3이다.

09 □ABCD와 □EFGH의 닮음비가 4 : 3이므로 넓이의 비는

$4^2:3^2=16:9$

10 □ABCD와 □EFGH의 둘레의 길이의 비가 4 : 3이므로 □EFGH의 둘레의 길이를 x cm라 하면

$36:x=4:3$, $4x=108$

$x=27$

따라서 □EFGH의 둘레의 길이는 27 cm이다.

11 □ABCD와 □EFGH의 넓이의 비가 16 : 9이므로 □ABCD의 넓이를 x cm²라 하면

$x:45=16:9$, $9x=720$

$x=80$

따라서 □ABCD의 넓이는 80 cm²이다.

12 두 원 O, O'의 반지름의 길이의 비가 2 : 5이므로 닮음비는 2 : 5이다.

13 두 원 O, O'의 닮음비가 2 : 5이므로 둘레의 길이의 비는 2 : 5 이다.

14 두 원 O, O'의 닮음비가 2 : 5이므로 넓이의 비는
$2^2 : 5^2 = 4 : 25$

15 두 원 O, O'의 둘레의 길이의 비가 2 : 5이므로
원 O의 둘레의 길이를 x cm라 하면
$x : 15\pi = 2 : 5$, $5x = 30\pi$
$x = 6\pi$
따라서 원 O의 둘레의 길이는 6π cm이다.

16 두 원 O, O'의 넓이의 비가 4 : 25이므로
원 O'의 넓이를 x cm²라 하면
$20\pi : x = 4 : 25$, $4x = 500\pi$
$x = 125\pi$
따라서 원 O'의 넓이는 125π cm²이다.

17 △ADE와 △ABC에서
∠A는 공통
∠ADE=∠ABC (동위각)
이므로 △ADE∽△ABC (AA 닮음)
따라서 △ADE와 △ABC의 닮음비는
$\overline{AD} : \overline{AB} = 12 : (12+6) = 2 : 3$

18 △ADE와 △ABC의 닮음비는 2 : 3이므로 넓이의 비는
$2^2 : 3^2 = 4 : 9$

19 △ADE와 △ABC의 넓이의 비가 4 : 9이므로
△ADE의 넓이를 x cm²라 하면
$x : 54 = 4 : 9$, $9x = 216$
$x = 24$
따라서 △ADE의 넓이는 24 cm²이다.

20 □DBCE=△ABC−△ADE
　　　　　=54−24=30(cm²)

21 □ABCD와 □EFGH의 닮음비는
$\overline{BC} : \overline{FG} = 8 : 10 = 4 : 5$
이므로 넓이의 비는
$4^2 : 5^2 = 16 : 25$
□EFGH의 넓이를 x cm²라 하면
$80 : x = 16 : 25$, $16x = 2000$
$x = 125$
따라서 □EFGH의 넓이는 125 cm²이다.

---

02 닮은 두 입체도형의 겉넓이의 비와 부피의 비 | 74~75쪽 |

01 2 : 3	**02** 4 : 9	**03** 4 : 9	**04** 8 : 27	**05** 5 : 4
06 5 : 4	**07** 25 : 16	**08** 25 : 16	**09** 125 : 64	
10 3 : 2	**11** 9 : 4	**12** 27 : 8	**13** 24 cm²	
14 270 cm³	**15** 1 : 3	**16** 1 : 9	**17** 1 : 27	
18 225π cm²			**19** 6π cm³	**20** ⑤

01 두 삼각기둥 A, B의 모서리의 길이의 비가
$4 : 6 = 2 : 3$
이므로 닮음비는 2 : 3이다.

02 두 삼각기둥 A, B의 닮음비가 2 : 3이므로 밑넓이의 비는
$2^2 : 3^2 = 4 : 9$

03 두 삼각기둥 A, B의 닮음비가 2 : 3이므로 겉넓이의 비는
$2^2 : 3^2 = 4 : 9$

04 두 삼각기둥 A, B의 닮음비가 2 : 3이므로 부피의 비는
$2^3 : 3^3 = 8 : 27$

05 두 원뿔 A, B의 밑면의 반지름의 길이의 비가
$10 : 8 = 5 : 4$
이므로 닮음비는 5 : 4이다.

06 두 원뿔 A, B의 닮음비가 5 : 4이므로 밑면의 둘레의 길이의 비는 5 : 4이다.

07 두 원뿔 A, B의 닮음비가 5 : 4이므로 밑넓이의 비는
$5^2 : 4^2 = 25 : 16$

08 두 원뿔 A, B의 닮음비가 5 : 4이므로 겉넓이의 비는
$5^2 : 4^2 = 25 : 16$

09 두 원뿔 A, B의 닮음비가 5 : 4이므로 부피의 비는
$5^3 : 4^3 = 125 : 64$

10 두 사각뿔 A, B의 모서리의 길이의 비가
$12 : 8 = 3 : 2$
이므로 닮음비는 3 : 2이다.

11 두 사각뿔 A, B의 닮음비가 3 : 2이므로 겉넓이의 비는
$3^2 : 2^2 = 9 : 4$

12 두 사각뿔 A, B의 닮음비가 3 : 2이므로 부피의 비는
$3^3 : 2^3 = 27 : 8$

13 두 사각뿔 A, B의 겉넓이의 비가 9 : 4이므로
사각뿔 B의 겉넓이를 x cm²라 하면
$54 : x = 9 : 4$, $9x = 216$
$x = 24$
따라서 사각뿔 B의 겉넓이는 24 cm²이다.

14 두 사각뿔 A, B의 부피의 비가 27 : 8이므로
사각뿔 A의 부피를 x cm³라 하면
$x : 80 = 27 : 8$, $8x = 2160$
$x = 270$
따라서 사각뿔 A의 부피는 270 cm³이다.

15 두 원기둥 A, B의 높이의 비가 3 : 9 = 1 : 3이므로 닮음비는
1 : 3이다.

16 두 원기둥 A, B의 닮음비가 1 : 3이므로 겉넓이의 비는
$1^2 : 3^2 = 1 : 9$

17 두 원기둥 A, B의 닮음비가 1 : 3이므로 부피의 비는
$1^3 : 3^3 = 1 : 27$

18 두 원기둥 A, B의 겉넓이의 비가 1 : 9이므로
원기둥 B의 겉넓이를 x cm²라 하면
$25\pi : x = 1 : 9$
$x = 225\pi$
따라서 원기둥 B의 겉넓이는 225π cm²이다.

19 두 원기둥 A, B의 부피의 비가 1 : 27이므로
원기둥 A의 부피를 x cm³라 하면
$x : 162\pi = 1 : 27$, $27x = 162\pi$
$x = 6\pi$
따라서 원기둥 A의 부피는 6π cm³이다.

20 두 구 A, B의 닮음비가 2 : 5이므로 부피의 비는
$2^3 : 5^3 = 8 : 125$
구 B의 부피를 x cm³라 하면
$32 : x = 8 : 125$, $8x = 4000\pi$
$x = 500\pi$
따라서 구 B의 부피는 500π cm³이다.

03 닮음의 활용
| 76~77쪽 |

01 $\dfrac{1}{2500}$	02 $\dfrac{1}{5000}$	03 $\dfrac{1}{20000}$	04 $\dfrac{1}{50000}$	05 500 m
06 4 km	07 60 cm	08 15 cm	09 △DEF, 4 : 1	
10 4 m	11 △DBE, 2 : 5		12 3 m	13 6 m
14 9 m	15 ③			

01 $(축척) = \dfrac{2\ \text{cm}}{50\ \text{m}} = \dfrac{2\ \text{cm}}{5000\ \text{cm}}$
$\quad\quad\quad = \dfrac{1}{2500}$

02 $(축척) = \dfrac{8\ \text{cm}}{400\ \text{m}} = \dfrac{8\ \text{cm}}{40000\ \text{cm}}$
$\quad\quad\quad = \dfrac{1}{5000}$

03 $(축척) = \dfrac{10\ \text{cm}}{2\ \text{km}} = \dfrac{10\ \text{cm}}{200000\ \text{cm}}$
$\quad\quad\quad = \dfrac{1}{20000}$

04 $(축척) = \dfrac{9\ \text{cm}}{4.5\ \text{km}} = \dfrac{9\ \text{cm}}{450000\ \text{cm}}$
$\quad\quad\quad = \dfrac{1}{50000}$

05 $(실제 거리) = 5(\text{cm}) \div \dfrac{1}{10000}$
$\quad\quad\quad\quad\quad = 5(\text{cm}) \times 10000$
$\quad\quad\quad\quad\quad = 50000(\text{cm})$
$\quad\quad\quad\quad\quad = 500(\text{m})$

06 $(실제 거리) = 40(\text{cm}) \div \dfrac{1}{10000}$
$\quad\quad\quad\quad\quad = 40(\text{cm}) \times 10000$
$\quad\quad\quad\quad\quad = 400000(\text{cm})$
$\quad\quad\quad\quad\quad = 4(\text{km})$

07 $(지도에서의 거리) = 6(\text{km}) \times \dfrac{1}{10000}$
$\quad\quad\quad\quad\quad\quad = 600000(\text{cm}) \times \dfrac{1}{10000}$
$\quad\quad\quad\quad\quad\quad = 60(\text{cm})$

08 $(지도에서의 거리) = 1.5(\text{km}) \times \dfrac{1}{10000}$
$\quad\quad\quad\quad\quad\quad = 150000(\text{cm}) \times \dfrac{1}{10000}$
$\quad\quad\quad\quad\quad\quad = 15(\text{cm})$

09 △ABC와 △DEF에서
$\angle B = \angle E = 90°$
$\angle C = \angle F$
이므로 △ABC ∽ △DEF (AA 닮음)
따라서 닮음비는
$\overline{BC} : \overline{EF} = 6 : 1.5 = 4 : 1$

10 $\overline{AB} : \overline{DE} = 4 : 1$이므로
$\overline{AB} : 1 = 4 : 1$, $\overline{AB} = 4(\text{m})$
따라서 가로등의 높이는 4 m이다.

정답과 풀이

11 △ABC와 △DBE에서
∠BCA=∠E=90°
∠B는 공통
이므로 △ABC∽△DBE (AA 닮음)
따라서 닮음비는
$\overline{BC}:\overline{BE}=2:(2+3)=2:5$

12 $\overline{AC}:\overline{DE}=2:5$이므로
$1.2:\overline{DE}=2:5$, $2\overline{DE}=6$
$\overline{DE}=3(m)$
따라서 나무의 높이는 3 m이다.

13 △ABC와 △ADE에서
∠ABC=∠ADE=90°
∠A는 공통
이므로 △ABC∽△ADE (AA 닮음)
이때 닮음비는 $\overline{AB}:\overline{AD}=4:(4+8)=1:3$이므로
$\overline{CB}:\overline{ED}=1:3$, $2:\overline{ED}=1:3$
$\overline{ED}=6(m)$
따라서 건물의 높이는 6 m이다.

14 △ABC와 △DEC에서
∠ABC=∠DEC=90°
∠ACB=∠DCE
이므로 △ABC∽△DEC (AA 닮음)
이때 닮음비는 $\overline{BC}:\overline{EC}=6:1.2=5:1$이므로
$\overline{AB}:\overline{DE}=5:1$, $\overline{AB}:1.8=5:1$
$\overline{AB}=9(m)$
따라서 전봇대의 높이는 9 m이다.

15 △ABC와 △DEF에서
∠C=∠F=90°
∠B=∠E
이므로 △ABC∽△DEF (AA 닮음)
이때 닮음비는 $\overline{BC}:\overline{EF}=3:4.5=2:3$이므로
$\overline{AC}:\overline{DF}=2:3$, $1.6:\overline{DF}=2:3$
$2\overline{DF}=4.8$, $\overline{DF}=2.4(m)$
따라서 탑의 높이는 2.4 m이다.

확인문제 | 78쪽 |

01 ③ **02** ⑤ **03** ③ **04** ① **05** ④ **06** ②

01 △ABC와 △DEF의 닮음비는
$\overline{BC}:\overline{EF}=12:4=3:1$
이므로 넓이의 비는
$3^2:1^2=9:1$
△DEF의 넓이를 x cm²라 하면
$72:x=9:1$, $9x=72$
$x=8$
따라서 △DEF의 넓이는 8 cm²이다.

02 △ADE와 △ABC에서
∠A는 공통
∠ADE=∠ABC (동위각)
이므로 △ADE∽△ABC (AA 닮음)
이때 닮음비는 $\overline{AD}:\overline{AB}=6:(6+9)=2:5$
이므로 넓이의 비는
$2^2:5^2=4:25$
△ADE의 넓이를 x cm²라 하면
$x:75=4:25$, $25x=300$
$x=12$
따라서 △ADE의 넓이가 12 cm²이므로
$\square DBCE=\triangle ABC-\triangle ADE$
$=75-12=63(cm^2)$

03 두 사각뿔의 겉넓이의 비가 $81:25=9^2:5^2$이므로 닮음비는
9 : 5이다.

04 두 캔 A, B의 닮음비가 2 : 3이므로 부피의 비는
$2^3:3^3=8:27$
캔 A의 부피를 x cm³라 하면
$x:135=8:27$, $27x=1080$
$x=40$
따라서 캔 A의 부피는 40 cm³이다.

05 (실제 거리)$=25(cm)\div\dfrac{1}{20000}$
$=25(cm)\times20000$
$=500000(cm)=5(km)$

06 △ABE와 △DCE에서
∠A=∠D=90°
∠AEB=∠DEC (맞꼭지각)
이므로 △ABE∽△DCE (AA 닮음)
이때 닮음비는 $\overline{AE}:\overline{DE}=8:3$이므로
$\overline{AB}:\overline{DC}=8:3$, $\overline{AB}:4.5=8:3$
$3\overline{AB}=36$, $\overline{AB}=12(m)$
따라서 두 지점 A, B 사이의 거리는 12 m이다.

4 평행선 사이의 선분의 길이의 비

1. 평행선 사이의 선분의 길이의 비

01 삼각형에서 평행선과 선분의 길이의 비 | 80~81쪽 |

01 5	02 12	03 6	04 6	05 2
06 15	07 9	08 10	09 4	10 12
11 7	12 12	13 6	14 $x=12$, $y=20$	
15 $x=14$, $y=6$		16 ④		

01 $\overline{AB} : \overline{AD} = \overline{AC} : \overline{AE}$이므로
$x : 15 = 4 : 12$, $12x = 60$
따라서 $x = 5$

02 $\overline{AB} : \overline{AD} = \overline{AC} : \overline{AE}$이므로
$8 : 6 = x : 9$, $6x = 72$
따라서 $x = 12$

03 $\overline{AB} : \overline{AD} = \overline{BC} : \overline{DE}$이므로
$2 : 4 = 3 : x$, $2x = 12$
따라서 $x = 6$

04 $\overline{AB} : \overline{AD} = \overline{BC} : \overline{DE}$이므로
$(3+2) : 3 = 10 : x$, $5x = 30$
따라서 $x = 6$

05 $\overline{AC} : \overline{AE} = \overline{BC} : \overline{DE}$이므로
$8 : (8+x) = 12 : 15$, $12(8+x) = 120$
$96 + 12x = 120$, $12x = 24$
따라서 $x = 2$

06 $\overline{AB} : \overline{AD} = \overline{AC} : \overline{AE}$이므로
$9 : 3 = x : 5$, $3x = 45$
따라서 $x = 15$

07 $\overline{AB} : \overline{AD} = \overline{BC} : \overline{DE}$이므로
$10 : 6 = 15 : x$, $10x = 90$
따라서 $x = 9$

08 $\overline{AD} : \overline{DB} = \overline{AE} : \overline{EC}$이므로
$3 : 6 = 5 : x$, $3x = 30$
따라서 $x = 10$

09 $\overline{AD} : \overline{DB} = \overline{AE} : \overline{EC}$이므로
$12 : x = 18 : 6$, $18x = 72$
따라서 $x = 4$

10 $\overline{AD} : \overline{DB} = \overline{AE} : \overline{EC}$이므로
$x : 3 = 16 : 4$, $4x = 48$
따라서 $x = 12$

11 $\overline{AD} : \overline{DB} = \overline{AE} : \overline{EC}$이므로
$21 : x = (10+5) : 5$, $15x = 105$
따라서 $x = 7$

12 $\overline{AD} : \overline{DB} = \overline{AE} : \overline{EC}$이므로
$2 : 8 = 3 : x$, $2x = 24$
따라서 $x = 12$

13 $\overline{AD} : \overline{DB} = \overline{AE} : \overline{EC}$이므로
$x : 15 = 4 : 10$, $10x = 60$
따라서 $x = 6$

14 $\overline{AB} : \overline{AD} = \overline{AC} : \overline{AE}$이므로
$15 : x = (8+2) : 8$, $10x = 120$
따라서 $x = 12$
$\overline{AC} : \overline{AE} = \overline{BC} : \overline{DE}$이므로
$(8+2) : 8 = y : 16$, $8y = 160$
따라서 $y = 20$

15 $\overline{AB} : \overline{AD} = \overline{BC} : \overline{DE}$이므로
$8 : 4 = x : 7$, $4x = 56$
따라서 $x = 14$
$\overline{AD} : \overline{DB} = \overline{AE} : \overline{EC}$이므로
$4 : (4+8) = y : 18$, $12y = 72$
따라서 $y = 6$

16 $\overline{AB} : \overline{AD} = \overline{BC} : \overline{DE}$이므로
$(6+4) : 6 = 15 : x$
$10x = 90$, $x = 9$
$\overline{AD} : \overline{DB} = \overline{AE} : \overline{EC}$이므로
$6 : 4 = y : 6$
$4y = 36$, $y = 9$
따라서 $x + y = 9 + 9 = 18$

02 선분의 길이의 비를 이용하여 평행선 찾기 | 82쪽 |

01 ○	02 ×	03 ×	04 ○	05 ○
06 ×	07 ○			

01 $\overline{AB} : \overline{AD} = 5 : 10 = 1 : 2$
$\overline{AC} : \overline{AE} = 6 : 12 = 1 : 2$
따라서 $\overline{AB} : \overline{AD} = \overline{AC} : \overline{AE}$이므로 $\overline{BC} /\!/ \overline{DE}$이다.

02 $\overline{AB} : \overline{AD} = 12 : 9 = 4 : 3$
$\overline{AC} : \overline{AE} = (8+3) : 8 = 11 : 8$
따라서 $\overline{AB} : \overline{AD} \neq \overline{AC} : \overline{AE}$이므로 $\overline{BC}$와 $\overline{DE}$는 평행하지 않다.

03 $\overline{AB}:\overline{AD}=8:6=4:3$
$\overline{AC}:\overline{AE}=15:9=5:3$
따라서 $\overline{AB}:\overline{AD}\neq\overline{AC}:\overline{AE}$이므로 $\overline{BC}$와 $\overline{DE}$는 평행하지 않다.

04 $\overline{AD}:\overline{DB}=12:4=3:1$
$\overline{AE}:\overline{EC}=18:6=3:1$
따라서 $\overline{AD}:\overline{DB}=\overline{AE}:\overline{EC}$이므로 $\overline{BC}\,/\!/\,\overline{DE}$이다.

05 $\overline{AD}:\overline{DB}=16:4=4:1$
$\overline{AE}:\overline{EC}=(15-3):3=12:3=4:1$
따라서 $\overline{AD}:\overline{DB}=\overline{AE}:\overline{EC}$이므로 $\overline{BC}\,/\!/\,\overline{DE}$이다.

06 $\overline{AD}:\overline{DB}=15:12=5:4$
$\overline{AE}:\overline{EC}=18:14=9:7$
따라서 $\overline{AD}:\overline{DB}\neq\overline{AE}:\overline{EC}$이므로 $\overline{BC}$와 $\overline{DE}$는 평행하지 않다.

07 $\overline{AD}:\overline{DB}=6:(6+8)=6:14=3:7$
$\overline{AE}:\overline{EC}=9:21=3:7$
따라서 $\overline{AD}:\overline{DB}=\overline{AE}:\overline{EC}$이므로 $\overline{BC}\,/\!/\,\overline{DE}$이다.

03 삼각형의 내각의 이등분선 | 83쪽 |

01 10	02 6	03 12	04 22	05 28 cm²
06 45 cm²	07 4 cm			

01 $\overline{AB}:\overline{AC}=\overline{BD}:\overline{CD}$이므로
$14:7=x:5,\ 7x=70$
따라서 $x=10$

02 $\overline{AB}:\overline{AC}=\overline{BD}:\overline{CD}$이므로
$9:x=6:4,\ 6x=36$
따라서 $x=6$

03 $\overline{AB}:\overline{AC}=\overline{BD}:\overline{CD}$이므로
$x:15=(9-5):5,\ 5x=60$
따라서 $x=12$

04 $\overline{AB}:\overline{AC}=\overline{BD}:\overline{CD}$이므로
$12:21=8:(x-8)$
$12(x-8)=168$
$12x-96=168,\ 12x=264$
따라서 $x=22$

05 $\overline{BD}:\overline{CD}=\overline{AB}:\overline{AC}=9:12=3:4$
즉, $\triangle ABD:\triangle ACD=3:4$이므로
$\triangle ACD=49\times\dfrac{4}{3+4}=28(cm^2)$

06 $\overline{BD}:\overline{CD}=\overline{AB}:\overline{AC}=10:8=5:4$
즉, $\triangle ABD:\triangle ACD=5:4$이므로
$\triangle ABD:36=5:4,\ 4\triangle ABD=180$
따라서 $\triangle ABD=45(cm^2)$

07 $\overline{AB}:\overline{AC}=\overline{BD}:\overline{CD}$이므로
$6:9=\overline{BD}:(10-\overline{BD})$
$9\overline{BD}=6(10-\overline{BD})$
$9\overline{BD}=60-6\overline{BD},\ 15\overline{BD}=60$
따라서 $\overline{BD}=4(cm)$

04 삼각형의 외각의 이등분선 | 84쪽 |

01 6	02 12	03 4	04 14	05 9
06 6	07 8	08 6	09 ③	

01 $\overline{AB}:\overline{AC}=\overline{BD}:\overline{CD}$이므로
$10:x=20:12,\ 20x=120$
따라서 $x=6$

02 $\overline{AB}:\overline{AC}=\overline{BD}:\overline{CD}$이므로
$8:4=x:6,\ 4x=48$
따라서 $x=12$

03 $\overline{AB}:\overline{AC}=\overline{BD}:\overline{CD}$이므로
$6:x=18:12,\ 18x=72$
따라서 $x=4$

04 $\overline{AB}:\overline{AC}=\overline{BD}:\overline{CD}$이므로
$x:12=21:18,\ 18x=252$
따라서 $x=14$

05 $\overline{AB}:\overline{AC}=\overline{BD}:\overline{CD}$이므로
$x:6=(5+10):10,\ 10x=90$
따라서 $x=9$

06 $\overline{AB}:\overline{AC}=\overline{BD}:\overline{CD}$이므로
$8:x=(4+12):12,\ 16x=96$
따라서 $x=6$

07 $\overline{AB}:\overline{AC}=\overline{BD}:\overline{CD}$이므로
$9:3=(x+4):4,\ 3(x+4)=36$
$3x+12=36,\ 3x=24$
따라서 $x=8$

08 $\overline{AB} : \overline{AC} = \overline{BD} : \overline{CD}$이므로
$5 : 3 = 15 : (15-x)$, $5(15-x) = 45$
$75 - 5x = 45$, $-5x = -30$
따라서 $x = 6$

09 $\overline{AB} : \overline{AC} = \overline{BD} : \overline{CD}$이므로
$6 : 4 = (3 + \overline{CD}) : \overline{CD}$
$6\overline{CD} = 4(3 + \overline{CD})$
$6\overline{CD} = 12 + 4\overline{CD}$, $2\overline{CD} = 12$
따라서 $\overline{CD} = 6(\text{cm})$

---

05 평행선 사이의 선분의 길이의 비 | 85~86쪽 |

01 8	**02** 6	**03** 15	**04** 6	**05** 16
06 15	**07** 10	**08** 12	**09** ④	

10 $x=4$, $y=14$ **11** $x=7$, $y=24$

12 $x=10$, $y=8$ **13** $x=10$, $y=\dfrac{20}{3}$

14 $x=12$, $y=20$ **15** $x=6$, $y=4$

16 $x=12$, $y=4$ **17** $x=5$, $y=2$

18 $x=1$, $y=12$ **19** ⑤

---

01 $9 : 12 = 6 : x$이므로 $9x = 72$
따라서 $x = 8$

02 $x : 18 = 5 : 15$이므로 $15x = 90$
따라서 $x = 6$

03 $10 : 4 = x : 6$이므로 $4x = 60$
따라서 $x = 15$

04 $6 : 9 = 4 : x$이므로 $6x = 36$
따라서 $x = 6$

05 $12 : 15 = x : 20$이므로 $15x = 240$
따라서 $x = 16$

06 $x : 9 = 10 : 6$이므로 $6x = 90$
따라서 $x = 15$

07 $2 : (7-2) = 4 : x$이므로
$2 : 5 = 4 : x$, $2x = 20$
따라서 $x = 10$

08 $8 : x = 12 : (30-12)$이므로
$8 : x = 12 : 18$, $12x = 144$
따라서 $x = 12$

09 $8 : (x-8) = 7 : 14$이므로
$7(x-8) = 112$
$7x - 56 = 112$, $7x = 168$
따라서 $x = 24$

10 $5 : 10 = x : 8$이므로
$10x = 40$, $x = 4$
$5 : 10 = 7 : y$이므로
$5y = 70$, $y = 14$

11 $x : 21 = 5 : 15$이므로
$15x = 105$, $x = 7$
$8 : y = 5 : 15$이므로
$5y = 120$, $y = 24$

12 $4 : x = 6 : 15$이므로
$6x = 60$, $x = 10$
$6 : 15 = y : 20$이므로
$15y = 120$, $y = 8$

13 $3 : (8-3) = 6 : x$이므로
$3 : 5 = 6 : x$
$3x = 30$, $x = 10$
$3 : (8-3) = 4 : y$이므로
$3 : 5 = 4 : y$
$3y = 20$, $y = \dfrac{20}{3}$

14 $x : (15-x) = 16 : 4$이므로
$4x = 16(15-x)$
$4x = 240 - 16x$
$20x = 240$, $x = 12$
$16 : 4 = y : 5$이므로
$4y = 80$, $y = 20$

15 $3 : x = 6 : 12$이므로
$6x = 36$, $x = 6$
$6 : 2 = 12 : y$이므로
$6y = 24$, $y = 4$

16 $12 : 9 = 16 : x$이므로
$12x = 144$, $x = 12$
$12 : y = 9 : 3$이므로
$9y = 36$, $y = 4$

17 $x : 2 = 10 : 4$이므로
$4x = 20$, $x = 5$
$4 : (8-4) = 2 : y$이므로
$4 : 4 = 2 : y$
$4y = 8$, $y = 2$

18 $2:6=x:3$이므로
$6x=6, x=1$
$6:y=3:(9-3)$이므로
$6:y=3:6$
$3y=36, y=12$

19 $\overline{AB}:\overline{BC}=\overline{AG}:\overline{GF}$이므로
$x:(15-x)=3:2, 2x=3(15-x)$
$2x=45-3x, 5x=45, x=9$
$\overline{DE}:\overline{EF}=\overline{AG}:\overline{GF}$이므로
$y:4=3:2, 2y=12, y=6$
따라서 $xy=9\times6=54$

---

06 사다리꼴에서 평행선과 선분의 길이의 비 (1) | 87쪽 |

01 (1) 3 (2) 6 (3) 2 (4) 5 **02** 8 **03** 9
04 6 **05** 10 **06** ②

01 (1) □AGFD가 평행사변형이므로
$\overline{GF}=\overline{AD}=3$
(2) □AHCD가 평행사변형이므로
$\overline{HC}=\overline{AD}=3$
따라서 $\overline{BH}=\overline{BC}-\overline{HC}=9-3=6$
(3) △ABH에서 $\overline{AE}:\overline{AB}=\overline{EG}:\overline{BH}$이므로
$2:(2+4)=\overline{EG}:6, 6\overline{EG}=12$
따라서 $\overline{EG}=2$
(4) $\overline{EF}=\overline{EG}+\overline{GF}=2+3=5$

02 □AGFD, □AHCD가 평행사변형이므로
$\overline{GF}=\overline{HC}=\overline{AD}=5$
즉, $\overline{BH}=\overline{BC}-\overline{HC}=12-5=7$
△ABH에서 $\overline{AE}:\overline{AB}=\overline{EG}:\overline{BH}$이므로
$3:(3+4)=\overline{EG}:7$
$7\overline{EG}=21, \overline{EG}=3$
따라서 $\overline{EF}=\overline{EG}+\overline{GF}=3+5=8$

03 □AGFD, □AHCD가 평행사변형이므로
$\overline{GF}=\overline{HC}=\overline{AD}=7$
즉, $\overline{BH}=\overline{BC}-\overline{HC}=11-7=4$
△ABH에서 $\overline{AE}:\overline{AB}=\overline{EG}:\overline{BH}$이므로
$5:(5+5)=\overline{EG}:4$
$10\overline{EG}=20, \overline{EG}=2$
따라서 $\overline{EF}=\overline{EG}+\overline{GF}=2+7=9$

04 오른쪽 그림과 같이 꼭짓점 A를 지나고 $\overline{DC}$에 평행한 직선을 그어 $\overline{EF}$, $\overline{BC}$와의 교점을 각각 G, H라 하자.
□AGFD, □AHCD가 평행사변형이므로
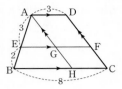
$\overline{GF}=\overline{HC}=\overline{AD}=3$
즉, $\overline{BH}=\overline{BC}-\overline{HC}=8-3=5$
△ABH에서 $\overline{AE}:\overline{AB}=\overline{EG}:\overline{BH}$이므로
$3:(3+2)=\overline{EG}:5$
$5\overline{EG}=15, \overline{EG}=3$
따라서 $\overline{EF}=\overline{EG}+\overline{GF}=3+3=6$

05 오른쪽 그림과 같이 꼭짓점 A를 지나고 $\overline{DC}$에 평행한 직선을 그어 $\overline{EF}$, $\overline{BC}$와의 교점을 각각 G, H라 하자.
□AGFD, □AHCD가 평행사변형이므로
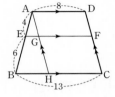
$\overline{GF}=\overline{HC}=\overline{AD}=8$
즉, $\overline{BH}=\overline{BC}-\overline{HC}=13-8=5$
△ABH에서 $\overline{AE}:\overline{AB}=\overline{EG}:\overline{BH}$이므로
$4:(4+6)=\overline{EG}:5$
$10\overline{EG}=20, \overline{EG}=2$
따라서 $\overline{EF}=\overline{EG}+\overline{GF}=2+8=10$

06 □AGFD, □AHCD가 평행사변형이므로
$\overline{GF}=\overline{HC}=\overline{AD}=10(cm)$
즉, $\overline{BH}=\overline{BC}-\overline{HC}=18-10=8(cm)$
△ABH에서 $\overline{AE}:\overline{AB}=\overline{EG}:\overline{BH}$이므로
$12:(12+4)=\overline{EG}:8$
$16\overline{EG}=96, \overline{EG}=6(cm)$
따라서 $x=6, y=10$이므로
$y-x=10-6=4$

---

07 사다리꼴에서 평행선과 선분의 길이의 비 (2) | 88쪽 |

01 (1) 8 (2) 3 (3) 11 **02** 11 **03** 8 **04** 7
05 13 **06** ③

01 (1) △ABC에서 $\overline{AE}:\overline{AB}=\overline{EG}:\overline{BC}$이므로
$6:(6+3)=\overline{EG}:12, 9\overline{EG}=72$
따라서 $\overline{EG}=8$
(2) △ACD에서 $\overline{CG}:\overline{CA}=\overline{GF}:\overline{AD}$이므로
$3:(3+6)=\overline{GF}:9, 9\overline{GF}=27$
따라서 $\overline{GF}=3$
(3) $\overline{EF}=\overline{EG}+\overline{GF}=8+3=11$

02 △ABC에서 $\overline{AE}:\overline{AB}=\overline{EG}:\overline{BC}$이므로

$3:(3+5)=\overline{EG}:16$, $8\overline{EG}=48$, $\overline{EG}=6$

△ACD에서 $\overline{CG}:\overline{CA}=\overline{GF}:\overline{AD}$이므로

$5:(5+3)=\overline{GF}:8$, $8\overline{GF}=40$, $\overline{GF}=5$

따라서 $\overline{EF}=\overline{EG}+\overline{GF}=6+5=11$

03 △ABC에서 $\overline{AE}:\overline{AB}=\overline{EG}:\overline{BC}$이므로

$4:(4+2)=\overline{EG}:9$, $6\overline{EG}=36$, $\overline{EG}=6$

△ACD에서 $\overline{CG}:\overline{CA}=\overline{GF}:\overline{AD}$이므로

$2:(2+4)=\overline{GF}:6$, $6\overline{GF}=12$, $\overline{GF}=2$

따라서 $\overline{EF}=\overline{EG}+\overline{GF}=6+2=8$

04 오른쪽 그림과 같이 $\overline{AC}$를 긋고 $\overline{AC}$와 $\overline{EF}$의 교점을 G라 하자.

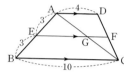

△ABC에서

$\overline{AE}:\overline{AB}=\overline{EG}:\overline{BC}$이므로

$3:(3+3)=\overline{EG}:10$, $6\overline{EG}=30$, $\overline{EG}=5$

△ACD에서 $\overline{CG}:\overline{CA}=\overline{GF}:\overline{AD}$이므로

$3:(3+3)=\overline{GF}:4$, $6\overline{GF}=12$, $\overline{GF}=2$

따라서 $\overline{EF}=\overline{EG}+\overline{GF}=5+2=7$

05 오른쪽 그림과 같이 $\overline{AC}$를 긋고 $\overline{AC}$와 $\overline{EF}$의 교점을 G라 하자.

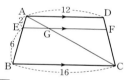

△ABC에서

$\overline{AE}:\overline{AB}=\overline{EG}:\overline{BC}$이므로

$2:(2+6)=\overline{EG}:16$, $8\overline{EG}=32$, $\overline{EG}=4$

△ACD에서 $\overline{CG}:\overline{CA}=\overline{GF}:\overline{AD}$이므로

$6:(6+2)=\overline{GF}:12$, $8\overline{GF}=72$, $\overline{GF}=9$

따라서 $\overline{EF}=\overline{EG}+\overline{GF}=4+9=13$

06 △ABC에서 $\overline{AE}:\overline{AB}=\overline{EG}:\overline{BC}$이므로

$4:(4+8)=x:18$, $12x=72$, $x=6$

△ACD에서 $\overline{CG}:\overline{CA}=\overline{GF}:\overline{AD}$이므로

$8:(8+4)=8:y$, $8y=96$, $y=12$

따라서 $x+y=6+12=18$

---

08 평행선 사이의 선분의 길이의 비의 응용 | 89쪽 |

01 $\dfrac{9}{4}$	**02** 6	**03** 12	**04** 6	**05** 15
06 12	**07** ③			

01 $\overline{BE}:\overline{DE}=\overline{AB}:\overline{CD}=3:9=1:3$

△BCD에서 $\overline{BE}:\overline{BD}=\overline{EF}:\overline{DC}$이므로

$1:(1+3)=\overline{EF}:9$

$4\overline{EF}=9$

따라서 $\overline{EF}=\dfrac{9}{4}$

02 $\overline{BE}:\overline{DE}=\overline{AB}:\overline{CD}=10:15=2:3$

△BCD에서 $\overline{BE}:\overline{BD}=\overline{EF}:\overline{DC}$이므로

$2:(2+3)=\overline{EF}:15$

$5\overline{EF}=30$

따라서 $\overline{EF}=6$

03 $\overline{BE}:\overline{DE}=\overline{AB}:\overline{CD}=28:21=4:3$

△BCD에서 $\overline{BE}:\overline{BD}=\overline{EF}:\overline{DC}$이므로

$4:(4+3)=\overline{EF}:21$

$7\overline{EF}=84$

따라서 $\overline{EF}=12$

04 $\overline{BE}:\overline{DE}=\overline{AB}:\overline{CD}=6:8=3:4$

△BCD에서 $\overline{BE}:\overline{BD}=\overline{BF}:\overline{BC}$이므로

$3:(3+4)=x:14$, $7x=42$

따라서 $x=6$

05 $\overline{AE}:\overline{CE}=\overline{AB}:\overline{CD}=8:12=2:3$

△ABC에서 $\overline{CE}:\overline{CA}=\overline{CF}:\overline{CB}$이므로

$3:(3+2)=9:x$, $3x=45$

따라서 $x=15$

[다른 풀이]

$\overline{BE}:\overline{DE}=\overline{AB}:\overline{CD}=8:12=2:3$

△BCD에서 $\overline{BC}:\overline{CF}=\overline{BD}:\overline{DE}$이므로

$x:9=(2+3):3$, $3x=45$

따라서 $x=15$

06 △BCD에서 $\overline{BE}:\overline{BD}=\overline{EF}:\overline{DC}=3:4$이므로

$\overline{BE}:\overline{DE}=3:1$

즉, $\overline{AB}:\overline{CD}=\overline{BE}:\overline{DE}$이므로

$x:4=3:1$

따라서 $x=12$

07 $\overline{AB}$, $\overline{EF}$, $\overline{DC}$가 모두 $\overline{BC}$에 수직이므로

$\overline{AB} /\!/ \overline{EF} /\!/ \overline{DC}$

$\overline{BE}:\overline{DE}=\overline{AB}:\overline{CD}=4:8=1:2$

△BCD에서 $\overline{BE}:\overline{BD}=\overline{EF}:\overline{DC}$이므로

$1:(1+2)=\overline{EF}:8$

$3\overline{EF}=8$

따라서 $\overline{EF}=\dfrac{8}{3}$(cm)

확인문제

01 ③ **02** ①, ④ **03** ② **04** ③ **05** ④ **06** ①

01 $\overline{AB}:\overline{AD}=\overline{BC}:\overline{DE}$이므로

$x:10=18:12$, $12x=180$, $x=15$

$\overline{AC}:\overline{AE}=\overline{BC}:\overline{DE}$이므로

$(8+y):8=18:12$, $12(8+y)=144$

$96+12y=144$, $12y=48$, $y=4$

따라서 $x-y=15-4=11$

02 ① $\overline{AB}:\overline{AD}=6:3=2:1$

$\overline{AC}:\overline{AE}=8:4=2:1$

즉, $\overline{AB}:\overline{AD}=\overline{AC}:\overline{AE}$이므로 $\overline{BC}/\!/\overline{DE}$이다.

② $\overline{AB}:\overline{AD}=6:2=3:1$

$\overline{AC}:\overline{AE}=9:4$

즉, $\overline{AB}:\overline{AD}\neq\overline{AC}:\overline{AE}$이므로 $\overline{BC}$와 $\overline{DE}$는 평행하지 않다.

③ $\overline{AD}:\overline{DB}=9:3=3:1$

$\overline{AE}:\overline{EC}=4:2=2:1$

즉, $\overline{AD}:\overline{DB}\neq\overline{AE}:\overline{EC}$이므로 $\overline{BC}$와 $\overline{DE}$는 평행하지 않다.

④ $\overline{AB}:\overline{AD}=6:3=2:1$

$\overline{AC}:\overline{AE}=10:(15-10)=10:5=2:1$

즉, $\overline{AB}:\overline{AD}=\overline{AC}:\overline{AE}$이므로 $\overline{BC}/\!/\overline{DE}$이다.

⑤ $\overline{AD}:\overline{DB}=5:2$

$\overline{AE}:\overline{EC}=8:(13-8)=8:5$

즉, $\overline{AD}:\overline{DB}\neq\overline{AE}:\overline{EC}$이므로 $\overline{BC}$와 $\overline{DE}$는 평행하지 않다.

따라서 $\overline{BC}/\!/\overline{DE}$인 것은 ①, ④이다.

03 $\overline{AB}:\overline{AC}=\overline{BD}:\overline{CD}$이므로

$2x:(3x-1)=3:4$

$3(3x-1)=8x$, $9x-3=8x$

따라서 $x=3$

04 $\overline{BD}:\overline{CD}=\overline{AB}:\overline{AC}=10:6=5:3$이므로

$\triangle ABC:\triangle ACD=\overline{BC}:\overline{CD}$

$\qquad\qquad\qquad =(5-3):3=2:3$

05 $10:x=4:6$이므로 $4x=60$, $x=15$

$4:6=y:(15-y)$이므로 $6y=4(15-y)$

$6y=60-4y$, $10y=60$, $y=6$

따라서 $x+y=15+6=21$

06 $\square AGFD$, $\square AHCD$가 평행사변형이므로

$\overline{GF}=\overline{HC}=\overline{AD}=12(cm)$

즉, $\overline{EG}=\overline{EF}-\overline{GF}=18-12=6(cm)$

$\triangle ABH$에서 $\overline{AE}:\overline{AB}=\overline{EG}:\overline{BH}$이므로

$9:(9+3)=6:\overline{BH}$

$9\overline{BH}=72$, $\overline{BH}=8(cm)$

따라서 $\overline{BC}=\overline{BH}+\overline{HC}=8+12=20(cm)$

2. 삼각형의 무게중심

01 삼각형의 두 변의 중점을 연결한 선분의 성질 | 91~92쪽 |

01 6 **02** 8 **03** 14 **04** $x=60$, $y=18$
05 $x=12$, $y=55$ **06** $x=40$, $y=16$
07 76 **08** 3 **09** 8 **10** 8 **11** 18
12 $x=6$, $y=16$ **13** $x=7$, $y=10$
14 $x=10$, $y=28$ **15** $x=4$, $y=4$ **16** ④

01 $\overline{AM}=\overline{MB}$, $\overline{AN}=\overline{NC}$이므로

$\overline{MN}=\dfrac{1}{2}\overline{BC}=\dfrac{1}{2}\times12=6$

따라서 $x=6$

02 $\overline{AM}=\overline{MB}$, $\overline{AN}=\overline{NC}$이므로

$\overline{BC}=2\overline{MN}=2\times4=8$

따라서 $x=8$

03 $\overline{AM}=\overline{MB}$, $\overline{AN}=\overline{NC}$이므로

$\overline{BC}=2\overline{MN}=2\times7=14$

따라서 $x=14$

04 $\overline{AM}=\overline{MB}$, $\overline{AN}=\overline{NC}$이므로 $\overline{MN}/\!/\overline{BC}$

$\angle AMN=\angle B=60°$(동위각)이므로 $x=60$

$\overline{BC}=2\overline{MN}=2\times9=18(cm)$이므로 $y=18$

05 $\overline{AM}=\overline{MB}$, $\overline{AN}=\overline{NC}$이므로

$\overline{MN}=\dfrac{1}{2}\overline{BC}=\dfrac{1}{2}\times24=12(cm)$

즉, $x=12$

$\overline{MN}/\!/\overline{BC}$이므로 $\angle C=\angle ANM=55°$(동위각)

즉, $y=55$

06 $\overline{AM}=\overline{MB}$, $\overline{AN}=\overline{NC}$이므로 $\overline{MN}/\!/\overline{BC}$

$\angle B=\angle AMN=40°$(동위각)이므로 $x=40$

$\overline{BC}=2\overline{MN}=2\times8=16(cm)$이므로 $y=16$

07 $\overline{AM}=\overline{MB}$, $\overline{AN}=\overline{NC}$이므로

$\overline{MN}=\dfrac{1}{2}\overline{BC}=\dfrac{1}{2}\times22=11(cm)$

즉, $x=11$

$\overline{MN}/\!/\overline{BC}$이므로 $\angle ANM=\angle C=80°$(동위각)

$\triangle AMN$에서 $\angle AMN=180°-(40°+80°)=60°$

즉, $y=60$

따라서 $x+y=11+60=76$

08 $\overline{AM}=\overline{MB}$, $\overline{MN}/\!/\overline{BC}$이므로

$\overline{NC}=\overline{AN}=3$

따라서 $x=3$

09 $\overline{\mathrm{AM}}=\overline{\mathrm{MB}}$, $\overline{\mathrm{MN}}\,/\!/\,\overline{\mathrm{BC}}$이므로 $\overline{\mathrm{AN}}=\overline{\mathrm{NC}}$

$\overline{\mathrm{AN}}=\dfrac{1}{2}\overline{\mathrm{AC}}=\dfrac{1}{2}\times16=8$이므로 $x=8$

10 $\overline{\mathrm{AM}}=\overline{\mathrm{MB}}$, $\overline{\mathrm{MN}}\,/\!/\,\overline{\mathrm{BC}}$이므로 $\overline{\mathrm{AN}}=\overline{\mathrm{NC}}$

$\overline{\mathrm{AC}}=2\overline{\mathrm{NC}}=2\times4=8$이므로 $x=8$

11 $\overline{\mathrm{AM}}=\overline{\mathrm{MB}}$, $\overline{\mathrm{MN}}\,/\!/\,\overline{\mathrm{BC}}$이므로 $\overline{\mathrm{AN}}=\overline{\mathrm{NC}}$

$\overline{\mathrm{BC}}=2\overline{\mathrm{MN}}=2\times9=18$이므로 $x=18$

12 $\overline{\mathrm{AM}}=\overline{\mathrm{MB}}$, $\overline{\mathrm{MN}}\,/\!/\,\overline{\mathrm{BC}}$이므로

$\overline{\mathrm{AN}}=\overline{\mathrm{NC}}=6$

즉, $x=6$

$\overline{\mathrm{BC}}=2\overline{\mathrm{MN}}=2\times8=16$이므로 $y=16$

13 $\overline{\mathrm{AM}}=\overline{\mathrm{MB}}$, $\overline{\mathrm{MN}}\,/\!/\,\overline{\mathrm{BC}}$이므로

$\overline{\mathrm{NC}}=\overline{\mathrm{AN}}=7$

즉, $x=7$

$\overline{\mathrm{MN}}=\dfrac{1}{2}\overline{\mathrm{BC}}=\dfrac{1}{2}\times20=10$이므로 $y=10$

14 $\overline{\mathrm{AM}}=\overline{\mathrm{MB}}$, $\overline{\mathrm{MN}}\,/\!/\,\overline{\mathrm{BC}}$이므로 $\overline{\mathrm{AN}}=\overline{\mathrm{NC}}$

$\overline{\mathrm{NC}}=\dfrac{1}{2}\overline{\mathrm{AC}}=\dfrac{1}{2}\times20=10$이므로 $x=10$

$\overline{\mathrm{BC}}=2\overline{\mathrm{MN}}=2\times14=28$이므로 $y=28$

15 $\overline{\mathrm{AM}}=\overline{\mathrm{MB}}$, $\overline{\mathrm{MN}}\,/\!/\,\overline{\mathrm{BC}}$이므로 $\overline{\mathrm{AN}}=\overline{\mathrm{NC}}$

$\overline{\mathrm{AC}}=2\overline{\mathrm{AN}}=2\times2=4$이므로 $x=4$

$\overline{\mathrm{MN}}=\dfrac{1}{2}\overline{\mathrm{BC}}=\dfrac{1}{2}\times8=4$이므로 $y=4$

16 $\triangle \mathrm{ABC}$에서 $\overline{\mathrm{AB}}=\overline{\mathrm{AC}}=18(\mathrm{cm})$이므로

$\overline{\mathrm{AM}}=\dfrac{1}{2}\overline{\mathrm{AB}}=\dfrac{1}{2}\times18=9(\mathrm{cm})$

$\overline{\mathrm{AM}}=\overline{\mathrm{MB}}$, $\overline{\mathrm{MN}}\,/\!/\,\overline{\mathrm{BC}}$이므로 $\overline{\mathrm{AN}}=\overline{\mathrm{NC}}$, $\overline{\mathrm{MN}}=\dfrac{1}{2}\overline{\mathrm{BC}}$

$\overline{\mathrm{AN}}=\dfrac{1}{2}\overline{\mathrm{AC}}=\dfrac{1}{2}\times18=9(\mathrm{cm})$

$\overline{\mathrm{MN}}=\dfrac{1}{2}\overline{\mathrm{BC}}=\dfrac{1}{2}\times22=11(\mathrm{cm})$

따라서 $\triangle \mathrm{AMN}$의 둘레의 길이는

$\overline{\mathrm{AM}}+\overline{\mathrm{MN}}+\overline{\mathrm{AN}}=9+11+9=29(\mathrm{cm})$

02 삼각형의 세 변의 중점을 연결한 삼각형 | 93쪽 |

| **01** 17 | **02** 14 | **03** 16 | **04** 18 | **05** 36 |
| **06** 48 | **07** ③ | | | |

01 $(\triangle \mathrm{DEF}$의 둘레의 길이$)$

$=\overline{\mathrm{DE}}+\overline{\mathrm{EF}}+\overline{\mathrm{FD}}$

$=\dfrac{1}{2}\overline{\mathrm{AC}}+\dfrac{1}{2}\overline{\mathrm{AB}}+\dfrac{1}{2}\overline{\mathrm{BC}}$

$=\dfrac{1}{2}(\overline{\mathrm{AB}}+\overline{\mathrm{BC}}+\overline{\mathrm{CA}})$

$=\dfrac{1}{2}\times(8+12+14)=17$

02 $(\triangle \mathrm{DEF}$의 둘레의 길이$)$

$=\overline{\mathrm{DE}}+\overline{\mathrm{EF}}+\overline{\mathrm{FD}}$

$=\dfrac{1}{2}\overline{\mathrm{AC}}+\dfrac{1}{2}\overline{\mathrm{AB}}+\dfrac{1}{2}\overline{\mathrm{BC}}$

$=\dfrac{1}{2}(\overline{\mathrm{AB}}+\overline{\mathrm{BC}}+\overline{\mathrm{CA}})$

$=\dfrac{1}{2}\times(9+10+9)=14$

03 $(\triangle \mathrm{DEF}$의 둘레의 길이$)$

$=\overline{\mathrm{DE}}+\overline{\mathrm{EF}}+\overline{\mathrm{FD}}$

$=\dfrac{1}{2}\overline{\mathrm{AC}}+\dfrac{1}{2}\overline{\mathrm{AB}}+\dfrac{1}{2}\overline{\mathrm{BC}}$

$=\dfrac{1}{2}(\overline{\mathrm{AB}}+\overline{\mathrm{BC}}+\overline{\mathrm{CA}})$

$=\dfrac{1}{2}\times(7+15+10)=16$

04 $(\triangle \mathrm{ABC}$의 둘레의 길이$)$

$=\overline{\mathrm{AB}}+\overline{\mathrm{BC}}+\overline{\mathrm{CA}}$

$=2\overline{\mathrm{EF}}+2\overline{\mathrm{DF}}+2\overline{\mathrm{DE}}$

$=2(\overline{\mathrm{DE}}+\overline{\mathrm{EF}}+\overline{\mathrm{FD}})$

$=2\times(3+4+2)=18$

05 $(\triangle \mathrm{ABC}$의 둘레의 길이$)$

$=\overline{\mathrm{AB}}+\overline{\mathrm{BC}}+\overline{\mathrm{CA}}$

$=2\overline{\mathrm{EF}}+2\overline{\mathrm{DF}}+2\overline{\mathrm{DE}}$

$=2(\overline{\mathrm{DE}}+\overline{\mathrm{EF}}+\overline{\mathrm{FD}})$

$=2\times(5+5+8)=36$

06 $(\triangle \mathrm{ABC}$의 둘레의 길이$)$

$=\overline{\mathrm{AB}}+\overline{\mathrm{BC}}+\overline{\mathrm{CA}}$

$=2\overline{\mathrm{EF}}+2\overline{\mathrm{DF}}+2\overline{\mathrm{DE}}$

$=2(\overline{\mathrm{DE}}+\overline{\mathrm{EF}}+\overline{\mathrm{FD}})$

$=2\times(6+10+8)=48$

07 $(\triangle \mathrm{ABC}$의 둘레의 길이$)$

$=\overline{\mathrm{AB}}+\overline{\mathrm{BC}}+\overline{\mathrm{CA}}$

$=2\overline{\mathrm{EF}}+2\overline{\mathrm{DF}}+2\overline{\mathrm{DE}}$

$=2(\overline{\mathrm{DE}}+\overline{\mathrm{EF}}+\overline{\mathrm{FD}})$

$=2\times(\triangle \mathrm{DEF}$의 둘레의 길이$)$

$=2\times12=24(\mathrm{cm})$

03 사각형의 네 변의 중점을 연결한 사각형 | 94쪽 |

01 22	**02** 20	**03** 39	**04** 18	**05** 12
06 30	**07** ③			

04 사다리꼴의 두 변의 중점을 연결한 선분의 성질 | 95~96쪽 |

01 5	**02** 6	**03** 16	**04** 11	**05** 4
06 20	**07** ④	**08** 2	**09** 2	**10** 3
11 5	**12** 10	**13** 20	**14** 8	**15** 14
16 16 cm				

01 (□EFGH의 둘레의 길이)
$= \overline{EF} + \overline{FG} + \overline{GH} + \overline{HE}$
$= \frac{1}{2}\overline{AC} + \frac{1}{2}\overline{BD} + \frac{1}{2}\overline{AC} + \frac{1}{2}\overline{BD}$
$= \overline{AC} + \overline{BD} = 14 + 8 = 22$

02 (□EFGH의 둘레의 길이)
$= \overline{EF} + \overline{FG} + \overline{GH} + \overline{HE}$
$= \frac{1}{2}\overline{AC} + \frac{1}{2}\overline{BD} + \frac{1}{2}\overline{AC} + \frac{1}{2}\overline{BD}$
$= \overline{AC} + \overline{BD} = 10 + 10 = 20$

03 (□EFGH의 둘레의 길이)
$= \overline{EF} + \overline{FG} + \overline{GH} + \overline{HE}$
$= \frac{1}{2}\overline{AC} + \frac{1}{2}\overline{BD} + \frac{1}{2}\overline{AC} + \frac{1}{2}\overline{BD}$
$= \overline{AC} + \overline{BD} = 18 + 21 = 39$

04 직사각형 ABCD의 두 대각선의 길이는 서로 같으므로
$\overline{BD} = \overline{AC} = 9$
(□EFGH의 둘레의 길이)
$= \overline{EF} + \overline{FG} + \overline{GH} + \overline{HE}$
$= \frac{1}{2}\overline{AC} + \frac{1}{2}\overline{BD} + \frac{1}{2}\overline{AC} + \frac{1}{2}\overline{BD}$
$= \overline{AC} + \overline{BD} = 9 + 9 = 18$

05 직사각형 ABCD의 두 대각선의 길이는 서로 같으므로
$\overline{AC} = \overline{BD} = 6$
(□EFGH의 둘레의 길이)
$= \overline{EF} + \overline{FG} + \overline{GH} + \overline{HE}$
$= \frac{1}{2}\overline{AC} + \frac{1}{2}\overline{BD} + \frac{1}{2}\overline{AC} + \frac{1}{2}\overline{BD}$
$= \overline{AC} + \overline{BD} = 6 + 6 = 12$

06 직사각형 ABCD의 두 대각선의 길이는 서로 같으므로
$\overline{BD} = \overline{AC} = 15$
(□EFGH의 둘레의 길이)
$= \overline{EF} + \overline{FG} + \overline{GH} + \overline{HE}$
$= \frac{1}{2}\overline{AC} + \frac{1}{2}\overline{BD} + \frac{1}{2}\overline{AC} + \frac{1}{2}\overline{BD}$
$= \overline{AC} + \overline{BD} = 15 + 15 = 30$

07 (□EFGH의 둘레의 길이)
$= \overline{EF} + \overline{FG} + \overline{GH} + \overline{HE}$
$= \frac{1}{2}\overline{AC} + \frac{1}{2}\overline{BD} + \frac{1}{2}\overline{AC} + \frac{1}{2}\overline{BD}$
$= \overline{AC} + \overline{BD} = 26(\text{cm})$

01 $\overline{AD} /\!/ \overline{BC}$, $\overline{AM} = \overline{MB}$, $\overline{DN} = \overline{NC}$이므로
$\overline{AD} /\!/ \overline{MN} /\!/ \overline{BC}$
△ABC에서 $\overline{AM} = \overline{MB}$, $\overline{MP} /\!/ \overline{BC}$이므로
$\overline{MP} = \frac{1}{2}\overline{BC} = \frac{1}{2} \times 6 = 3$
△ACD에서 $\overline{CN} = \overline{ND}$, $\overline{PN} /\!/ \overline{AD}$이므로
$\overline{PN} = \frac{1}{2}\overline{AD} = \frac{1}{2} \times 4 = 2$
$\overline{MN} = \overline{MP} + \overline{PN} = 3 + 2 = 5$이므로
$x = 5$

02 $\overline{AD} /\!/ \overline{BC}$, $\overline{AM} = \overline{MB}$, $\overline{DN} = \overline{NC}$이므로
$\overline{AD} /\!/ \overline{MN} /\!/ \overline{BC}$
△ABC에서 $\overline{AM} = \overline{MB}$, $\overline{MP} /\!/ \overline{BC}$이므로
$\overline{MP} = \frac{1}{2}\overline{BC} = \frac{1}{2} \times 12 = 6$
$\overline{PN} = \overline{MN} - \overline{MP} = 9 - 6 = 3$
△ACD에서 $\overline{CN} = \overline{ND}$, $\overline{PN} /\!/ \overline{AD}$이므로
$\overline{AD} = 2\overline{PN} = 2 \times 3 = 6$
따라서 $x = 6$

03 $\overline{AD} /\!/ \overline{BC}$, $\overline{AM} = \overline{MB}$, $\overline{DN} = \overline{NC}$이므로
$\overline{AD} /\!/ \overline{MN} /\!/ \overline{BC}$
△ACD에서 $\overline{CN} = \overline{ND}$, $\overline{PN} /\!/ \overline{AD}$이므로
$\overline{PN} = \frac{1}{2}\overline{AD} = \frac{1}{2} \times 10 = 5$
$\overline{MP} = \overline{MN} - \overline{PN} = 13 - 5 = 8$
△ABC에서 $\overline{AM} = \overline{MB}$, $\overline{MP} /\!/ \overline{BC}$이므로
$\overline{BC} = 2\overline{MP} = 2 \times 8 = 16$
따라서 $x = 16$

04 오른쪽 그림과 같이 $\overline{AC}$를 긋고 $\overline{AC}$와 $\overline{MN}$의 교점을 P라 하자.
$\overline{AD} /\!/ \overline{BC}$, $\overline{AM} = \overline{MB}$, $\overline{DN} = \overline{NC}$이므로
$\overline{AD} /\!/ \overline{MN} /\!/ \overline{BC}$
△ABC에서 $\overline{AM} = \overline{MB}$, $\overline{MP} /\!/ \overline{BC}$이므로
$\overline{MP} = \frac{1}{2}\overline{BC} = \frac{1}{2} \times 14 = 7$
△ACD에서 $\overline{CN} = \overline{ND}$, $\overline{PN} /\!/ \overline{AD}$이므로
$\overline{PN} = \frac{1}{2}\overline{AD} = \frac{1}{2} \times 8 = 4$
$\overline{MN} = \overline{MP} + \overline{PN} = 7 + 4 = 11$이므로
$x = 11$

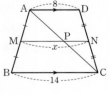

05 오른쪽 그림과 같이 $\overline{AC}$를 긋고 $\overline{AC}$와 $\overline{MN}$의 교점을 P라 하자.

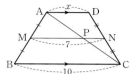

$\overline{AD} /\!/ \overline{BC}$, $\overline{AM}=\overline{MB}$, $\overline{DN}=\overline{NC}$이므로

$\overline{AD} /\!/ \overline{MN} /\!/ \overline{BC}$

$\triangle ABC$에서 $\overline{AM}=\overline{MB}$, $\overline{MP} /\!/ \overline{BC}$이므로

$\overline{MP}=\dfrac{1}{2}\overline{BC}=\dfrac{1}{2}\times 10=5$

$\overline{PN}=\overline{MN}-\overline{MP}=7-5=2$

$\triangle ACD$에서 $\overline{CN}=\overline{ND}$, $\overline{PN} /\!/ \overline{AD}$이므로

$\overline{AD}=2\overline{PN}=2\times 2=4$

따라서 $x=4$

06 오른쪽 그림과 같이 $\overline{AC}$를 긋고 $\overline{AC}$와 $\overline{MN}$의 교점을 P라 하자.

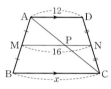

$\overline{AD} /\!/ \overline{BC}$, $\overline{AM}=\overline{MB}$, $\overline{DN}=\overline{NC}$이므로

$\overline{AD} /\!/ \overline{MN} /\!/ \overline{BC}$

$\triangle ACD$에서 $\overline{CN}=\overline{ND}$, $\overline{PN} /\!/ \overline{AD}$이므로

$\overline{PN}=\dfrac{1}{2}\overline{AD}=\dfrac{1}{2}\times 12=6$

$\overline{MP}=\overline{MN}-\overline{PN}=16-6=10$

$\triangle ABC$에서 $\overline{AM}=\overline{MB}$, $\overline{MP} /\!/ \overline{BC}$이므로

$\overline{BC}=2\overline{MP}=2\times 10=20$

따라서 $x=20$

07 $\overline{AD} /\!/ \overline{BC}$, $\overline{AM}=\overline{MB}$, $\overline{DN}=\overline{NC}$이므로

$\overline{AD} /\!/ \overline{MN} /\!/ \overline{BC}$

$\triangle ABC$에서 $\overline{AM}=\overline{MB}$, $\overline{MP} /\!/ \overline{BC}$이므로

$\overline{BC}=2\overline{MP}=2\times 4=8\,(\text{cm})$

$\triangle ACD$에서 $\overline{CN}=\overline{ND}$, $\overline{PN} /\!/ \overline{AD}$이므로

$\overline{PN}=\dfrac{1}{2}\overline{AD}=\dfrac{1}{2}\times 5=\dfrac{5}{2}\,(\text{cm})$

따라서 $x=8$, $y=\dfrac{5}{2}$이므로

$xy=8\times\dfrac{5}{2}=20$

08 $\overline{AD} /\!/ \overline{BC}$, $\overline{AM}=\overline{MB}$, $\overline{DN}=\overline{NC}$이므로

$\overline{AD} /\!/ \overline{MN} /\!/ \overline{BC}$

$\triangle ABC$에서 $\overline{AM}=\overline{MB}$, $\overline{MQ} /\!/ \overline{BC}$이므로

$\overline{MQ}=\dfrac{1}{2}\overline{BC}=\dfrac{1}{2}\times 8=4$

$\triangle ABD$에서 $\overline{AM}=\overline{MB}$, $\overline{MP} /\!/ \overline{AD}$이므로

$\overline{MP}=\dfrac{1}{2}\overline{AD}=\dfrac{1}{2}\times 4=2$

$\overline{PQ}=\overline{MQ}-\overline{MP}=4-2=2$이므로

$x=2$

09 $\overline{AD} /\!/ \overline{BC}$, $\overline{AM}=\overline{MB}$, $\overline{DN}=\overline{NC}$이므로

$\overline{AD} /\!/ \overline{MN} /\!/ \overline{BC}$

$\triangle ABC$에서 $\overline{AM}=\overline{MB}$, $\overline{MQ} /\!/ \overline{BC}$이므로

$\overline{MQ}=\dfrac{1}{2}\overline{BC}=\dfrac{1}{2}\times 13=\dfrac{13}{2}$

$\triangle ABD$에서 $\overline{AM}=\overline{MB}$, $\overline{MP} /\!/ \overline{AD}$이므로

$\overline{MP}=\dfrac{1}{2}\overline{AD}=\dfrac{1}{2}\times 9=\dfrac{9}{2}$

$\overline{PQ}=\overline{MQ}-\overline{MP}=\dfrac{13}{2}-\dfrac{9}{2}=\dfrac{4}{2}=2$이므로

$x=2$

10 $\overline{AD} /\!/ \overline{BC}$, $\overline{AM}=\overline{MB}$, $\overline{DN}=\overline{NC}$이므로

$\overline{AD} /\!/ \overline{MN} /\!/ \overline{BC}$

$\triangle ABC$에서 $\overline{AM}=\overline{MB}$, $\overline{MQ} /\!/ \overline{BC}$이므로

$\overline{MQ}=\dfrac{1}{2}\overline{BC}=\dfrac{1}{2}\times 18=9$

$\triangle ABD$에서 $\overline{AM}=\overline{MB}$, $\overline{MP} /\!/ \overline{AD}$이므로

$\overline{MP}=\dfrac{1}{2}\overline{AD}=\dfrac{1}{2}\times 12=6$

$\overline{PQ}=\overline{MQ}-\overline{MP}=9-6=3$이므로

$x=3$

11 $\overline{AD} /\!/ \overline{BC}$, $\overline{AM}=\overline{MB}$, $\overline{DN}=\overline{NC}$이므로

$\overline{AD} /\!/ \overline{MN} /\!/ \overline{BC}$

$\triangle ABC$에서 $\overline{AM}=\overline{MB}$, $\overline{MQ} /\!/ \overline{BC}$이므로

$\overline{MQ}=\dfrac{1}{2}\overline{BC}=\dfrac{1}{2}\times 24=12$

$\triangle ABD$에서 $\overline{AM}=\overline{MB}$, $\overline{MP} /\!/ \overline{AD}$이므로

$\overline{MP}=\dfrac{1}{2}\overline{AD}=\dfrac{1}{2}\times 14=7$

$\overline{PQ}=\overline{MQ}-\overline{MP}=12-7=5$이므로

$x=5$

12 $\overline{AD} /\!/ \overline{BC}$, $\overline{AM}=\overline{MB}$, $\overline{DN}=\overline{NC}$이므로

$\overline{AD} /\!/ \overline{MN} /\!/ \overline{BC}$

$\triangle ABD$에서 $\overline{AM}=\overline{MB}$, $\overline{MP} /\!/ \overline{AD}$이므로

$\overline{MP}=\dfrac{1}{2}\overline{AD}=\dfrac{1}{2}\times 6=3$

$\overline{MQ}=\overline{MP}+\overline{PQ}=3+2=5$

$\triangle ABC$에서 $\overline{AM}=\overline{MB}$, $\overline{MQ} /\!/ \overline{BC}$이므로

$\overline{BC}=2\overline{MQ}=2\times 5=10$

따라서 $x=10$

13 $\overline{AD} /\!/ \overline{BC}$, $\overline{AM}=\overline{MB}$, $\overline{DN}=\overline{NC}$이므로

$\overline{AD} /\!/ \overline{MN} /\!/ \overline{BC}$

$\triangle ABD$에서 $\overline{AM}=\overline{MB}$, $\overline{MP} /\!/ \overline{AD}$이므로

$\overline{MP}=\dfrac{1}{2}\overline{AD}=\dfrac{1}{2}\times 12=6$

$\overline{MQ}=\overline{MP}+\overline{PQ}=6+4=10$

$\triangle$ABC에서 $\overline{AM}=\overline{MB}$, $\overline{MQ}/\!/\overline{BC}$이므로
$\overline{BC}=2\overline{MQ}=2\times10=20$
따라서 $x=20$

14 $\overline{AD}/\!/\overline{BC}$, $\overline{AM}=\overline{MB}$, $\overline{DN}=\overline{NC}$이므로
$\overline{AD}/\!/\overline{MN}/\!/\overline{BC}$
$\triangle$ABC에서 $\overline{AM}=\overline{MB}$, $\overline{MQ}/\!/\overline{BC}$이므로
$\overline{MQ}=\dfrac{1}{2}\overline{BC}=\dfrac{1}{2}\times18=9$
$\overline{MP}=\overline{MQ}-\overline{PQ}=9-5=4$
$\triangle$ABD에서 $\overline{AM}=\overline{MB}$, $\overline{MP}/\!/\overline{AD}$이므로
$\overline{AD}=2\overline{MP}=2\times4=8$
따라서 $x=8$

15 $\overline{AD}/\!/\overline{BC}$, $\overline{AM}=\overline{MB}$, $\overline{DN}=\overline{NC}$이므로
$\overline{AD}/\!/\overline{MN}/\!/\overline{BC}$
$\triangle$ABC에서 $\overline{AM}=\overline{MB}$, $\overline{MQ}/\!/\overline{BC}$이므로
$\overline{MQ}=\dfrac{1}{2}\overline{BC}=\dfrac{1}{2}\times26=13$
$\overline{MP}=\overline{MQ}-\overline{PQ}=13-6=7$
$\triangle$ABD에서 $\overline{AM}=\overline{MB}$, $\overline{MP}/\!/\overline{AD}$이므로
$\overline{AD}=2\overline{MP}=2\times7=14$
따라서 $x=14$

16 $\overline{AD}/\!/\overline{BC}$, $\overline{AM}=\overline{MB}$, $\overline{DN}=\overline{NC}$이므로
$\overline{AD}/\!/\overline{MN}/\!/\overline{BC}$
$\triangle$ABD에서 $\overline{AM}=\overline{MB}$, $\overline{MP}/\!/\overline{AD}$이므로
$\overline{MP}=\dfrac{1}{2}\overline{AD}=\dfrac{1}{2}\times8=4(\text{cm})$
$\overline{MQ}=2\overline{MP}=2\times4=8(\text{cm})$
$\triangle$ABC에서 $\overline{AM}=\overline{MB}$, $\overline{MQ}/\!/\overline{BC}$이므로
$\overline{BC}=2\overline{MQ}=2\times8=16(\text{cm})$

05 삼각형의 중선
| 97쪽 |

01 $8\,\text{cm}^2$	**02** $6\,\text{cm}^2$	**03** $8\,\text{cm}^2$	**04** $18\,\text{cm}^2$	**05** $44\,\text{cm}^2$
06 $60\,\text{cm}^2$	**07** ①			

01 $\triangle$ADC$=\dfrac{1}{2}\triangle$ABC$=\dfrac{1}{2}\times16=8(\text{cm}^2)$

02 $\triangle$ABD$=\dfrac{1}{2}\triangle$ABC$=\dfrac{1}{2}\times24=12(\text{cm}^2)$
따라서 $\triangle$ABE$=\dfrac{1}{2}\triangle$ABD$=\dfrac{1}{2}\times12=6(\text{cm}^2)$

03 $\triangle$BCD$=\dfrac{1}{2}\triangle$ABC$=\dfrac{1}{2}\times32=16(\text{cm}^2)$
따라서 $\triangle$BCE$=\dfrac{1}{2}\triangle$BCD$=\dfrac{1}{2}\times16=8(\text{cm}^2)$

04 $\triangle$ABC$=2\triangle$ABD$=2\times9=18(\text{cm}^2)$

05 $\triangle$ABD$=2\triangle$BDE$=2\times11=22(\text{cm}^2)$
따라서 $\triangle$ABC$=2\triangle$ABD$=2\times22=44(\text{cm}^2)$

06 $\triangle$ADC$=2\triangle$AEC$=2\times15=30(\text{cm}^2)$
따라서 $\triangle$ABC$=2\triangle$ADC$=2\times30=60(\text{cm}^2)$

07 $\triangle$ABD$=\dfrac{1}{2}\triangle$ABC$=\dfrac{1}{2}\times36=18(\text{cm}^2)$
따라서 $\triangle$BFE$=\dfrac{1}{3}\triangle$ABD$=\dfrac{1}{3}\times18=6(\text{cm}^2)$

06 삼각형의 무게중심
| 98~100쪽 |

01 6	**02** 7	**03** 5	**04** 16	**05** 4
06 18	**07** 15	**08** 18	**09** $x=4$, $y=6$	
10 $x=18$, $y=10$		**11** $x=10$, $y=8$		
12 $x=11$, $y=8$		**13** $x=21$, $y=20$		
14 1	**15** 24	**16** 18	**17** ④	**18** 4
19 8	**20** 12	**21** 45	**22** 3	**23** 6
24 15	**25** ②			

01 점 G가 $\triangle$ABC의 무게중심이므로
$\overline{BG}:\overline{GD}=2:1$
따라서 $x:3=2:1$이므로
$x=6$

02 점 G가 $\triangle$ABC의 무게중심이므로
$\overline{CG}:\overline{GD}=2:1$
따라서 $14:x=2:1$이므로
$2x=14$, $x=7$

03 점 G가 $\triangle$ABC의 무게중심이므로 $\overline{AD}$는 $\triangle$ABC의 중선이다.
$\overline{BD}=\dfrac{1}{2}\overline{BC}=\dfrac{1}{2}\times10=5$이므로
$x=5$

04 점 G가 $\triangle$ABC의 무게중심이므로 $\overline{BD}$는 $\triangle$ABC의 중선이다.
$\overline{AC}=2\overline{CD}=2\times8=16$이므로
$x=16$

05 점 G가 $\triangle$ABC의 무게중심이므로
$\overline{AD}:\overline{GD}=3:1$
따라서 $12:x=3:1$이므로
$3x=12$, $x=4$

06 점 G가 △ABC의 무게중심이므로
$\overline{CD} : \overline{GD} = 3 : 1$
따라서 $x : 6 = 3 : 1$이므로 $x = 18$

07 점 G가 △ABC의 무게중심이므로
$\overline{BD} : \overline{BG} = 3 : 2$
따라서 $x : 10 = 3 : 2$이므로
$2x = 30, x = 15$

08 점 G가 △ABC의 무게중심이므로
$\overline{AD} : \overline{AG} = 3 : 2$
따라서 $27 : x = 3 : 2$이므로
$3x = 54, x = 18$

09 점 G가 △ABC의 무게중심이므로
$\overline{AG} : \overline{GD} = 2 : 1$
즉, $8 : x = 2 : 1$이므로
$2x = 8, x = 4$
또, $\overline{BD} = \overline{CD} = 6$이므로 $y = 6$

10 점 G가 △ABC의 무게중심이므로
$\overline{BG} : \overline{GD} = 2 : 1$
즉, $x : 9 = 2 : 1$이므로
$x = 18$
또, $\overline{AD} = \dfrac{1}{2}\overline{AC} = \dfrac{1}{2} \times 20 = 10$이므로
$y = 10$

11 점 G가 △ABC의 무게중심이므로
$\overline{AG} : \overline{GD} = 2 : 1$
즉, $x : 5 = 2 : 1$이므로
$x = 10$
또, $\overline{BG} : \overline{GE} = 2 : 1$이므로
$16 : y = 2 : 1, 2y = 16, y = 8$

12 점 G가 △ABC의 무게중심이므로
$\overline{BE} = \overline{AE} = 11$
즉, $x = 11$
또, $\overline{AD} : \overline{GD} = 3 : 1$이므로
$24 : y = 3 : 1, 3y = 24, y = 8$

13 점 G가 △ABC의 무게중심이므로
$\overline{BD} : \overline{GD} = 3 : 1$
즉, $x : 7 = 3 : 1$이므로
$x = 21$
또, $\overline{CE} : \overline{CG} = 3 : 2$이므로
$30 : y = 3 : 2, 3y = 60, y = 20$

14 $\overline{AD} = \overline{BD} = \overline{CD}$이므로
$\overline{AD} = \dfrac{1}{2}\overline{BC} = \dfrac{1}{2} \times 6 = 3$

이때 점 G가 △ABC의 무게중심이므로
$\overline{AD} : \overline{GD} = 3 : 1$
따라서 $3 : x = 3 : 1$이므로 $3x = 3, x = 1$

15 점 G가 △ABC의 무게중심이므로
$\overline{AD} : \overline{AG} = 3 : 2$
즉, $\overline{AD} : 8 = 3 : 2$이므로
$2\overline{AD} = 24, \overline{AD} = 12$
이때 $\overline{AD} = \overline{BD} = \overline{CD}$이므로
$\overline{BC} = 2\overline{AD} = 2 \times 12 = 24$
따라서 $x = 24$

16 점 G가 △ABC의 무게중심이므로
$\overline{BD} : \overline{GD} = 3 : 1$
즉, $\overline{BD} : 3 = 3 : 1$이므로 $\overline{BD} = 9$
이때 $\overline{AD} = \overline{BD} = \overline{CD}$이므로
$\overline{AC} = 2\overline{BD} = 2 \times 9 = 18$
따라서 $x = 18$

17 $\overline{AD} = \overline{BD} = \overline{CD}$이므로
$\overline{BD} = \dfrac{1}{2}\overline{AB} = \dfrac{1}{2} \times 18 = 9 (\text{cm})$
즉, $x = 9$
$\overline{CD} = \overline{BD} = 9 (\text{cm})$이고 점 G가 △ABC의 무게중심이므로
$\overline{CD} : \overline{CG} = 3 : 2$
즉, $9 : y = 3 : 2$이므로
$3y = 18, y = 6$
따라서 $x + y = 9 + 6 = 15$

18 △ABC에서 $\overline{AD} : \overline{GD} = 3 : 1$이므로
$18 : \overline{GD} = 3 : 1, 3\overline{GD} = 18, \overline{GD} = 6$
△GBC에서 $\overline{GD} : \overline{GG'} = 3 : 2$이므로
$6 : x = 3 : 2, 3x = 12, x = 4$

19 △ABC에서 $\overline{AG} : \overline{GD} = 2 : 1$이므로
$24 : \overline{GD} = 2 : 1, 2\overline{GD} = 24, \overline{GD} = 12$
△GBC에서 $\overline{GD} : \overline{GG'} = 3 : 2$이므로
$12 : x = 3 : 2, 3x = 24, x = 8$

20 △GBC에서 $\overline{GD} : \overline{G'D} = 3 : 1$이므로
$\overline{GD} : 2 = 3 : 1, \overline{GD} = 6$
△ABC에서 $\overline{AG} : \overline{GD} = 2 : 1$이므로
$x : 6 = 2 : 1, x = 12$

21 △GBC에서 $\overline{GD} : \overline{GG'} = 3 : 2$이므로
$\overline{GD} : 10 = 3 : 2, 2\overline{GD} = 30, \overline{GD} = 15$
△ABC에서 $\overline{AD} : \overline{GD} = 3 : 1$이므로
$x : 15 = 3 : 1, x = 45$

22 △ADC에서 $\overline{GF} : \overline{DC} = \overline{AG} : \overline{AD}$이므로
$2 : x = 2 : 3, 2x = 6, x = 3$

23 $\overline{BD}=\overline{DC}=9$

$\triangle ABD$에서 $\overline{EG}:\overline{BD}=\overline{AG}:\overline{AD}$이므로

$x:9=2:3$, $3x=18$, $x=6$

24 $\triangle ABD$에서 $\overline{EG}:\overline{BD}=\overline{AG}:\overline{AD}$이므로

$5:\overline{BD}=2:3$, $2\overline{BD}=15$, $\overline{BD}=\dfrac{15}{2}$

이때 $\overline{BC}=2\overline{BD}=2\times\dfrac{15}{2}=15$이므로

$x=15$

25 $\triangle ABC$에서 $\overline{AG}:\overline{GD}=2:1$이므로

$8:\overline{GD}=2:1$, $2\overline{GD}=8$, $\overline{GD}=4\,(\text{cm})$

$\triangle GBC$에서 $\overline{GD}:\overline{G'D}=3:1$이므로

$4:\overline{G'D}=3:1$, $3\overline{G'D}=4$, $\overline{G'D}=\dfrac{4}{3}\,(\text{cm})$

07 삼각형의 무게중심과 넓이 | 101쪽 |

01 $6\,\text{cm}^2$	**02** $12\,\text{cm}^2$	**03** $12\,\text{cm}^2$	**04** $18\,\text{cm}^2$
05 $15\,\text{cm}^2$	**06** $48\,\text{cm}^2$	**07** $60\,\text{cm}^2$	**08** $4\,\text{cm}^2$

01 $\triangle GAF=\dfrac{1}{6}\triangle ABC=\dfrac{1}{6}\times36=6\,(\text{cm}^2)$

02 $\triangle GCA=\dfrac{1}{3}\triangle ABC=\dfrac{1}{3}\times36=12\,(\text{cm}^2)$

03 $\square BDGF=\triangle GFB+\triangle GBD$

$\qquad=\dfrac{1}{6}\triangle ABC+\dfrac{1}{6}\triangle ABC$

$\qquad=\dfrac{1}{3}\triangle ABC$

$\qquad=\dfrac{1}{3}\times36=12\,(\text{cm}^2)$

04 $\triangle GFB+\triangle GDC+\triangle GEA$

$\qquad=\dfrac{1}{6}\triangle ABC+\dfrac{1}{6}\triangle ABC+\dfrac{1}{6}\triangle ABC$

$\qquad=\dfrac{1}{2}\triangle ABC$

$\qquad=\dfrac{1}{2}\times36=18\,(\text{cm}^2)$

05 $\triangle ABC=3\triangle GBC=3\times5=15\,(\text{cm}^2)$

06 $\triangle ABC=6\triangle GFB=6\times8=48\,(\text{cm}^2)$

07 $\square AFGE=\triangle GAF+\triangle GEA$이므로

$\triangle GAF=\triangle GEA=\dfrac{1}{2}\square AFGE$

$\qquad=\dfrac{1}{2}\times20=10\,(\text{cm}^2)$

따라서 $\triangle ABC=6\triangle GAF=6\times10=60\,(\text{cm}^2)$

08 $\triangle GED=\dfrac{1}{2}\triangle GBD=\dfrac{1}{2}\times\dfrac{1}{6}\triangle ABC$

$\qquad=\dfrac{1}{12}\triangle ABC=\dfrac{1}{12}\times48=4\,(\text{cm}^2)$

확인문제 | 102쪽 |

01 ⑤	**02** ③	**03** ②	**04** ③	**05** ④	**06** ②

01 $\overline{BM}=\overline{MA}$, $\overline{BN}=\overline{NC}$이므로

$\overline{MN}=\dfrac{1}{2}\overline{AC}=\dfrac{1}{2}\times28=14\,(\text{cm})$

즉, $x=14$

또, $\overline{MN}\,/\!/\,\overline{AC}$이므로 $\angle C=\angle MNB=46°$(동위각)

즉, $y=46$

따라서 $x+y=14+46=60$

02 ($\triangle DEF$의 둘레의 길이)

$=\overline{DE}+\overline{EF}+\overline{FD}$

$=\dfrac{1}{2}\overline{AC}+\dfrac{1}{2}\overline{AB}+\dfrac{1}{2}\overline{BC}$

$=\dfrac{1}{2}(\overline{AB}+\overline{BC}+\overline{CA})$

$=\dfrac{1}{2}\times(12+13+17)=21\,(\text{cm})$

03 오른쪽 그림과 같이 $\overline{AC}$를 긋고 $\overline{AC}$ 와 $\overline{MN}$의 교점을 P라 하자.

$\overline{AD}\,/\!/\,\overline{BC}$, $\overline{AM}=\overline{MB}$,

$\overline{DN}=\overline{NC}$이므로

$\overline{AD}\,/\!/\,\overline{MN}\,/\!/\,\overline{BC}$

$\triangle ACD$에서 $\overline{CN}=\overline{ND}$, $\overline{PN}\,/\!/\,\overline{AD}$이므로

$\overline{PN}=\dfrac{1}{2}\overline{AD}=\dfrac{1}{2}\times8=4\,(\text{cm})$

$\overline{MP}=\overline{MN}-\overline{PN}=10-4=6\,(\text{cm})$

$\triangle ABC$에서 $\overline{AM}=\overline{MB}$, $\overline{MP}\,/\!/\,\overline{BC}$이므로

$\overline{BC}=2\overline{MP}=2\times6=12\,(\text{cm})$

04 $\triangle ADC=3\triangle AEC=3\times7=21\,(\text{cm}^2)$

따라서 $\triangle ABC=2\triangle ADC=2\times21=42\,(\text{cm}^2)$

05 $\triangle GBC$에서 $\overline{GD}:\overline{G'D}=3:1$이므로

$\overline{GD}:3=3:1$, $\overline{GD}=9\,(\text{cm})$

$\triangle ABC$에서 $\overline{AD}:\overline{GD}=3:1$이므로

$\overline{AD}:9=3:1$

따라서 $\overline{AD}=27\,(\text{cm})$

06 $\triangle ABC=\dfrac{1}{2}\times6\times10=30\,(\text{cm}^2)$

따라서 $\triangle GAB=\dfrac{1}{3}\triangle ABC=\dfrac{1}{3}\times30=10\,(\text{cm}^2)$

5 피타고라스 정리

1. 피타고라스 정리 (1)

01 피타고라스 정리

| 104~107쪽 |

01 13	**02** 10	**03** 17	**04** 25	**05** 4
06 5	**07** 12	**08** 8	**09** ③	
10 $x=12$, $y=13$		**11** $x=15$, $y=8$		
12 $x=12$, $y=16$		**13** $x=24$, $y=25$		
14 $x=6$, $y=17$		**15** $x=5$, $y=20$		
16 $x=15$, $y=25$		**17** $x=9$, $y=20$		
18 11	**19** 4	**20** 21	**21** ②	**22** 13
23 15	**24** 17	**25** 25	**26** 7	**27** 11
28 6	**29** 20	**30** 13	**31** 8	**32** 8
33 ③				

01 $5^2+12^2=x^2$이므로
$x^2=25+144=169$
이때 $x>0$이므로 $x=13$

02 $6^2+8^2=x^2$이므로
$x^2=36+64=100$
이때 $x>0$이므로 $x=10$

03 $8^2+15^2=x^2$이므로
$x^2=64+225=289$
이때 $x>0$이므로 $x=17$

04 $24^2+7^2=x^2$이므로
$x^2=576+49=625$
이때 $x>0$이므로 $x=25$

05 $x^2=5^2-3^2=25-9=16$
이때 $x>0$이므로 $x=4$

06 $x^2=13^2-12^2=169-144=25$
이때 $x>0$이므로 $x=5$

07 $x^2=15^2-9^2=225-81=144$
이때 $x>0$이므로 $x=12$

08 $x^2=17^2-15^2=289-225=64$
이때 $x>0$이므로 $x=8$

09 $\overline{AC}^2=10^2-6^2=100-36=64$
이때 $\overline{AC}>0$이므로 $\overline{AC}=8$(cm)
따라서 △ABC의 넓이는
$\dfrac{1}{2}\times6\times8=24$(cm²)

10 △ADC에서
$x^2=15^2-9^2=225-81=144$
이때 $x>0$이므로 $x=12$
△ABD에서
$y^2=5^2+12^2=25+144=169$
이때 $y>0$이므로 $y=13$

11 △ABD에서
$x^2=25^2-20^2=625-400=225$
이때 $x>0$이므로 $x=15$
△ADC에서
$y^2=17^2-15^2=289-225=64$
이때 $y>0$이므로 $y=8$

12 △ADC에서
$x^2=13^2-5^2=169-25=144$
이때 $x>0$이므로 $x=12$
△ABD에서
$y^2=20^2-12^2=400-144=256$
이때 $y>0$이므로 $y=16$

13 △ABD에서
$x^2=26^2-10^2=676-100=576$
이때 $x>0$이므로 $x=24$
△ADC에서
$y^2=24^2+7^2=576+49=625$
이때 $y>0$이므로 $y=25$

14 △ADC에서
$x^2=10^2-8^2=100-64=36$
이때 $x>0$이므로 $x=6$
△ABC에서
$y^2=15^2+8^2=225+64=289$
이때 $y>0$이므로 $y=17$

15 △ABD에서
$x^2=13^2-12^2=169-144=25$
이때 $x>0$이므로 $x=5$
△ABC에서
$y^2=12^2+16^2=144+256=400$
이때 $y>0$이므로 $y=20$

16 △ADC에서
$x^2=17^2-8^2=289-64=225$
이때 $x>0$이므로 $x=15$
△ABC에서
$y^2=20^2+15^2=400+225=625$
이때 $y>0$이므로 $y=25$

17 $\triangle ABD$에서
$x^2=15^2-12^2=225-144=81$
이때 $x>0$이므로 $x=9$
$\triangle ABC$에서
$y^2=12^2+16^2=144+256=400$
이때 $y>0$이므로 $y=20$

18 $\triangle ABC$에서
$\overline{AC}^2=3^2+1^2=9+1=10$
$\triangle ACD$에서
$x^2=10+1^2=11$

19 $\triangle ABC$에서
$\overline{AC}^2=1^2+1^2=2$
$\triangle ACD$에서
$\overline{AD}^2=2+1^2=3$
$\triangle ADE$에서
$x^2=3+1^2=4$

20 $\triangle ABC$에서
$\overline{AC}^2=3^2+2^2=9+4=13$
$\triangle ACD$에서
$\overline{AD}^2=13+2^2=13+4=17$
$\triangle ADE$에서
$x^2=17+2^2=17+4=21$

21 $\triangle ABC$에서
$\overline{AC}^2=2^2+2^2=4+4=8$
$\triangle ACD$에서
$\overline{AD}^2=8+2^2=8+4=12$
$\triangle ADE$에서
$\overline{AE}^2=12+2^2=12+4=16$
이때 $\overline{AE}>0$이므로 $\overline{AE}=4(cm)$

22 오른쪽 그림과 같이 대각선 BD를 그으면 $\triangle BCD$에서
$\overline{BD}^2=12^2+5^2$
$\qquad =144+25=169$
이때 $\overline{BD}>0$이므로 $\overline{BD}=13$
따라서 직사각형 ABCD의 대각선의 길이는 13이다.

23 오른쪽 그림과 같이 대각선 AC를 그으면 $\triangle ABC$에서
$\overline{AC}^2=12^2+9^2$
$\qquad =144+81=225$
이때 $\overline{AC}>0$이므로 $\overline{AC}=15$
따라서 직사각형 ABCD의 대각선의 길이는 15이다.

24 오른쪽 그림과 같이 대각선 BD를 그으면 $\triangle BCD$에서
$\overline{BD}^2=15^2+8^2$
$\qquad =225+64=289$
이때 $\overline{BD}>0$이므로 $\overline{BD}=17$
따라서 직사각형 ABCD의 대각선의 길이는 17이다.
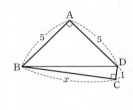

25 오른쪽 그림과 같이 대각선 AC를 그으면 $\triangle ACD$에서
$\overline{AC}^2=24^2+7^2$
$\qquad =576+49=625$
이때 $\overline{AC}>0$이므로 $\overline{AC}=25$
따라서 직사각형 ABCD의 대각선의 길이는 25이다.
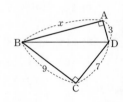

26 오른쪽 그림과 같이 $\overline{BD}$를 그으면
$\triangle ABD$에서
$\overline{BD}^2=5^2+5^2=25+25=50$
$\triangle BCD$에서
$\overline{BD}^2=x^2+1^2=x^2+1$
따라서 $x^2+1=50$이므로 $x^2=49$
이때 $x>0$이므로 $x=7$
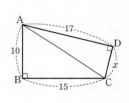

27 오른쪽 그림과 같이 $\overline{BD}$를 그으면
$\triangle ABD$에서
$\overline{BD}^2=x^2+3^2=x^2+9$
$\triangle BCD$에서
$\overline{BD}^2=9^2+7^2=81+49=130$
따라서 $x^2+9=130$이므로 $x^2=121$
이때 $x>0$이므로 $x=11$

28 오른쪽 그림과 같이 $\overline{AC}$를 그으면
$\triangle ABC$에서
$\overline{AC}^2=10^2+15^2$
$\qquad =100+225=325$
$\triangle ACD$에서
$\overline{AC}^2=17^2+x^2=289+x^2$
따라서 $289+x^2=325$이므로 $x^2=36$
이때 $x>0$이므로 $x=6$
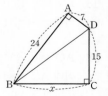

29 오른쪽 그림과 같이 $\overline{BD}$를 그으면
$\triangle ABD$에서
$\overline{BD}^2=24^2+7^2=576+49=625$
$\triangle BCD$에서
$\overline{BD}^2=x^2+15^2=x^2+225$
따라서 $x^2+225=625$이므로 $x^2=400$
이때 $x>0$이므로 $x=20$

30 오른쪽 그림과 같이 꼭짓점 A에서
$\overline{BC}$에 내린 수선의 발을 H라 하면
$\overline{AH}=\overline{DC}=12$
$\overline{HC}=\overline{AD}=10$
$\overline{BH}=\overline{BC}-\overline{HC}=15-10=5$
$\triangle ABH$에서
$x^2=5^2+12^2=25+144=169$
이때 $x>0$이므로 $x=13$

31 오른쪽 그림과 같이 꼭짓점 D에서
$\overline{BC}$에 내린 수선의 발을 H라 하면
$\overline{DH}=\overline{AB}=x$
$\overline{BH}=\overline{AD}=5$
$\overline{CH}=\overline{BC}-\overline{BH}=20-5=15$
$\triangle DHC$에서
$x^2=17^2-15^2=289-225=64$
이때 $x>0$이므로 $x=8$

32 오른쪽 그림과 같이 꼭짓점 A에서 $\overline{BC}$
에 내린 수선의 발을 H라 하면
$\overline{AH}=\overline{DC}=x$
$\overline{HC}=\overline{AD}=5$
$\overline{BH}=\overline{BC}-\overline{HC}=11-5=6$
$\triangle ABH$에서
$x^2=10^2-6^2=100-36=64$
이때 $x>0$이므로 $x=8$

33 오른쪽 그림과 같이 꼭짓점 D에서
$\overline{BC}$에 내린 수선의 발을 H라 하면
$\overline{DH}=\overline{AB}=12(\text{cm})$
$\overline{BH}=\overline{AD}=7(\text{cm})$
$\triangle DHC$에서
$\overline{HC}^2=15^2-12^2=225-144=81$
이때 $\overline{HC}>0$이므로 $\overline{HC}=9(\text{cm})$
따라서 $\overline{BC}=\overline{BH}+\overline{HC}=7+9=16(\text{cm})$

02 피타고라스 정리의 설명 – 유클리드의 방법 | 108~109쪽 |

01 60　　**02** 76　　**03** 64　　**04** 16　　**05** 144
06 225　　**07** 32 cm²　　**08** (1) 18　(2) 18　(3) 18　(4) 18
09 (1) 32　(2) 32　(3) 32　(4) 32
10 (1) 12　(2) 72　(3) 72　(4) 72　(5) 72　　　　**11** ①

01 $\Box ACDE=\Box AFGB-\Box BHIC$
$=85-25=60$

02 $\Box BHIC=\Box AFGB-\Box ACDE$
$=108-32=76$

03 $\Box AFGB=\Box ACDE+\Box BHIC$
$=43+21=64$

04 $\Box AFKJ=\Box ACDE=\overline{AC}^2$
$=4^2=16$

05 $\Box JKGB=\Box BHIC=\overline{BC}^2$
$=12^2=144$

06 $\triangle ABC$에서
$\overline{BC}^2=17^2-8^2=289-64=225$
이때 $\overline{BC}>0$이므로 $\overline{BC}=15$
따라서
$\Box JKGB=\Box BHIC=\overline{BC}^2$
$=15^2=225$

07 $\triangle ABC$에서
$\overline{AC}^2=10^2-6^2=100-36=64$
이때 $\overline{AC}>0$이므로 $\overline{AC}=8(\text{cm})$
따라서
$\triangle FKJ=\frac{1}{2}\Box AFKJ=\frac{1}{2}\Box ACDE$
$=\frac{1}{2}\times 8\times 8=32(\text{cm}^2)$

08 (1) $\triangle ACE=\frac{1}{2}\Box ACDE=\frac{1}{2}\times 6\times 6=18$
(2) $\overline{DB}\,/\!/\,\overline{EA}$이므로
$\triangle ABE=\triangle ACE=18$
(3) $\triangle ABE$와 $\triangle AFC$에서
$\overline{EA}=\overline{CA}$, $\overline{AB}=\overline{AF}$,
$\angle EAB=90°+\angle CAB=\angle CAF$
이므로 $\triangle ABE\equiv\triangle AFC$ (SAS 합동)
따라서 $\triangle AFC=\triangle ABE=18$
(4) $\overline{AF}\,/\!/\,\overline{CK}$이므로 $\triangle AFJ=\triangle AFC=18$

09 (1) $\triangle CBH=\frac{1}{2}\Box BHIC=\frac{1}{2}\times 8\times 8=32$
(2) $\overline{AI}\,/\!/\,\overline{BH}$이므로
$\triangle ABH=\triangle CBH=32$
(3) $\triangle ABH$와 $\triangle GBC$에서
$\overline{AB}=\overline{GB}$, $\overline{BH}=\overline{BC}$,
$\angle ABH=\angle ABC+90°=\angle GBC$
이므로 $\triangle ABH\equiv\triangle GBC$ (SAS 합동)
따라서 $\triangle GBC=\triangle ABH=32$
(4) $\overline{CK}\,/\!/\,\overline{BG}$이므로 $\triangle GBJ=\triangle GBC=32$

10 (1) △ABC에서
$\overline{BC}^2 = 13^2 - 5^2 = 169 - 25 = 144$
이때 $\overline{BC} > 0$이므로 $\overline{BC} = 12$

(2) △CBH $= \dfrac{1}{2} \Box BHIC = \dfrac{1}{2} \times 12 \times 12 = 72$

(3) $\overline{AI} /\!/ \overline{BH}$이므로
△ABH = △CBH = 72

(4) △ABH와 △GBC에서
$\overline{AB} = \overline{GB}$, $\overline{BH} = \overline{BC}$,
$\angle ABH = \angle ABC + 90° = \angle GBC$
이므로 △ABH ≡ △GBC (SAS 합동)
따라서 △GBC = △ABH = 72

(5) $\overline{CK} /\!/ \overline{BG}$이므로
△GBJ = △GBC = 72

11 $\overline{DB} /\!/ \overline{EA}$이므로
△ACE = △ABE
△ABE와 △AFC에서
$\overline{AE} = \overline{AC}$, $\overline{AB} = \overline{AF}$,
$\angle EAB = 90° + \angle CAB = \angle CAF$
이므로 △ABE ≡ △AFC (SAS 합동)
즉, △ABE = △AFC
$\overline{AF} /\!/ \overline{CK}$이므로
△AFC = △AFJ
따라서 △ACE = △ABE = △AFC = △AFJ이므로 넓이가
나머지 넷과 다른 하나는 ① △ABC이다.

---

03 피타고라스 정리의 설명 − 피타고라스의 방법 | 110쪽 |

01 169	02 289	03 225	04 6	05 12
06 12	07 23 cm			

01 △EBF에서
$\overline{EF}^2 = 5^2 + 12^2 = 25 + 144 = 169$
따라서 $\Box EFGH = \overline{EF}^2 = 169$

02 $\overline{AE} = \overline{DH} = 8$
△AEH에서
$\overline{EH}^2 = 8^2 + 15^2 = 64 + 225 = 289$
따라서 $\Box EFGH = \overline{EH}^2 = 289$

03 $\overline{CG} = \overline{DH} = 9$이므로
$\overline{DG} = \overline{DC} - \overline{CG} = 21 - 9 = 12$
△DHG에서
$\overline{HG}^2 = 9^2 + 12^2 = 81 + 144 = 225$
따라서 $\Box EFGH = \overline{HG}^2 = 225$

04 $\Box EFGH = \overline{EH}^2 = 100$
이때 $\overline{EH} > 0$이므로 $\overline{EH} = 10$
△AEH에서
$x^2 = 10^2 - 8^2 = 100 - 64 = 36$
이때 $x > 0$이므로 $x = 6$

05 $\Box EFGH = \overline{GH}^2 = 169$
이때 $\overline{GH} > 0$이므로 $\overline{GH} = 13$
△DHG에서
$x^2 = 13^2 - 5^2 = 169 - 25 = 144$
이때 $x > 0$이므로 $x = 12$

06 $\Box EFGH = \overline{EF}^2 = 225$
이때 $\overline{EF} > 0$이므로 $\overline{EF} = 15$
$\overline{BE} = \overline{CF} = 9$
△BFE에서
$x^2 = 15^2 - 9^2 = 225 - 81 = 144$
이때 $x > 0$이므로 $x = 12$

07 $\Box EFGH = \overline{EH}^2 = 289 (cm^2)$
이때 $\overline{EH} > 0$이므로 $\overline{EH} = 17 (cm)$
△AEH에서
$\overline{AH}^2 = 17^2 - 8^2 = 289 - 64 = 225$
이때 $\overline{AH} > 0$이므로 $\overline{AH} = 15 (cm)$
따라서 □ABCD의 한 변의 길이는
$\overline{AD} = \overline{AH} + \overline{DH} = \overline{AH} + \overline{AE}$
$= 15 + 8 = 23 (cm)$

---

04 직각삼각형이 되는 조건 | 111쪽 |

01 ×	02 ○	03 ×	04 ○	05 ×
06 ×	07 ○	08 ×	09 13	10 25
11 17	12 15	13 20	14 ④	

01 가장 긴 변의 길이는 3이고 $2^2 + 2^2 \neq 3^2$이므로 직각삼각형이 아니다.

02 가장 긴 변의 길이는 5이고 $3^2 + 4^2 = 5^2$이므로 직각삼각형이다.

03 가장 긴 변의 길이는 10이고 $5^2 + 8^2 \neq 10^2$이므로 직각삼각형이 아니다.

04 가장 긴 변의 길이는 13이고 $5^2 + 12^2 = 13^2$이므로 직각삼각형이다.

05 가장 긴 변의 길이는 9이고 $6^2 + 6^2 \neq 9^2$이므로 직각삼각형이 아니다.

06 가장 긴 변의 길이는 15이고 $7^2+14^2\neq15^2$이므로 직각삼각형이 아니다.

07 가장 긴 변의 길이는 17이고 $8^2+15^2=17^2$이므로 직각삼각형이다.

08 가장 긴 변의 길이는 16이고 $10^2+12^2\neq16^2$이므로 직각삼각형이 아니다.

09 $5^2+12^2=x^2$이어야 하므로
$x^2=25+144=169$
이때 $x>0$이므로 $x=13$

10 $7^2+24^2=x^2$이어야 하므로
$x^2=49+576=625$
이때 $x>0$이므로 $x=25$

11 $8^2+15^2=x^2$이어야 하므로
$x^2=64+225=289$
이때 $x>0$이므로 $x=17$

12 $9^2+12^2=x^2$이어야 하므로
$x^2=81+144=225$
이때 $x>0$이므로 $x=15$

13 $12^2+16^2=x^2$이어야 하므로
$x^2=144+256=400$
이때 $x>0$이므로 $x=20$

14 $\triangle ABC$가 $\angle C=90°$인 직각삼각형이 되려면 $6^2+x^2=10^2$이어야 하므로
$x^2=100-36=64$
이때 $x>0$이므로 $x=8$

---

05 삼각형의 변과 각 사이의 관계
| 112쪽 |

01 둔각삼각형	**02** 예각삼각형	**03** 둔각삼각형
04 직각삼각형	**05** 예각삼각형	**06** 둔각삼각형
07 직각삼각형	**08** 예각삼각형	**09** 직각삼각형
10 예각삼각형	**11** 둔각삼각형	**12** 둔각삼각형
13 ④		

01 가장 긴 변의 길이는 6이고 $3^2+4^2<6^2$이므로 둔각삼각형이다.

02 가장 긴 변의 길이는 8이고 $4^2+7^2>8^2$이므로 예각삼각형이다.

03 가장 긴 변의 길이는 12이고 $5^2+9^2<12^2$이므로 둔각삼각형이다.

04 가장 긴 변의 길이는 13이고 $5^2+12^2=13^2$이므로 직각삼각형이다.

05 가장 긴 변의 길이는 10이고 $6^2+9^2>10^2$이므로 예각삼각형이다.

06 가장 긴 변의 길이는 13이고 $7^2+7^2<13^2$이므로 둔각삼각형이다.

07 가장 긴 변의 길이는 25이고 $7^2+24^2=25^2$이므로 직각삼각형이다.

08 가장 긴 변의 길이는 14이고 $8^2+12^2>14^2$이므로 예각삼각형이다.

09 가장 긴 변의 길이는 17이고 $8^2+15^2=17^2$이므로 직각삼각형이다.

10 가장 긴 변의 길이는 11이고 $9^2+11^2>11^2$이므로 예각삼각형이다.

11 가장 긴 변의 길이는 16이고 $9^2+12^2<16^2$이므로 둔각삼각형이다.

12 가장 긴 변의 길이는 20이고 $10^2+15^2<20^2$이므로 둔각삼각형이다.

13 ① 가장 긴 변의 길이는 7이고 $4^2+5^2<7^2$이므로 둔각삼각형이다.
② 가장 긴 변의 길이는 10이고 $5^2+6^2<10^2$이므로 둔각삼각형이다.
③ 가장 긴 변의 길이는 10이고 $6^2+8^2=10^2$이므로 직각삼각형이다.
④ 가장 긴 변의 길이는 11이고 $7^2+9^2>11^2$이므로 예각삼각형이다.
⑤ 가장 긴 변의 길이는 14이고 $8^2+9^2<14^2$이므로 둔각삼각형이다.
따라서 예각삼각형인 것은 ④이다.

확인문제
| 113쪽 |

01 ②	**02** ③	**03** ⑤	**04** ③	**05** ⑤	**06** ④

01 △ABC에서
$x^2=17^2-8^2=289-64=225$
이때 $x>0$이므로 $x=15$
△ACD에서
$y^2=15^2-12^2=225-144=81$
이때 $y>0$이므로 $y=9$
따라서 $x+y=15+9=24$

02 오른쪽 그림과 같이 꼭짓점 A에서
$\overline{BC}$에 내린 수선의 발을 H라 하면
$\overline{HC}=\overline{AD}=4(cm)$이므로
$\overline{BH}=\overline{BC}-\overline{HC}=7-4=3(cm)$
△ABH에서
$\overline{AH}^2=5^2-3^2=25-9=16$
이때 $\overline{AH}>0$이므로 $\overline{AH}=4(cm)$
따라서 사다리꼴 ABCD의 넓이는
$\frac{1}{2}\times(4+7)\times4=22(cm^2)$

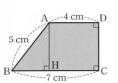

03 □BHIC=□AFGB−□ACDE
$=100-36=64(cm^2)$
이때 □BHIC$=\overline{BC}^2$이고 $\overline{BC}>0$이므로
$\overline{BC}=8(cm)$

04 $\overline{DH}=\overline{AE}=7(cm)$이므로
$\overline{AH}=\overline{AD}-\overline{DH}=9-7=2(cm)$
△AEH에서
$\overline{EH}^2=7^2+2^2=49+4=53$
따라서 □EFGH$=\overline{EH}^2=53(cm^2)$

05 ① 가장 긴 변의 길이는 4이고 $1^2+4^2\neq4^2$이므로 직각삼각형이
아니다.
② 가장 긴 변의 길이는 7이고 $5^2+6^2\neq7^2$이므로 직각삼각형이
아니다.
③ 가장 긴 변의 길이는 15이고 $6^2+10^2\neq15^2$이므로 직각삼각
형이 아니다.
④ 가장 긴 변의 길이는 12이고 $8^2+11^2\neq12^2$이므로 직각삼각
형이 아니다.
⑤ 가장 긴 변의 길이는 26이고 $10^2+24^2=26^2$이므로 직각삼각
형이다.
따라서 직각삼각형인 것은 ⑤이다.

06 가장 긴 변의 길이는 15 cm이고 $7^2+12^2<15^2$이므로 △ABC
는 ∠C>90°인 둔각삼각형이다.

2. 피타고라스 정리 (2)

01 피타고라스 정리와 직각삼각형의 닮음 | 114쪽 |

01 $\frac{25}{13}$ **02** $\frac{16}{3}$ **03** $\frac{27}{4}$ **04** 20   **05** $\frac{24}{5}$
06 $\frac{120}{17}$ **07** $\frac{168}{25}$ **08** ④

01 △ABC에서
$\overline{BC}^2=12^2+5^2=144+25=169$
이때 $\overline{BC}>0$이므로 $\overline{BC}=13$
$\overline{AC}^2=\overline{CD}\times\overline{CB}$이므로
$5^2=x\times13$
따라서 $x=\frac{25}{13}$

02 △ABD에서
$\overline{BD}^2=5^2-4^2=25-16=9$
이때 $\overline{BD}>0$이므로 $\overline{BD}=3$
$\overline{AD}^2=\overline{BD}\times\overline{CD}$이므로
$4^2=3\times x$
따라서 $x=\frac{16}{3}$

03 △ABD에서
$\overline{BD}^2=15^2-9^2=225-81=144$
이때 $\overline{BD}>0$이므로 $\overline{BD}=12$
$\overline{AD}^2=\overline{BD}\times\overline{CD}$이므로
$9^2=12\times x$
따라서 $x=\frac{27}{4}$

04 $\overline{AD}^2=\overline{BD}\times\overline{CD}$이므로
$12^2=9\times\overline{CD}$, $\overline{CD}=16$
△ADC에서
$x^2=12^2+16^2=144+256=400$
이때 $x>0$이므로 $x=20$

05 △ABC에서
$\overline{AC}^2=10^2-8^2=100-64=36$
이때 $\overline{AC}>0$이므로 $\overline{AC}=6$
$\overline{AB}\times\overline{AC}=\overline{BC}\times\overline{AD}$이므로
$8\times6=10\times x$
따라서 $x=\frac{24}{5}$

06 $\triangle$ABC에서 $\overline{BC}^2=15^2+8^2=225+64=289$

이때 $\overline{BC}>0$이므로 $\overline{BC}=17$

$\overline{AB}\times\overline{AC}=\overline{BC}\times\overline{AD}$이므로

$8\times15=17\times x$

따라서 $x=\dfrac{120}{17}$

07 $\triangle$ABC에서 $\overline{AC}^2=25^2-24^2=625-576=49$

이때 $\overline{AC}>0$이므로 $\overline{AC}=7$

$\overline{AB}\times\overline{AC}=\overline{BC}\times\overline{AD}$이므로

$24\times7=25\times x$

따라서 $x=\dfrac{168}{25}$

08 $\triangle$ABC에서 $\overline{BC}^2=16^2+12^2=256+144=400$

이때 $\overline{BC}>0$이므로 $\overline{BC}=20(\text{cm})$

$\overline{AB}^2=\overline{BD}\times\overline{BC}$이므로

$16^2=x\times20$, $x=\dfrac{64}{5}$

$\overline{AB}\times\overline{AC}=\overline{BC}\times\overline{AD}$이므로

$16\times12=20\times y$, $y=\dfrac{48}{5}$

따라서 $x+y=\dfrac{64}{5}+\dfrac{48}{5}=\dfrac{112}{5}$

---

03 두 대각선이 직교하는 사각형의 성질 | 116쪽 |

01 22	**02** 73	**03** 60	**04** 41	**05** 136
06 208	**07** ⑤			

01 $3^2+7^2=x^2+6^2$이므로

$x^2=9+49-36=22$

02 $11^2+4^2=8^2+x^2$이므로

$x^2=121+16-64=73$

03 $7^2+x^2=3^2+10^2$이므로

$x^2=9+100-49=60$

04 $x^2+y^2=4^2+5^2=16+25=41$

05 $x^2+y^2=6^2+10^2=36+100=136$

06 $x^2+y^2=12^2+8^2=144+64=208$

07 $\triangle$ABO에서

$\overline{AB}^2=4^2+3^2=16+9=25$

이때 $\overline{AB}>0$이므로 $\overline{AB}=5(\text{cm})$

따라서 $\overline{AB}^2+\overline{CD}^2=\overline{AD}^2+\overline{BC}^2$이므로

$\overline{AD}^2+\overline{BC}^2=5^2+8^2=25+64=89$

---

02 피타고라스 정리를 이용한 직각삼각형의 성질 | 115쪽 |

01 90	**02** 15	**03** 93	**04** 60	**05** 149
06 250	**07** 261	**08** ⑤		

01 $4^2+x^2=5^2+9^2$이므로

$x^2=25+81-16=90$

02 $2^2+6^2=x^2+5^2$이므로

$x^2=4+36-25=15$

03 $6^2+11^2=x^2+8^2$이므로

$x^2=36+121-64=93$

04 $4^2+12^2=10^2+x^2$이므로

$x^2=16+144-100=60$

05 $x^2+y^2=7^2+10^2=49+100=149$

06 $x^2+y^2=13^2+9^2=169+81=250$

07 $x^2+y^2=6^2+15^2=36+225=261$

08 $5^2+\overline{BC}^2=\overline{BE}^2+8^2$이므로

$\overline{BC}^2-\overline{BE}^2=64-25=39$

---

04 피타고라스 정리를 이용한 직사각형의 성질 | 117쪽 |

01 18	**02** 45	**03** 68	**04** 48	**05** 85
06 80	**07** 194	**08** ④		

01 $5^2+3^2=x^2+4^2$이므로

$x^2=25+9-16=18$

02 $10^2+3^2=8^2+x^2$이므로

$x^2=100+9-64=45$

03 $7^2+x^2=9^2+6^2$이므로

$x^2=81+36-49=68$

04 $x^2+10^2=2^2+12^2$이므로

$x^2=4+144-100=48$

05 $x^2+y^2=6^2+7^2=36+49=85$

06 $x^2+y^2=8^2+4^2=64+16=80$

07 $x^2+y^2=5^2+13^2=25+169=194$

08 $x^2+7^2=y^2+3^2$이므로

$y^2-x^2=49-9=40$

05 직각삼각형과 세 반원 사이의 관계 | 118쪽 |

01 9π 02 28π 03 15π 04 $\dfrac{25}{2}\pi$ 05 $\dfrac{13}{2}\pi$
06 10π 07 ③

01 (색칠한 부분의 넓이)$=15\pi-6\pi=9\pi$

02 (색칠한 부분의 넓이)$=8\pi+20\pi=28\pi$

03 (색칠한 부분의 넓이)$=43\pi-28\pi=15\pi$

04 (색칠한 부분의 넓이)
$=$(지름의 길이가 10인 반원의 넓이)
$=\dfrac{1}{2}\times\pi\times5^2=\dfrac{25}{2}\pi$

05 (색칠한 부분의 넓이)
$=$(지름의 길이가 4인 반원의 넓이)
$\quad+$(지름의 길이가 6인 반원의 넓이)
$=\dfrac{1}{2}\times\pi\times2^2+\dfrac{1}{2}\times\pi\times3^2$
$=2\pi+\dfrac{9}{2}\pi=\dfrac{13}{2}\pi$

06 (색칠한 부분의 넓이)
$=2\pi+$(지름의 길이가 8인 반원의 넓이)
$=2\pi+\dfrac{1}{2}\times\pi\times4^2$
$=2\pi+8\pi=10\pi$

07 $S_1+S_2=S_3$이므로
$S_1+S_2+S_3=S_3+S_3=2S_3$
$\qquad\qquad\quad=2\times15\pi=30\pi(\text{cm}^2)$

06 히포크라테스의 원의 넓이 | 119쪽 |

01 10 02 60 03 30 04 21 05 16
06 12 07 ④

01 (색칠한 부분의 넓이)$=\triangle ABC$
$=\dfrac{1}{2}\times4\times5=10$

02 (색칠한 부분의 넓이)$=\triangle ABC$
$=\dfrac{1}{2}\times10\times12=60$

03 $\triangle ABC$에서
$\overline{AB}^2=13^2-5^2=169-25=144$
이때 $\overline{AB}>0$이므로 $\overline{AB}=12$

따라서
(색칠한 부분의 넓이)$=\triangle ABC=\dfrac{1}{2}\times12\times5=30$

04 (색칠한 부분의 넓이)$=13+8=21$

05 (색칠한 부분의 넓이)$=20-4=16$

06 (색칠한 부분의 넓이)$=34-22=12$

07 색칠한 부분의 넓이가 60 cm²이므로 $\triangle ABC$의 넓이가 60 cm²
이다.
따라서 $\dfrac{1}{2}\times\overline{AB}\times8=60$이므로 $\overline{AB}=15(\text{cm})$

확인문제 | 120쪽 |

01 ③ 02 ② 03 ③ 04 ⑤ 05 ③ 06 ②

01 $\triangle ABC$에서
$x^2=5^2-4^2=25-16=9$
이때 $x>0$이므로 $x=3$
$\overline{AB}^2=\overline{BD}\times\overline{BC}$이므로
$3^2=y\times5$, $y=\dfrac{9}{5}$

02 $\triangle ABC$에서
$\overline{BC}^2=5^2+12^2=25+144=169$
이때 $\overline{BC}>0$이므로 $\overline{BC}=13(\text{cm})$
따라서 $\overline{DE}^2+\overline{BC}^2=\overline{BE}^2+\overline{CD}^2$이므로
$\overline{BE}^2+\overline{CD}^2=4^2+13^2=16+169=185$

03 $6^2+7^2=9^2+\overline{BC}^2$이므로
$\overline{BC}^2=36+49-81=4$
이때 $\overline{BC}>0$이므로 $\overline{BC}=2(\text{cm})$

04 $\triangle ABP$에서
$\overline{BP}^2=10^2-6^2=100-36=64$
이때 $\overline{BP}>0$이므로 $\overline{BP}=8(\text{cm})$
따라서 $6^2+x^2=8^2+9^2$이므로
$x^2=64+81-36=109$

05 (색칠한 부분의 넓이)
$=$(지름의 길이가 12 cm인 반원의 넓이)
$=\dfrac{1}{2}\times\pi\times6^2=18\pi(\text{cm}^2)$

06 색칠한 부분의 넓이는 $\triangle ABC$의 넓이와 같으므로
$\dfrac{1}{2}\times6\times\overline{AC}=24$, $\overline{AC}=8(\text{cm})$
$\triangle ABC$에서
$\overline{BC}^2=6^2+8^2=36+64=100$
이때 $\overline{BC}>0$이므로 $\overline{BC}=10(\text{cm})$

6 경우의 수

1. 경우의 수

01 사건과 경우의 수 　｜122~123쪽｜

01 3	02 2	03 4	04 4	05 2
06 3	07 표는 풀이 참조, 36	08 6	09 6	
10 8	11 4	12 4	13 7	14 3
15 4	16 6	17 5	18 4	19 2
20 1	21 2	22 3	23 ②	

01 홀수의 눈이 나오는 경우는 1, 3, 5의 3가지이다.

02 2보다 크고 5보다 작은 수의 눈이 나오는 경우는 3, 4의 2가지이다.

03 3 이상의 눈이 나오는 경우는 3, 4, 5, 6의 4가지이다.

04 6의 약수의 눈이 나오는 경우는 1, 2, 3, 6의 4가지이다.

05 3의 배수의 눈이 나오는 경우는 3, 6의 2가지이다.

06 소수의 눈이 나오는 경우는 2, 3, 5의 3가지이다.

07 표를 완성하면 다음과 같으므로 일어나는 모든 경우의 수는 36이다.

A\B	⚀	⚁	⚂	⚃	⚄	⚅
⚀	(1, 1)	(1, 2)	(1, 3)	(1, 4)	(1, 5)	(1, 6)
⚁	(2, 1)	(2, 2)	(2, 3)	(2, 4)	(2, 5)	(2, 6)
⚂	(3, 1)	(3, 2)	(3, 3)	(3, 4)	(3, 5)	(3, 6)
⚃	(4, 1)	(4, 2)	(4, 3)	(4, 4)	(4, 5)	(4, 6)
⚄	(5, 1)	(5, 2)	(5, 3)	(5, 4)	(5, 5)	(5, 6)
⚅	(6, 1)	(6, 2)	(6, 3)	(6, 4)	(6, 5)	(6, 6)

08 두 눈의 수가 같은 경우는 (1, 1), (2, 2), (3, 3), (4, 4), (5, 5), (6, 6)의 6가지이다.

09 두 눈의 수의 합이 7인 경우는 (1, 6), (2, 5), (3, 4), (4, 3), (5, 2), (6, 1)의 6가지이다.

10 두 눈의 수의 차가 2인 경우는 (1, 3), (2, 4), (3, 1), (3, 5), (4, 2), (4, 6), (5, 3), (6, 4)의 8가지이다.

11 두 눈의 수의 곱이 12인 경우는 (2, 6), (3, 4), (4, 3), (6, 2)의 4가지이다.

12 11보다 큰 수가 적힌 카드가 나오는 경우는 12, 13, 14, 15의 4가지이다.

13 짝수가 적힌 카드가 나오는 경우는 2, 4, 6, 8, 10, 12, 14의 7가지이다.

14 4의 배수가 적힌 카드가 나오는 경우는 4, 8, 12의 3가지이다.

15 15의 약수가 적힌 카드가 나오는 경우는 1, 3, 5, 15의 4가지이다.

16 소수가 적힌 카드가 나오는 경우는 2, 3, 5, 7, 11, 13의 6가지이다.

17 7 초과 12 이하의 수가 적힌 카드가 나오는 경우는 8, 9, 10, 11, 12의 5가지이다.

18 일어나는 모든 경우는 (앞면, 앞면), (앞면, 뒷면), (뒷면, 앞면), (뒷면, 뒷면)의 4가지이다.

19 앞면이 한 개만 나오는 경우는 (앞면, 뒷면), (뒷면, 앞면)의 2가지이다.

20 모두 뒷면이 나오는 경우는 (뒷면, 뒷면)의 1가지이다.

21 서로 같은 면이 나오는 경우는 (앞면, 앞면), (뒷면, 뒷면)의 2가지이다.

22 앞면이 한 개 이상 나오는 경우는 (앞면, 뒷면), (뒷면, 앞면), (앞면, 앞면)의 3가지이다.

23 나오는 눈의 수의 합이 9인 경우는 (3, 6), (4, 5), (5, 4), (6, 3)의 4가지이다.

02 사건 A 또는 사건 B가 일어나는 경우의 수 　｜124~125쪽｜

01 8	02 6	03 9	04 10	05 8
06 6	07 5	08 ③	09 8	10 6
11 7	12 12	13 13	14 14	15 10
16 10	17 5	18 6	19 18	20 ③

01 $5+3=8$

02 $2+4=6$

03 $7+2=9$

04 $4+6=10$

05 $6+2=8$

06 $3+3=6$

07 빨간 공이 나오는 경우는 2가지
노란 공이 나오는 경우는 3가지
따라서 구하는 경우의 수는
$2+3=5$

08 시집을 고르는 경우는 5가지
위인전을 고르는 경우는 2가지
따라서 구하는 경우의 수는
$5+2=7$

09 6 미만의 수가 적힌 카드가 나오는 경우는 1, 2, 3, 4, 5의 5가지
17 초과의 수가 적힌 카드가 나오는 경우는 18, 19, 20의 3가지
따라서 구하는 경우의 수는
$5+3=8$

10 5의 배수가 적힌 카드가 나오는 경우는 5, 10, 15, 20의 4가지
7의 배수가 적힌 카드가 나오는 경우는 7, 14의 2가지
따라서 구하는 경우의 수는
$4+2=6$

11 10의 약수가 적힌 카드가 나오는 경우는 1, 2, 5, 10의 4가지
6의 배수가 적힌 카드가 나오는 경우는 6, 12, 18의 3가지
따라서 구하는 경우의 수는
$4+3=7$

12 8의 배수가 적힌 카드가 나오는 경우는 8, 16의 2가지
홀수가 적힌 카드가 나오는 경우는 1, 3, 5, 7, 9, 11, 13, 15, 17, 19의 10가지
따라서 구하는 경우의 수는
$2+10=12$

13 소수가 적힌 카드가 나오는 경우는 2, 3, 5, 7, 11, 13, 17, 19의 8가지
4의 배수가 적힌 카드가 나오는 경우는 4, 8, 12, 16, 20의 5가지
따라서 구하는 경우의 수는
$8+5=13$

14 짝수가 적힌 카드가 나오는 경우는 2, 4, 6, 8, 10, 12, 14, 16, 18, 20의 10가지
15의 약수가 적힌 카드가 나오는 경우는 1, 3, 5, 15의 4가지
따라서 구하는 경우의 수는
$10+4=14$

15 두 눈의 수의 합이 6인 경우는 (1, 5), (2, 4), (3, 3), (4, 2), (5, 1)의 5가지
두 눈의 수의 합이 8인 경우는 (2, 6), (3, 5), (4, 4), (5, 3), (6, 2)의 5가지
따라서 구하는 경우의 수는
$5+5=10$

16 두 눈의 수의 차가 3인 경우는 (1, 4), (2, 5), (3, 6), (4, 1), (5, 2), (6, 3)의 6가지
두 눈의 수의 차가 4인 경우는 (1, 5), (2, 6), (5, 1), (6, 2)의 4가지
따라서 구하는 경우의 수는
$6+4=10$

17 두 눈의 수의 곱이 4인 경우는 (1, 4), (2, 2), (4, 1)의 3가지
두 눈의 수의 곱이 15인 경우는 (3, 5), (5, 3)의 2가지
따라서 구하는 경우의 수는 $3+2=5$

18 두 눈의 수의 합이 10인 경우는 (4, 6), (5, 5), (6, 4)의 3가지
두 눈의 수의 합이 11인 경우는 (5, 6), (6, 5)의 2가지
두 눈의 수의 합이 12인 경우는 (6, 6)의 1가지
따라서 구하는 경우의 수는
$3+2+1=6$

19 두 눈의 수의 차가 1인 경우는 (1, 2), (2, 1), (2, 3), (3, 2), (3, 4), (4, 3), (4, 5), (5, 4), (5, 6), (6, 5)의 10가지
두 눈의 수의 차가 2인 경우는 (1, 3), (2, 4), (3, 1), (3, 5), (4, 2), (4, 6), (5, 3), (6, 4)의 8가지
따라서 구하는 경우의 수는
$10+8=18$

20 윗면에 적힌 수가 3의 배수인 경우는 3, 6, 9, 12의 4가지
윗면에 적힌 수가 8의 약수인 경우는 1, 2, 4, 8의 4가지
따라서 구하는 경우의 수는
$4+4=8$

---

03 두 사건 A와 B가 동시에 일어나는 경우의 수 | 126~128쪽 |

01 6	02 10	03 20	04 12	05 3
06 8	07 9	08 ④	09 4	10 8
11 36	12 36	13 24	14 48	15 2
16 4	17 3	18 3	19 ③	20 5
21 9	22 6	23 6	24 9	25 64
26 8	27 20	28 4	29 16	30 ②

01 $2\times3=6$

02 $5\times2=10$

03 $5\times4=20$

04 $3 \times 4 = 12$

05 $1 \times 3 = 3$

06 $4 \times 2 = 8$

07 $3 \times 3 = 9$

08 $3 \times 5 = 15$

09 $2 \times 2 = 4$

10 $2 \times 2 \times 2 = 8$

11 $6 \times 6 = 36$

12 $6 \times 6 = 36$

13 $2 \times 2 \times 6 = 24$

14 $2 \times 2 \times 2 \times 6 = 48$

15 동전의 앞면이 나오는 경우는 1가지
주사위가 5 이상의 눈이 나오는 경우는 5, 6의 2가지
따라서 구하는 경우의 수는
$1 \times 2 = 2$

16 동전의 뒷면이 나오는 경우는 1가지
주사위가 6의 약수의 눈이 나오는 경우는 1, 2, 3, 6의 4가지
따라서 구하는 경우의 수는
$1 \times 4 = 4$

17 동전의 뒷면이 나오는 경우는 1가지
주사위가 소수의 눈이 나오는 경우는 2, 3, 5의 3가지
따라서 구하는 경우의 수는
$1 \times 3 = 3$

18 동전의 뒷면이 나오지 않는 경우는 앞면의 1가지
주사위가 홀수의 눈이 나오는 경우는 1, 3, 5의 3가지
따라서 구하는 경우의 수는
$1 \times 3 = 3$

19 각 사람이 낼 수 있는 경우는 가위, 바위, 보의 3가지이므로 구하는 경우의 수는
$3 \times 3 = 9$

20 첫 번째에 5보다 큰 수의 눈이 나오는 경우는 6의 1가지
두 번째에 6보다 작은 수의 눈이 나오는 경우는 1, 2, 3, 4, 5의 5가지
따라서 구하는 경우의 수는 $1 \times 5 = 5$

21 소수의 눈이 나오는 경우는 2, 3, 5의 3가지이므로 구하는 경우의 수는
$3 \times 3 = 9$

22 A 주사위에서 짝수의 눈이 나오는 경우는 2, 4, 6의 3가지
B 주사위에서 3의 배수의 눈이 나오는 경우는 3, 6의 2가지
따라서 구하는 경우의 수는
$3 \times 2 = 6$

23 A 주사위에서 합성수의 눈이 나오는 경우는 4, 6의 2가지
B 주사위에서 4의 약수의 눈이 나오는 경우는 1, 2, 4의 3가지
따라서 구하는 경우의 수는
$2 \times 3 = 6$

24 홀수의 눈이 나오는 경우는 1, 3, 5의 3가지이므로 구하는 경우의 수는
$3 \times 3 = 9$

25 $8 \times 8 = 64$

26 첫 번째에 8의 약수의 눈이 나오는 경우는 1, 2, 4, 8의 4가지
두 번째에 6 초과의 눈이 나오는 경우는 7, 8의 2가지
따라서 구하는 경우의 수는
$4 \times 2 = 8$

27 첫 번째에 홀수의 눈이 나오는 경우는 1, 3, 5, 7의 4가지
두 번째에 5 이하의 눈이 나오는 경우는 1, 2, 3, 4, 5의 5가지
따라서 구하는 경우의 수는
$4 \times 5 = 20$

28 4의 배수의 눈이 나오는 경우는 4, 8의 2가지이므로 구하는 경우의 수는
$2 \times 2 = 4$

29 짝수의 눈이 나오는 경우는 2, 4, 6, 8의 4가지이므로 구하는 경우의 수는
$4 \times 4 = 16$

30 서로 다른 동전 2개를 동시에 던질 때, 서로 다른 면이 나오는 경우는 (앞면, 뒷면), (뒷면, 앞면)의 2가지
주사위가 소수의 눈이 나오는 경우는 2, 3, 5의 3가지
따라서 구하는 경우의 수는
$2 \times 3 = 6$

04 한 줄로 세우는 경우의 수 | 129~130쪽 |

01 24	**02** 120	**03** 6	**04** 24	**05** 120
06 720	**07** 24	**08** 20	**09** 60	**10** 30
11 ④	**12** 6	**13** 6	**14** 2	**15** 24
16 24	**17** 24	**18** 6	**19** 48	**20** 48
21 48	**22** 12	**23** ②		

01 $4 \times 3 \times 2 \times 1 = 24$

02 $5 \times 4 \times 3 \times 2 \times 1 = 120$

03 $3 \times 2 \times 1 = 6$

04 $4 \times 3 \times 2 \times 1 = 24$

05 $5 \times 4 \times 3 \times 2 \times 1 = 120$

06 $6 \times 5 \times 4 \times 3 \times 2 \times 1 = 720$

07 $4 \times 3 \times 2 = 24$

08 $5 \times 4 = 20$

09 $5 \times 4 \times 3 = 60$

10 $6 \times 5 = 30$

11 $6 \times 5 \times 4 = 120$

12 B를 맨 뒤에 고정하고 나머지 3명을 한 줄로 세우는 경우의 수와 같으므로 $3 \times 2 \times 1 = 6$

13 A를 두 번째에 고정하고 나머지 3명을 한 줄로 세우는 경우의 수와 같으므로 $3 \times 2 \times 1 = 6$

14 C를 맨 앞에, D를 맨 뒤에 고정하고 나머지 2명을 한 줄로 세우는 경우의 수와 같으므로 $2 \times 1 = 2$

15 C를 맨 앞에 고정하고 나머지 4명을 한 줄로 세우는 경우의 수와 같으므로 $4 \times 3 \times 2 \times 1 = 24$

16 A를 맨 뒤에 고정하고 나머지 4명을 한 줄로 세우는 경우의 수와 같으므로 $4 \times 3 \times 2 \times 1 = 24$

17 D를 정가운데에 고정하고 나머지 4명을 한 줄로 세우는 경우의 수와 같으므로 $4 \times 3 \times 2 \times 1 = 24$

18 E를 맨 앞에, B를 맨 뒤에 고정하고 나머지 3명을 한 줄로 세우는 경우의 수와 같으므로 $3 \times 2 \times 1 = 6$

19 미희를 맨 뒤에 세우는 경우의 수는 미희를 맨 뒤에 고정하고 나머지 4명을 한 줄로 세우는 경우의 수와 같으므로
$4 \times 3 \times 2 \times 1 = 24$
같은 방법으로 준석이를 맨 뒤에 세우는 경우의 수는
$4 \times 3 \times 2 \times 1 = 24$
따라서 구하는 경우의 수는 $24 + 24 = 48$

20 서현이를 정가운데에 세우는 경우의 수는 서현이를 정가운데에 고정하고 나머지 4명을 한 줄로 세우는 경우의 수와 같으므로
$4 \times 3 \times 2 \times 1 = 24$
같은 방법으로 수찬이를 정가운데에 세우는 경우의 수는
$4 \times 3 \times 2 \times 1 = 24$
따라서 구하는 경우의 수는 $24 + 24 = 48$

21 혜미를 맨 앞에 세우는 경우의 수는 혜미를 맨 앞에 고정하고 나머지 4명을 한 줄로 세우는 경우의 수와 같으므로
$4 \times 3 \times 2 \times 1 = 24$
혜미를 맨 뒤에 세우는 경우의 수는 혜미를 맨 뒤에 고정하고 나머지 4명을 한 줄로 세우는 경우의 수와 같으므로
$4 \times 3 \times 2 \times 1 = 24$
따라서 구하는 경우의 수는
$24 + 24 = 48$

22 준석이와 수찬이를 양 끝에 세우는 경우의 수는 준석이와 수찬이를 양 끝에 고정하고 나머지 3명을 한 줄로 세우는 경우의 수와 같다.
나머지 3명을 한 줄로 세우는 경우의 수는
$3 \times 2 \times 1 = 6$
이때 준석이와 수찬이를 양 끝에 세우는 경우는
(준석, □, □, □, 수찬), (수찬, □, □, □, 준석)의 2가지이다.
따라서 구하는 경우의 수는
$6 \times 2 = 12$

23 여학생을 정가운데에 고정하고 남학생 4명을 한 줄로 세우는 경우의 수와 같으므로 $4 \times 3 \times 2 \times 1 = 24$

---

05 이웃하게 한 줄로 세우는 경우의 수 | 131쪽 |

| 01 12 | 02 12 | 03 48 | 04 48 | 05 36 |
| 06 12 | 07 12 | 08 48 | 09 36 | 10 ④ |

01 (B, D)와 A, C를 한 줄로 세우는 경우의 수는
$3 \times 2 \times 1 = 6$
B와 D가 자리를 바꾸는 경우의 수는
$2 \times 1 = 2$
따라서 구하는 경우의 수는
$6 \times 2 = 12$

02 (A, B, C)와 D를 한 줄로 세우는 경우의 수는
$2 \times 1 = 2$
A, B, C가 자리를 바꾸는 경우의 수는
$3 \times 2 \times 1 = 6$
따라서 구하는 경우의 수는
$2 \times 6 = 12$

03 (A, B)와 C, D, E를 한 줄로 세우는 경우의 수는
$4 \times 3 \times 2 \times 1 = 24$
A와 B가 자리를 바꾸는 경우의 수는
$2 \times 1 = 2$
따라서 구하는 경우의 수는
$24 \times 2 = 48$

04 (C, E)와 A, B, D를 한 줄로 세우는 경우의 수는

$4 \times 3 \times 2 \times 1 = 24$

C와 E가 자리를 바꾸는 경우의 수는

$2 \times 1 = 2$

따라서 구하는 경우의 수는

$24 \times 2 = 48$

05 (B, C, D)와 A, E를 한 줄로 세우는 경우의 수는

$3 \times 2 \times 1 = 6$

B, C, D가 자리를 바꾸는 경우의 수는

$3 \times 2 \times 1 = 6$

따라서 구하는 경우의 수는

$6 \times 6 = 36$

06 여학생 2명을 1명으로 생각하고 3명을 한 줄로 세우는 경우의 수는 $3 \times 2 \times 1 = 6$

여학생끼리 자리를 바꾸는 경우의 수는

$2 \times 1 = 2$

따라서 구하는 경우의 수는

$6 \times 2 = 12$

07 소민이와 영희를 1명으로 생각하고 3명을 한 줄로 앉히는 경우의 수는 $3 \times 2 \times 1 = 6$

소민이와 영희가 자리를 바꾸는 경우의 수는

$2 \times 1 = 2$

따라서 구하는 경우의 수는

$6 \times 2 = 12$

08 2와 4를 한 장으로 생각하고 4장을 한 줄로 나열하는 경우의 수는

$4 \times 3 \times 2 \times 1 = 24$

2와 4의 자리를 바꾸는 경우의 수는

$2 \times 1 = 2$

따라서 구하는 경우의 수는

$24 \times 2 = 48$

09 만화책 3권을 1권으로 생각하고 3권을 한 줄로 나란히 꽂는 경우의 수는

$3 \times 2 \times 1 = 6$

만화책 3권의 자리를 바꾸는 경우의 수는

$3 \times 2 \times 1 = 6$

따라서 구하는 경우의 수는

$6 \times 6 = 36$

10 부모님을 1명으로 생각하고 4명을 한 줄로 세우는 경우의 수는

$4 \times 3 \times 2 \times 1 = 24$

부모님이 자리를 바꾸는 경우의 수는

$2 \times 1 = 2$

따라서 구하는 경우의 수는

$24 \times 2 = 48$

---

06 자연수의 개수

| 132~133쪽 |

01 24	**02** 6	**03** 6	**04** 9	**05** 20
06 60	**07** 8	**08** 8	**09** ④	**10** 18
11 4	**12** 3	**13** 3	**14** 6	**15** 16
16 48	**17** 8	**18** 12	**19** 10	**20** ③

01 백의 자리에 올 수 있는 숫자는 4가지

십의 자리에 올 수 있는 숫자는 백의 자리에 온 숫자를 제외한 3가지

일의 자리에 올 수 있는 숫자는 백의 자리와 십의 자리에 온 숫자를 제외한 2가지

따라서 구하는 자연수의 개수는

$4 \times 3 \times 2 = 24$

02 일의 자리에 올 수 있는 숫자는 1, 3의 2가지

십의 자리에 올 수 있는 숫자는 일의 자리에 온 숫자를 제외한 3가지

따라서 구하는 홀수의 개수는 $2 \times 3 = 6$

03 십의 자리에 올 수 있는 숫자는 3, 4의 2가지

일의 자리에 올 수 있는 숫자는 십의 자리에 온 숫자를 제외한 3가지

따라서 30보다 큰 수의 개수는

$2 \times 3 = 6$

04 십의 자리에 올 수 있는 숫자는 1, 2, 3의 3가지

일의 자리에 올 수 있는 숫자는 십의 자리에 온 숫자를 제외한 3가지

따라서 40보다 작은 수의 개수는

$3 \times 3 = 9$

05 십의 자리에 올 수 있는 숫자는 5가지

일의 자리에 올 수 있는 숫자는 십의 자리에 온 숫자를 제외한 4가지

따라서 구하는 자연수의 개수는

$5 \times 4 = 20$

06 백의 자리에 올 수 있는 숫자는 5가지

십의 자리에 올 수 있는 숫자는 백의 자리에 온 숫자를 제외한 4가지

일의 자리에 올 수 있는 숫자는 백의 자리와 십의 자리에 온 숫자를 제외한 3가지

따라서 구하는 자연수의 개수는

$5 \times 4 \times 3 = 60$

07 일의 자리에 올 수 있는 숫자는 2, 4의 2가지

십의 자리에 올 수 있는 숫자는 일의 자리에 온 숫자를 제외한 4가지

따라서 구하는 짝수의 개수는 $2 \times 4 = 8$

08 십의 자리에 올 수 있는 숫자는 4, 5의 2가지
일의 자리에 올 수 있는 숫자는 십의 자리에 온 숫자를 제외한 4가지
따라서 35보다 큰 수의 개수는
$2 \times 4 = 8$

09 십의 자리에 올 수 있는 숫자는 5, 6, 7의 3가지
일의 자리에 올 수 있는 숫자는 십의 자리에 온 숫자를 제외한 4가지
따라서 50 이상인 자연수의 개수는
$3 \times 4 = 12$

10 백의 자리에 올 수 있는 숫자는 0을 제외한 3가지
십의 자리에 올 수 있는 숫자는 백의 자리에 온 숫자를 제외한 3가지
일의 자리에 올 수 있는 숫자는 백의 자리와 십의 자리에 온 숫자를 제외한 2가지
따라서 구하는 자연수의 개수는
$3 \times 3 \times 2 = 18$

11 일의 자리에 올 수 있는 숫자는 1, 3의 2가지
십의 자리에 올 수 있는 숫자는 0과 일의 자리에 온 숫자를 제외한 2가지
따라서 구하는 홀수의 개수는
$2 \times 2 = 4$

12 일의 자리에 올 수 있는 숫자는 0의 1가지
십의 자리에 올 수 있는 숫자는 일의 자리의 0을 제외한 3가지
따라서 5의 배수의 개수는
$1 \times 3 = 3$

13 십의 자리에 올 수 있는 숫자는 1의 1가지
일의 자리에 올 수 있는 숫자는 십의 자리의 1을 제외한 3가지
따라서 20보다 작은 수의 개수는
$1 \times 3 = 3$

14 십의 자리에 올 수 있는 숫자는 2, 3의 2가지
일의 자리에 올 수 있는 숫자는 십의 자리에 온 숫자를 제외한 3가지
따라서 15보다 큰 수의 개수는
$2 \times 3 = 6$

15 십의 자리에 올 수 있는 숫자는 0을 제외한 4가지
일의 자리에 올 수 있는 숫자는 십의 자리에 온 숫자를 제외한 4가지
따라서 구하는 자연수의 개수는
$4 \times 4 = 16$

16 백의 자리에 올 수 있는 숫자는 0을 제외한 4가지
십의 자리에 올 수 있는 숫자는 백의 자리에 온 숫자를 제외한 4가지
일의 자리에 올 수 있는 숫자는 백의 자리와 십의 자리에 온 숫자를 제외한 3가지
따라서 구하는 자연수의 개수는
$4 \times 4 \times 3 = 48$

17 십의 자리에 올 수 있는 숫자는 3, 4의 2가지
일의 자리에 올 수 있는 숫자는 십의 자리에 온 숫자를 제외한 4가지
따라서 30 이상인 수의 개수는
$2 \times 4 = 8$

18 십의 자리에 올 수 있는 숫자는 1, 2, 3의 3가지
일의 자리에 올 수 있는 숫자는 십의 자리에 온 숫자를 제외한 4가지
따라서 40 미만인 수의 개수는
$3 \times 4 = 12$

19 일의 자리에 올 수 있는 숫자는 0, 2, 4의 3가지
(ⅰ) 일의 자리의 숫자가 0일 때, 십의 자리에 올 수 있는 숫자는 4가지
(ⅱ) 일의 자리의 숫자가 2일 때, 십의 자리에 올 수 있는 숫자는 3가지
(ⅲ) 일의 자리의 숫자가 4일 때, 십의 자리에 올 수 있는 숫자는 3가지
(ⅰ)~(ⅲ)에 의하여 구하는 짝수의 개수는
$4 + 3 + 3 = 10$

20 일의 자리에 올 수 있는 숫자는 1, 3, 5의 3가지
백의 자리에 올 수 있는 숫자는 0과 일의 자리에 온 숫자를 제외한 4가지
십의 자리에 올 수 있는 숫자는 백의 자리와 일의 자리에 온 숫자를 제외한 4가지
따라서 구하는 홀수의 개수는
$3 \times 4 \times 4 = 48$

07 대표를 뽑는 경우의 수
| 134~135쪽 |

01 12	**02** 24	**03** 20	**04** 60	**05** 30
06 120	**07** 8	**08** 24	**09** ④	**10** 6
11 3	**12** 10	**13** 10	**14** 6	**15** 6
16 21	**17** 35	**18** 3	**19** 6	**20** 12
21 ④				

01 $4 \times 3 = 12$

02 $4 \times 3 \times 2 = 24$

03 $5 \times 4 = 20$

04 $5 \times 4 \times 3 = 60$

05 $6 \times 5 = 30$

06 $6 \times 5 \times 4 = 120$

07 남학생 2명 중에서 대표 1명을 뽑는 경우의 수는 2
여학생 4명 중에서 대표 1명을 뽑는 경우의 수는 4
따라서 구하는 경우의 수는
$2 \times 4 = 8$

08 남학생 2명 중에서 회장 1명을 뽑는 경우의 수는 2
여학생 4명 중에서 부회장 1명, 총무 1명을 뽑는 경우의 수는
$4 \times 3 = 12$
따라서 구하는 경우의 수는
$2 \times 12 = 24$

09 $7 \times 6 \times 5 = 210$

10 $\dfrac{4 \times 3}{2} = 6$

11 대표 2명을 뽑을 때, A가 뽑히지 않는 경우의 수는 A를 제외한 3명 중에서 대표 2명을 뽑는 경우의 수와 같으므로
$\dfrac{3 \times 2}{2} = 3$

12 $\dfrac{5 \times 4}{2} = 10$

13 $\dfrac{5 \times 4 \times 3}{3 \times 2 \times 1} = 10$

14 대표 2명을 뽑을 때, B가 뽑히지 않는 경우의 수는 B를 제외한 4명 중에서 대표 2명을 뽑는 경우의 수와 같으므로
$\dfrac{4 \times 3}{2} = 6$

15 대표 3명을 뽑을 때, D가 반드시 뽑히는 경우의 수는 D를 제외한 4명 중에서 대표 2명을 뽑는 경우의 수와 같으므로
$\dfrac{4 \times 3}{2} = 6$

16 $\dfrac{7 \times 6}{2} = 21$

17 $\dfrac{7 \times 6 \times 5}{3 \times 2 \times 1} = 35$

18 $\dfrac{3 \times 2}{2} = 3$

19 $\dfrac{4 \times 3}{2} = 6$

20 여학생 4명 중에서 회장 1명을 뽑는 경우의 수는 4
남학생 3명 중에서 부회장 2명을 뽑는 경우의 수는
$\dfrac{3 \times 2}{2} = 3$
따라서 구하는 경우의 수는
$4 \times 3 = 12$

21 구하는 경우의 수는 8명 중에서 자격이 같은 대표 2명을 뽑는 경우의 수와 같으므로
$\dfrac{8 \times 7}{2} = 28$

확인문제

| 136쪽 |

01 ④　　**02** ③　　**03** ④　　**04** ⑤　　**05** ③　　**06** ⑤

01 A형인 경우는 13가지
AB형인 경우는 4가지
따라서 구하는 경우의 수는
$13 + 4 = 17$

02 상영관에서 복도로 가는 경우는 3가지
복도에서 화장실로 가는 경우는 2가지
따라서 구하는 경우의 수는
$3 \times 2 = 6$

03 $5 \times 4 \times 3 \times 2 \times 1 = 120$

04 초등학생 2명을 1명으로 생각하고 5명을 한 줄로 세우는 경우의 수는
$5 \times 4 \times 3 \times 2 \times 1 = 120$
초등학생끼리 자리를 바꾸는 경우의 수는
$2 \times 1 = 2$
따라서 구하는 경우의 수는
$120 \times 2 = 240$

05 십의 자리에 올 수 있는 숫자는 2, 4의 2가지
일의 자리에 올 수 있는 숫자는 십의 자리에 온 숫자를 제외한 4가지
따라서 50 이하인 수의 개수는
$2 \times 4 = 8$

06 $\dfrac{6 \times 5}{2} = 15$

7 확률

1. 확률

01 확률
| 138~139쪽 |

01 $\frac{2}{9}$	02 $\frac{4}{9}$	03 $\frac{7}{15}$	04 $\frac{1}{3}$	05 $\frac{4}{15}$
06 $\frac{1}{2}$	07 $\frac{3}{4}$	08 $\frac{3}{8}$	09 $\frac{3}{8}$	10 $\frac{1}{4}$
11 $\frac{1}{2}$	12 $\frac{2}{3}$	13 $\frac{1}{2}$	14 $\frac{1}{6}$	15 $\frac{1}{9}$
16 $\frac{5}{18}$	17 $\frac{1}{9}$	18 $\frac{1}{5}$	19 $\frac{1}{5}$	20 $\frac{1}{20}$
21 $\frac{2}{5}$	22 $\frac{3}{10}$	23 ③		

01 모든 경우의 수는 $3+2+4=9$
파란 공이 나오는 경우의 수는 2
따라서 구하는 확률은 $\frac{2}{9}$

02 모든 경우의 수는 $3+2+4=9$
노란 공이 나오는 경우의 수는 4
따라서 구하는 확률은 $\frac{4}{9}$

03 모든 경우의 수는 15
짝수가 적힌 카드가 나오는 경우는 2, 4, 6, 8, 10, 12, 14의 7가지
따라서 구하는 확률은 $\frac{7}{15}$

04 모든 경우의 수는 15
3의 배수가 적힌 카드가 나오는 경우는 3, 6, 9, 12, 15의 5가지
따라서 구하는 확률은 $\frac{5}{15}=\frac{1}{3}$

05 모든 경우의 수는 15
15의 약수가 적힌 카드가 나오는 경우는 1, 3, 5, 15의 4가지
따라서 구하는 확률은 $\frac{4}{15}$

06 모든 경우의 수는 $2\times2=4$
서로 다른 면이 나오는 경우는 (앞면, 뒷면), (뒷면, 앞면)의 2가지
따라서 구하는 확률은 $\frac{2}{4}=\frac{1}{2}$

07 모든 경우의 수는 $2\times2=4$
앞면이 1개 이상 나오는 경우는 (앞면, 뒷면), (뒷면, 앞면), (앞면, 앞면)의 3가지
따라서 구하는 확률은 $\frac{3}{4}$

08 모든 경우의 수는 $2\times2\times2=8$
앞면이 1개 나오는 경우는 (앞면, 뒷면, 뒷면), (뒷면, 앞면, 뒷면), (뒷면, 뒷면, 앞면)의 3가지
따라서 구하는 확률은 $\frac{3}{8}$

09 모든 경우의 수는 $2\times2\times2=8$
앞면이 2개 나오는 경우는 (앞면, 앞면, 뒷면), (앞면, 뒷면, 앞면), (뒷면, 앞면, 앞면)의 3가지
따라서 구하는 확률은 $\frac{3}{8}$

10 모든 경우의 수는 $2\times2\times2=8$
모두 같은 면이 나오는 경우는 (앞면, 앞면, 앞면), (뒷면, 뒷면, 뒷면)의 2가지
따라서 구하는 확률은 $\frac{2}{8}=\frac{1}{4}$

11 모든 경우의 수는 6
짝수의 눈이 나오는 경우는 2, 4, 6의 3가지
따라서 구하는 확률은 $\frac{3}{6}=\frac{1}{2}$

12 모든 경우의 수는 6
6의 약수의 눈이 나오는 경우는 1, 2, 3, 6의 4가지
따라서 구하는 확률은 $\frac{4}{6}=\frac{2}{3}$

13 모든 경우의 수는 6
소수의 눈이 나오는 경우는 2, 3, 5의 3가지
따라서 구하는 확률은 $\frac{3}{6}=\frac{1}{2}$

14 모든 경우의 수는 $6\times6=36$
두 눈의 수가 같은 경우는 (1, 1), (2, 2), (3, 3), (4, 4), (5, 5), (6, 6)의 6가지
따라서 구하는 확률은 $\frac{6}{36}=\frac{1}{6}$

15 모든 경우의 수는 $6\times6=36$
두 눈의 수의 합이 5인 경우는 (1, 4), (2, 3), (3, 2), (4, 1)의 4가지
따라서 구하는 확률은 $\frac{4}{36}=\frac{1}{9}$

16 모든 경우의 수는 $6\times6=36$
두 눈의 수의 차가 1인 경우는 (1, 2), (2, 1), (2, 3), (3, 2), (3, 4), (4, 3), (4, 5), (5, 4), (5, 6), (6, 5)의 10가지
따라서 구하는 확률은 $\frac{10}{36}=\frac{5}{18}$

17 모든 경우의 수는 $6\times6=36$
두 눈의 수의 곱이 12인 경우는 (2, 6), (3, 4), (4, 3), (6, 2)의 4가지
따라서 구하는 확률은 $\frac{4}{36}=\frac{1}{9}$

18 모든 경우의 수는 $5 \times 4 \times 3 \times 2 \times 1 = 120$

소현이가 맨 뒤에 서는 경우의 수는 소현이를 맨 뒤에 고정하고 4명을 한 줄로 세우는 경우의 수와 같으므로

$4 \times 3 \times 2 \times 1 = 24$

따라서 구하는 확률은 $\dfrac{24}{120} = \dfrac{1}{5}$

19 모든 경우의 수는 $5 \times 4 \times 3 \times 2 \times 1 = 120$

승민이가 정가운데에 서는 경우의 수는 승민이를 정가운데에 고정하고 4명을 한 줄로 세우는 경우의 수와 같으므로

$4 \times 3 \times 2 \times 1 = 24$

따라서 구하는 확률은 $\dfrac{24}{120} = \dfrac{1}{5}$

20 모든 경우의 수는 $5 \times 4 \times 3 \times 2 \times 1 = 120$

민정이가 맨 앞에, 현빈이가 맨 뒤에 서는 경우의 수는 민정이를 맨 앞에, 현빈이를 맨 뒤에 고정하고 3명을 한 줄로 세우는 경우의 수와 같으므로

$3 \times 2 \times 1 = 6$

따라서 구하는 확률은 $\dfrac{6}{120} = \dfrac{1}{20}$

21 모든 경우의 수는 $5 \times 4 \times 3 \times 2 \times 1 = 120$

소현, 민정이를 1명으로 생각하고 4명을 한 줄로 세우는 경우의 수는

$4 \times 3 \times 2 \times 1 = 24$

소현, 민정이가 자리를 바꾸는 경우의 수는

$2 \times 1 = 2$

즉, 소현, 민정이가 이웃하게 서는 경우의 수는

$24 \times 2 = 48$

따라서 구하는 확률은 $\dfrac{48}{120} = \dfrac{2}{5}$

22 모든 경우의 수는 $5 \times 4 \times 3 \times 2 \times 1 = 120$

현빈, 승민, 준호를 1명으로 생각하고 3명을 한 줄로 세우는 경우의 수는

$3 \times 2 \times 1 = 6$

현빈, 승민, 준호가 자리를 바꾸는 경우의 수는

$3 \times 2 \times 1 = 6$

즉, 현빈, 승민, 준호가 이웃하게 서는 경우의 수는

$6 \times 6 = 36$

따라서 구하는 확률은 $\dfrac{36}{120} = \dfrac{3}{10}$

23 모든 경우의 수는 $5 \times 4 = 20$

일의 자리에 올 수 있는 숫자는 1, 3, 5의 3가지

십의 자리에 올 수 있는 숫자는 일의 자리에 온 숫자를 제외한 4가지

즉, 두 자리 홀수의 개수는

$3 \times 4 = 12$

따라서 구하는 확률은 $\dfrac{12}{20} = \dfrac{3}{5}$

---

02 확률의 성질

| 140쪽 |

01 0	02 1	03 $\dfrac{1}{2}$	04 0	05 1
06 1	07 0	08 0	09 0	10 1
11 ①				

01 주머니 속에 빨간 공은 들어 있지 않으므로 구하는 확률은 0이다.

02 주머니 속에 흰 공 또는 검은 공만 들어 있으므로 구하는 확률은 1이다.

03 $\dfrac{5}{10} = \dfrac{1}{2}$

04 $\dfrac{0}{10} = 0$

05 $\dfrac{10}{10} = 1$

06 모두 짝수가 적힌 카드이므로 구하는 확률은 1이다.

07 홀수가 적힌 카드는 없으므로 구하는 확률은 0이다.

08 두 눈의 수의 합이 1인 경우는 없으므로 구하는 확률은 0이다.

09 두 눈의 수의 차가 6인 경우는 없으므로 구하는 확률은 0이다.

10 두 눈의 수의 합은 항상 12 이하이므로 구하는 확률은 1이다.

11 한 개의 주사위를 던질 때, 6보다 큰 수의 눈이 나오는 경우는 없으므로 구하는 확률은 0이다.

---

03 어떤 사건이 일어나지 않을 확률

| 141~142쪽 |

01 $\dfrac{1}{3}$	02 $\dfrac{3}{8}$	03 $\dfrac{3}{5}$	04 $\dfrac{7}{10}$	05 $\dfrac{3}{10}$
06 $\dfrac{4}{5}$	07 $\dfrac{2}{3}$	08 $\dfrac{3}{4}$	09 ⑤	10 $\dfrac{7}{8}$
11 $\dfrac{7}{8}$	12 $\dfrac{3}{4}$	13 $\dfrac{3}{4}$	14 $\dfrac{5}{9}$	15 $\dfrac{4}{5}$
16 $\dfrac{9}{14}$	17 $\dfrac{8}{9}$	18 ④		

01 (명중하지 못할 확률) $= 1 -$ (명중할 확률)

$$= 1 - \dfrac{2}{3} = \dfrac{1}{3}$$

02 (내일 비가 오지 않을 확률) $= 1 -$ (내일 비가 올 확률)

$$= 1 - \dfrac{5}{8} = \dfrac{3}{8}$$

03 (영철이가 이길 확률)=1−(영철이가 질 확률)

$\qquad$ =1−(재민이가 이길 확률)

$\qquad$ $=1-\dfrac{2}{5}=\dfrac{3}{5}$

04 (당첨되지 않을 확률)=1−(당첨될 확률)

$\qquad$ $=1-\dfrac{3}{10}=\dfrac{7}{10}$

05 자유투 성공률이 70 %, 즉 $\dfrac{70}{100}=\dfrac{7}{10}$이므로

$\qquad$ (실패할 확률)=1−(성공할 확률)

$\qquad$ $=1-\dfrac{7}{10}=\dfrac{3}{10}$

06 모든 경우의 수는 20

카드에 적힌 수가 5의 배수인 경우는 5, 10, 15, 20의 4가지이므로 그 확률은 $\dfrac{4}{20}=\dfrac{1}{5}$

따라서

(5의 배수가 아닐 확률)=1−(5의 배수일 확률)

$\qquad$ $=1-\dfrac{1}{5}=\dfrac{4}{5}$

07 모든 경우의 수는 $3\times3=9$

비기는 경우는 (가위, 가위), (바위, 바위), (보, 보)의 3가지이므로 그 확률은 $\dfrac{3}{9}=\dfrac{1}{3}$

따라서

(승부가 날 확률)=1−(비길 확률)

$\qquad$ $=1-\dfrac{1}{3}=\dfrac{2}{3}$

08 모든 경우의 수는 $4\times3\times2\times1=24$

A가 맨 앞에 서는 경우의 수는 A를 맨 앞에 고정하고 3명을 한 줄로 세우는 경우의 수와 같으므로

$3\times2\times1=6$

즉, A가 맨 앞에 설 확률은 $\dfrac{6}{24}=\dfrac{1}{4}$

따라서

(A가 맨 앞에 서지 않을 확률)

=1−(A가 맨 앞에 설 확률)

$=1-\dfrac{1}{4}=\dfrac{3}{4}$

09 모든 경우의 수는 $6\times6=36$

두 눈의 수가 서로 같은 경우는 (1, 1), (2, 2), (3, 3), (4, 4), (5, 5), (6, 6)의 6가지이므로 그 확률은 $\dfrac{6}{36}=\dfrac{1}{6}$

따라서

(두 눈의 수가 서로 다를 확률)

=1−(두 눈의 수가 서로 같을 확률)

$=1-\dfrac{1}{6}=\dfrac{5}{6}$

10 모든 경우의 수는 $2\times2\times2=8$

모두 앞면이 나오는 경우는 (앞면, 앞면, 앞면)의 1가지이므로 그 확률은 $\dfrac{1}{8}$

따라서

(적어도 한 개는 뒷면이 나올 확률)

=1−(모두 앞면이 나올 확률)

$=1-\dfrac{1}{8}=\dfrac{7}{8}$

11 모든 경우의 수는 $2\times2\times2=8$

3개의 문제를 모두 틀리는 경우의 수는 1이므로 그 확률은 $\dfrac{1}{8}$

따라서

(적어도 한 문제는 맞힐 확률)

=1−(모두 틀릴 확률)

$=1-\dfrac{1}{8}=\dfrac{7}{8}$

12 모든 경우의 수는 $6\times6=36$

두 번 모두 소수가 나오지 않는 경우의 수는 $3\times3=9$이므로 그 확률은 $\dfrac{9}{36}=\dfrac{1}{4}$

따라서

(적어도 한 번은 소수의 눈이 나올 확률)

=1−(두 번 모두 소수가 나오지 않을 확률)

$=1-\dfrac{1}{4}=\dfrac{3}{4}$

13 모든 경우의 수는 $4\times4=16$

모두 홀수의 눈이 나오는 경우의 수는 $2\times2=4$이므로 그 확률은 $\dfrac{4}{16}=\dfrac{1}{4}$

따라서

(적어도 한 번은 짝수의 눈이 나올 확률)

=1−(모두 홀수의 눈이 나올 확률)

$=1-\dfrac{1}{4}=\dfrac{3}{4}$

14 모든 경우의 수는 $6\times6=36$

모두 3의 배수가 아닌 수의 눈이 나오는 경우의 수는

$4\times4=16$이므로 그 확률은 $\dfrac{16}{36}=\dfrac{4}{9}$

따라서

(적어도 한 개는 3의 배수의 눈이 나올 확률)

=1−(모두 3의 배수가 아닌 수의 눈이 나올 확률)

$=1-\dfrac{4}{9}=\dfrac{5}{9}$

15 모든 경우의 수는 $\dfrac{6\times5}{2}=15$

2명 모두 여학생이 뽑히는 경우의 수는 $\dfrac{3\times2}{2}=3$이므로 그 확률은 $\dfrac{3}{15}=\dfrac{1}{5}$

따라서

(적어도 한 명은 남학생이 뽑힐 확률)

=1−(2명 모두 여학생이 뽑힐 확률)

$=1-\dfrac{1}{5}=\dfrac{4}{5}$

16 모든 경우의 수는 $\dfrac{8\times7}{2}=28$

2개 모두 흰 공이 나오는 경우의 수는 $\dfrac{5\times4}{2}=10$이므로 그 확률은 $\dfrac{10}{28}=\dfrac{5}{14}$

따라서

(적어도 한 개는 검은 공이 나올 확률)

=1−(2개 모두 흰 공이 나올 확률)

$=1-\dfrac{5}{14}=\dfrac{9}{14}$

17 모든 경우의 수는 $3\times3\times3=27$

세 사람 모두 같은 것을 내는 경우의 수는 3이므로 그 확률은

$\dfrac{3}{27}=\dfrac{1}{9}$

따라서

(적어도 한 사람이 다른 것을 낼 확률)

=1−(모두 같은 것을 낼 확률)

$=1-\dfrac{1}{9}=\dfrac{8}{9}$

18 모든 경우의 수는 $\dfrac{9\times8}{2}=36$

두 자루 모두 사인펜을 뽑는 경우의 수는 $\dfrac{5\times4}{2}=10$이므로

그 확률은 $\dfrac{10}{36}=\dfrac{5}{18}$

따라서

(적어도 한 자루는 색연필을 뽑을 확률)

=1−(모두 사인펜을 뽑을 확률)

$=1-\dfrac{5}{18}=\dfrac{13}{18}$

---

04 사건 A 또는 사건 B가 일어날 확률 | 143~144쪽 |

01 $\dfrac{7}{10}$	02 $\dfrac{4}{5}$	03 $\dfrac{8}{15}$	04 $\dfrac{1}{3}$	05 $\dfrac{9}{31}$
06 $\dfrac{8}{31}$	07 $\dfrac{2}{3}$	08 $\dfrac{1}{3}$	09 $\dfrac{1}{4}$	10 $\dfrac{7}{18}$
11 $\dfrac{5}{36}$	12 $\dfrac{1}{2}$	13 $\dfrac{1}{4}$	14 $\dfrac{1}{6}$	15 $\dfrac{2}{5}$
16 $\dfrac{2}{5}$	17 $\dfrac{4}{5}$	18 $\dfrac{3}{5}$	19 ④	

---

01 모든 경우의 수는 $2+3+5=10$

빨간 공이 나올 확률은 $\dfrac{2}{10}=\dfrac{1}{5}$

노란 공이 나올 확률은 $\dfrac{5}{10}=\dfrac{1}{2}$

따라서 구하는 확률은

$\dfrac{1}{5}+\dfrac{1}{2}=\dfrac{2}{10}+\dfrac{5}{10}=\dfrac{7}{10}$

02 모든 경우의 수는 $2+3+5=10$

파란 공이 나올 확률은 $\dfrac{3}{10}$

노란 공이 나올 확률은 $\dfrac{5}{10}=\dfrac{1}{2}$

따라서 구하는 확률은

$\dfrac{3}{10}+\dfrac{1}{2}=\dfrac{3}{10}+\dfrac{5}{10}=\dfrac{8}{10}=\dfrac{4}{5}$

03 모든 경우의 수는 15

4보다 작은 수가 적힌 카드가 나오는 경우는 1, 2, 3의 3가지

이므로 그 확률은 $\dfrac{3}{15}=\dfrac{1}{5}$

10보다 큰 수가 적힌 카드가 나오는 경우는 11, 12, 13, 14,

15의 5가지이므로 그 확률은 $\dfrac{5}{15}=\dfrac{1}{3}$

따라서 구하는 확률은

$\dfrac{1}{5}+\dfrac{1}{3}=\dfrac{3}{15}+\dfrac{5}{15}=\dfrac{8}{15}$

04 모든 경우의 수는 15

5의 배수가 적힌 카드가 나오는 경우는 5, 10, 15의 3가지이므

로 그 확률은 $\dfrac{3}{15}=\dfrac{1}{5}$

6의 배수가 적힌 카드가 나오는 경우는 6, 12의 2가지이므로

그 확률은 $\dfrac{2}{15}$

따라서 구하는 확률은

$\dfrac{1}{5}+\dfrac{2}{15}=\dfrac{3}{15}+\dfrac{2}{15}=\dfrac{5}{15}=\dfrac{1}{3}$

05 모든 경우의 수는 31

월요일일 확률은 $\dfrac{4}{31}$

목요일일 확률은 $\dfrac{5}{31}$

따라서 구하는 확률은

$\dfrac{4}{31}+\dfrac{5}{31}=\dfrac{9}{31}$

06 모든 경우의 수는 31

금요일일 확률은 $\dfrac{4}{31}$

일요일일 확률은 $\dfrac{4}{31}$

따라서 구하는 확률은

$\dfrac{4}{31}+\dfrac{4}{31}=\dfrac{8}{31}$

07 전체 학생 수는 $14+7+3+6=30$

A형일 확률은 $\dfrac{14}{30}=\dfrac{7}{15}$

O형일 확률은 $\dfrac{6}{30}=\dfrac{1}{5}$

따라서 구하는 확률은

$\dfrac{7}{15}+\dfrac{1}{5}=\dfrac{7}{15}+\dfrac{3}{15}=\dfrac{10}{15}=\dfrac{2}{3}$

08 전체 학생 수는 $14+7+3+6=30$

B형일 확률은 $\dfrac{7}{30}$

AB형일 확률은 $\dfrac{3}{30}=\dfrac{1}{10}$

따라서 구하는 확률은

$\dfrac{7}{30}+\dfrac{1}{10}=\dfrac{7}{30}+\dfrac{3}{30}=\dfrac{10}{30}=\dfrac{1}{3}$

09 모든 경우의 수는 $6\times6=36$

두 눈의 수의 합이 7인 경우는 $(1,6),(2,5),(3,4),(4,3),$
$(5,2),(6,1)$의 6가지이므로 그 확률은

$\dfrac{6}{36}=\dfrac{1}{6}$

두 눈의 수의 합이 10인 경우는 $(4,6),(5,5),(6,4)$의 3가
지이므로 그 확률은

$\dfrac{3}{36}=\dfrac{1}{12}$

따라서 구하는 확률은

$\dfrac{1}{6}+\dfrac{1}{12}=\dfrac{2}{12}+\dfrac{1}{12}=\dfrac{3}{12}=\dfrac{1}{4}$

10 모든 경우의 수는 $6\times6=36$

두 눈의 수의 차가 2인 경우는 $(1,3),(2,4),(3,1),(3,5),$
$(4,2),(4,6),(5,3),(6,4)$의 8가지이므로 그 확률은

$\dfrac{8}{36}=\dfrac{2}{9}$

두 눈의 수의 차가 3인 경우는 $(1,4),(2,5),(3,6),(4,1),$
$(5,2),(6,3)$의 6가지이므로 그 확률은

$\dfrac{6}{36}=\dfrac{1}{6}$

따라서 구하는 확률은

$\dfrac{2}{9}+\dfrac{1}{6}=\dfrac{4}{18}+\dfrac{3}{18}=\dfrac{7}{18}$

11 모든 경우의 수는 $6\times6=36$

두 눈의 수의 곱이 4인 경우는 $(1,4),(2,2),(4,1)$의 3가지
이므로 그 확률은 $\dfrac{3}{36}=\dfrac{1}{12}$

두 눈의 수의 곱이 18인 경우는 $(3,6),(6,3)$의 2가지이므로

그 확률은 $\dfrac{2}{36}=\dfrac{1}{18}$

따라서 구하는 확률은

$\dfrac{1}{12}+\dfrac{1}{18}=\dfrac{3}{36}+\dfrac{2}{36}=\dfrac{5}{36}$

12 모든 경우의 수는 $6\times6=36$

두 눈의 수가 모두 홀수인 경우의 수는 $3\times3=9$이므로 그 확
률은 $\dfrac{9}{36}=\dfrac{1}{4}$

두 눈의 수가 모두 짝수인 경우의 수는 $3\times3=9$이므로 그 확
률은 $\dfrac{9}{36}=\dfrac{1}{4}$

따라서 구하는 확률은

$\dfrac{1}{4}+\dfrac{1}{4}=\dfrac{2}{4}=\dfrac{1}{2}$

13 모든 경우의 수는 $6\times6=36$

두 눈의 수의 합이 4인 경우는 $(1,3),(2,2),(3,1)$의 3가지
이므로 그 확률은 $\dfrac{3}{36}=\dfrac{1}{12}$

두 눈의 수의 합이 8인 경우는 $(2,6),(3,5),(4,4),(5,3),$
$(6,2)$의 5가지이므로 그 확률은 $\dfrac{5}{36}$

두 눈의 수의 합이 12인 경우는 $(6,6)$의 1가지이므로 그 확률
은 $\dfrac{1}{36}$

따라서 구하는 확률은

$\dfrac{1}{12}+\dfrac{5}{36}+\dfrac{1}{36}=\dfrac{3}{36}+\dfrac{5}{36}+\dfrac{1}{36}=\dfrac{9}{36}=\dfrac{1}{4}$

14 모든 경우의 수는 $6\times6=36$

두 눈의 수의 차가 4인 경우는 $(1,5),(2,6),(5,1),(6,2)$
의 4가지이므로 그 확률은 $\dfrac{4}{36}=\dfrac{1}{9}$

두 눈의 수의 차가 5인 경우는 $(1,6),(6,1)$의 2가지이므로
그 확률은 $\dfrac{2}{36}=\dfrac{1}{18}$

따라서 구하는 확률은

$\dfrac{1}{9}+\dfrac{1}{18}=\dfrac{2}{18}+\dfrac{1}{18}=\dfrac{3}{18}=\dfrac{1}{6}$

15 모든 경우의 수는 $5\times4\times3\times2\times1=120$

G가 맨 앞에 오는 경우의 수는 $4\times3\times2\times1=24$이므로 그 확
률은 $\dfrac{24}{120}=\dfrac{1}{5}$

G가 맨 뒤에 오는 경우의 수는 $4\times3\times2\times1=24$이므로 그 확
률은 $\dfrac{24}{120}=\dfrac{1}{5}$

따라서 구하는 확률은

$\dfrac{1}{5}+\dfrac{1}{5}=\dfrac{2}{5}$

16 모든 경우의 수는 $5\times4\times3\times2\times1=120$

E가 정가운데에 오는 경우의 수는 $4\times3\times2\times1=24$이므로 그
확률은 $\dfrac{24}{120}=\dfrac{1}{5}$

A가 정가운데에 오는 경우의 수는 $4\times3\times2\times1=24$이므로 그
확률은 $\dfrac{24}{120}=\dfrac{1}{5}$

따라서 구하는 확률은

$\dfrac{1}{5}+\dfrac{1}{5}=\dfrac{2}{5}$

17 모든 경우의 수는 $5 \times 4 = 20$

20보다 작은 경우는 12, 13, 14, 15의 4가지이므로 그 확률은

$\dfrac{4}{20} = \dfrac{1}{5}$

30보다 큰 경우는 31, 32, 34, 35, 41, 42, 43, 45, 51, 52, 53, 54의 12가지이므로 그 확률은 $\dfrac{12}{20} = \dfrac{3}{5}$

따라서 구하는 확률은

$\dfrac{1}{5} + \dfrac{3}{5} = \dfrac{4}{5}$

18 모든 경우의 수는 $5 \times 4 = 20$

2의 배수인 경우는 12, 14, 24, 32, 34, 42, 52, 54의 8가지이므로 그 확률은 $\dfrac{8}{20} = \dfrac{2}{5}$

5의 배수인 경우는 15, 25, 35, 45의 4가지이므로 그 확률은

$\dfrac{4}{20} = \dfrac{1}{5}$

따라서 구하는 확률은

$\dfrac{2}{5} + \dfrac{1}{5} = \dfrac{3}{5}$

19 3의 배수인 경우는 3, 6, 9, 12, 15, 18, 21, 24의 8가지이므로 그 확률은 $\dfrac{8}{25}$

11의 배수인 경우는 11, 22의 2가지이므로 그 확률은 $\dfrac{2}{25}$

따라서 구하는 확률은

$\dfrac{8}{25} + \dfrac{2}{25} = \dfrac{10}{25} = \dfrac{2}{5}$

---

05 두 사건 A와 B가 동시에 일어날 확률 | 145~148쪽 |

01 $\dfrac{1}{4}$	02 $\dfrac{1}{3}$	03 $\dfrac{1}{12}$	04 $\dfrac{1}{4}$	05 $\dfrac{1}{4}$
06 $\dfrac{1}{6}$	07 $\dfrac{5}{18}$	08 $\dfrac{1}{4}$	09 ⑤	10 $\dfrac{9}{20}$
11 $\dfrac{3}{10}$	12 $\dfrac{3}{20}$	13 $\dfrac{9}{20}$	14 $\dfrac{1}{4}$	15 $\dfrac{1}{2}$
16 $\dfrac{1}{12}$	17 $\dfrac{1}{2}$	18 $\dfrac{1}{3}$	19 $\dfrac{1}{15}$	20 $\dfrac{3}{100}$
21 $\dfrac{7}{100}$	22 $\dfrac{27}{100}$	23 $\dfrac{63}{100}$	24 $\dfrac{16}{25}$	25 $\dfrac{1}{25}$
26 $\dfrac{24}{25}$	27 $\dfrac{1}{12}$	28 $\dfrac{1}{4}$	29 $\dfrac{1}{2}$	30 $\dfrac{1}{2}$
31 $\dfrac{5}{12}$	32 ⑤	33 $\dfrac{3}{5}$	34 $\dfrac{2}{5}$	35 $\dfrac{1}{5}$
36 $\dfrac{3}{20}$	37 $\dfrac{1}{20}$	38 $\dfrac{7}{20}$	39 $\dfrac{1}{9}$	40 $\dfrac{1}{9}$
41 $\dfrac{1}{9}$	42 $\dfrac{8}{9}$	43 ②		

---

01 동전 한 개를 던질 때 일어나는 모든 경우의 수는 2이고, 뒷면이 나오는 경우의 수는 1이므로 그 확률은 $\dfrac{1}{2}$

주사위 한 개를 던질 때 일어나는 모든 경우의 수는 6이고, 3 이하의 눈이 나오는 경우는 1, 2, 3의 3가지이므로 그 확률은

$\dfrac{3}{6} = \dfrac{1}{2}$

따라서 구하는 확률은

$\dfrac{1}{2} \times \dfrac{1}{2} = \dfrac{1}{4}$

02 동전 한 개를 던질 때 일어나는 모든 경우의 수는 2이고, 앞면이 나오는 경우의 수는 1이므로 그 확률은 $\dfrac{1}{2}$

주사위 한 개를 던질 때 일어나는 모든 경우의 수는 6이고, 6의 약수의 눈이 나오는 경우는 1, 2, 3, 6의 4가지이므로 그 확률은 $\dfrac{4}{6} = \dfrac{2}{3}$

따라서 구하는 확률은

$\dfrac{1}{2} \times \dfrac{2}{3} = \dfrac{1}{3}$

03 서로 다른 동전 두 개를 동시에 던질 때 일어나는 모든 경우의 수는 $2 \times 2 = 4$이고, 모두 앞면이 나오는 경우는 (앞면, 앞면)의 1가지이므로 그 확률은 $\dfrac{1}{4}$

주사위 한 개를 던질 때 일어나는 모든 경우의 수는 6이고, 3의 배수의 눈이 나오는 경우는 3, 6의 2가지이므로 그 확률은

$\dfrac{2}{6} = \dfrac{1}{3}$

따라서 구하는 확률은

$\dfrac{1}{4} \times \dfrac{1}{3} = \dfrac{1}{12}$

04 서로 다른 동전 두 개를 동시에 던질 때 일어나는 모든 경우의 수는 $2 \times 2 = 4$이고, 서로 다른 면이 나오는 경우는 (앞면, 뒷면), (뒷면, 앞면)의 2가지이므로 그 확률은 $\dfrac{2}{4} = \dfrac{1}{2}$

주사위 한 개를 던질 때 일어나는 모든 경우의 수는 6이고, 소수의 눈이 나오는 경우는 2, 3, 5의 3가지이므로 그 확률은

$\dfrac{3}{6} = \dfrac{1}{2}$

따라서 구하는 확률은

$\dfrac{1}{2} \times \dfrac{1}{2} = \dfrac{1}{4}$

05 A 주사위에서 홀수의 눈이 나오는 경우는 1, 3, 5의 3가지이므로 그 확률은 $\dfrac{3}{6} = \dfrac{1}{2}$

B 주사위에서 4의 약수의 눈이 나오는 경우는 1, 2, 4의 3가지이므로 그 확률은 $\dfrac{3}{6} = \dfrac{1}{2}$

따라서 구하는 확률은

$\dfrac{1}{2} \times \dfrac{1}{2} = \dfrac{1}{4}$

06 A 주사위에서 합성수의 눈이 나오는 경우는 4, 6의 2가지이므로 그 확률은 $\dfrac{2}{6}=\dfrac{1}{3}$

B 주사위에서 2의 배수의 눈이 나오는 경우는 2, 4, 6의 3가지이므로 그 확률은 $\dfrac{3}{6}=\dfrac{1}{2}$

따라서 구하는 확률은

$\dfrac{1}{3}\times\dfrac{1}{2}=\dfrac{1}{6}$

07 A 주사위에서 5 이상의 눈이 나오는 경우는 5, 6의 2가지이므로 그 확률은 $\dfrac{2}{6}=\dfrac{1}{3}$

B 주사위에서 6 미만의 눈이 나오는 경우는 1, 2, 3, 4, 5의 5가지이므로 그 확률은 $\dfrac{5}{6}$

따라서 구하는 확률은

$\dfrac{1}{3}\times\dfrac{5}{6}=\dfrac{5}{18}$

08 한 개의 주사위에서 소수의 눈이 나오는 경우는 2, 3, 5의 3가지이므로 그 확률은 $\dfrac{3}{6}=\dfrac{1}{2}$

따라서 구하는 확률은

$\dfrac{1}{2}\times\dfrac{1}{2}=\dfrac{1}{4}$

09 4 이하의 눈이 나오는 경우는 1, 2, 3, 4의 4가지이므로 그 확률은 $\dfrac{4}{6}=\dfrac{2}{3}$

짝수의 눈이 나오는 경우는 2, 4, 6의 3가지이므로 그 확률은 $\dfrac{3}{6}=\dfrac{1}{2}$

따라서 구하는 확률은

$\dfrac{2}{3}\times\dfrac{1}{2}=\dfrac{1}{3}$

10 주머니 A에서 초록 공이 나올 확률은 $\dfrac{3}{5}$

주머니 B에서 파란 공이 나올 확률은 $\dfrac{3}{4}$

따라서 구하는 확률은

$\dfrac{3}{5}\times\dfrac{3}{4}=\dfrac{9}{20}$

11 주머니 A에서 파란 공이 나올 확률은 $\dfrac{2}{5}$

주머니 B에서 파란 공이 나올 확률은 $\dfrac{3}{4}$

따라서 구하는 확률은

$\dfrac{2}{5}\times\dfrac{3}{4}=\dfrac{3}{10}$

12 주머니 A에서 초록 공이 나올 확률은 $\dfrac{3}{5}$

주머니 B에서 초록 공이 나올 확률은 $\dfrac{1}{4}$

따라서 구하는 확률은

$\dfrac{3}{5}\times\dfrac{1}{4}=\dfrac{3}{20}$

13 (서로 같은 색의 공이 나올 확률)

$=$(모두 파란 공이 나올 확률)$+$(모두 초록 공이 나올 확률)

$=\dfrac{2}{5}\times\dfrac{3}{4}+\dfrac{3}{5}\times\dfrac{1}{4}$

$=\dfrac{3}{10}+\dfrac{3}{20}$

$=\dfrac{6}{20}+\dfrac{3}{20}=\dfrac{9}{20}$

14 $\left(1-\dfrac{2}{3}\right)\times\dfrac{3}{4}=\dfrac{1}{3}\times\dfrac{3}{4}=\dfrac{1}{4}$

15 $\dfrac{2}{3}\times\dfrac{3}{4}=\dfrac{1}{2}$

16 $\left(1-\dfrac{2}{3}\right)\times\left(1-\dfrac{3}{4}\right)=\dfrac{1}{3}\times\dfrac{1}{4}=\dfrac{1}{12}$

17 $\dfrac{5}{6}\times\dfrac{3}{5}=\dfrac{1}{2}$

18 $\dfrac{5}{6}\times\left(1-\dfrac{3}{5}\right)=\dfrac{5}{6}\times\dfrac{2}{5}=\dfrac{1}{3}$

19 $\left(1-\dfrac{5}{6}\right)\times\left(1-\dfrac{3}{5}\right)=\dfrac{1}{6}\times\dfrac{2}{5}=\dfrac{1}{15}$

20 $\dfrac{1}{10}\times\dfrac{3}{10}=\dfrac{3}{100}$

21 $\dfrac{1}{10}\times\left(1-\dfrac{3}{10}\right)=\dfrac{1}{10}\times\dfrac{7}{10}=\dfrac{7}{100}$

22 $\left(1-\dfrac{1}{10}\right)\times\dfrac{3}{10}=\dfrac{9}{10}\times\dfrac{3}{10}=\dfrac{27}{100}$

23 $\left(1-\dfrac{1}{10}\right)\times\left(1-\dfrac{3}{10}\right)=\dfrac{9}{10}\times\dfrac{7}{10}=\dfrac{63}{100}$

24 $\dfrac{4}{5}\times\dfrac{4}{5}=\dfrac{16}{25}$

25 $\left(1-\dfrac{4}{5}\right)\times\left(1-\dfrac{4}{5}\right)=\dfrac{1}{5}\times\dfrac{1}{5}=\dfrac{1}{25}$

26 (적어도 한 번은 명중할 확률)

$=1-$(두 번 모두 명중하지 못할 확률)

$=1-\left(1-\dfrac{4}{5}\right)\times\left(1-\dfrac{4}{5}\right)$

$=1-\dfrac{1}{5}\times\dfrac{1}{5}$

$=1-\dfrac{1}{25}=\dfrac{24}{25}$

27 $\dfrac{1}{3}\times\dfrac{1}{4}=\dfrac{1}{12}$

28 $\dfrac{1}{3}\times\left(1-\dfrac{1}{4}\right)=\dfrac{1}{3}\times\dfrac{3}{4}=\dfrac{1}{4}$

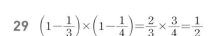

29 $\left(1-\dfrac{1}{3}\right) \times \left(1-\dfrac{1}{4}\right) = \dfrac{2}{3} \times \dfrac{3}{4} = \dfrac{1}{2}$

30 (적어도 한 사람은 합격할 확률)

$= 1 -$ (두 사람 모두 불합격할 확률)

$= 1 - \left(1-\dfrac{1}{3}\right) \times \left(1-\dfrac{1}{4}\right)$

$= 1 - \dfrac{2}{3} \times \dfrac{3}{4}$

$= 1 - \dfrac{1}{2} = \dfrac{1}{2}$

31 (두 사람 중에서 한 사람만 합격할 확률)

$=$ (현수만 합격할 확률) $+$ (민주만 합격할 확률)

$= \dfrac{1}{3} \times \left(1-\dfrac{1}{4}\right) + \left(1-\dfrac{1}{3}\right) \times \dfrac{1}{4}$

$= \dfrac{1}{3} \times \dfrac{3}{4} + \dfrac{2}{3} \times \dfrac{1}{4} = \dfrac{1}{4} + \dfrac{1}{6}$

$= \dfrac{3}{12} + \dfrac{2}{12} = \dfrac{5}{12}$

32 (풍선이 터질 확률)

$= 1 -$ (두 사람 모두 풍선을 맞히지 못할 확률)

$= 1 - \left(1-\dfrac{3}{5}\right) \times \left(1-\dfrac{1}{2}\right)$

$= 1 - \dfrac{2}{5} \times \dfrac{1}{2}$

$= 1 - \dfrac{1}{5} = \dfrac{4}{5}$

33 $\dfrac{4}{5} \times \dfrac{3}{4} = \dfrac{3}{5}$

34 (두 사람이 만나지 못할 확률)

$= 1 -$ (두 사람이 만날 확률)

$= 1 - \dfrac{4}{5} \times \dfrac{3}{4}$

$= 1 - \dfrac{3}{5} = \dfrac{2}{5}$

35 $\dfrac{4}{5} \times \left(1-\dfrac{3}{4}\right) = \dfrac{4}{5} \times \dfrac{1}{4} = \dfrac{1}{5}$

36 $\left(1-\dfrac{4}{5}\right) \times \dfrac{3}{4} = \dfrac{1}{5} \times \dfrac{3}{4} = \dfrac{3}{20}$

37 $\left(1-\dfrac{4}{5}\right) \times \left(1-\dfrac{3}{4}\right) = \dfrac{1}{5} \times \dfrac{1}{4} = \dfrac{1}{20}$

38 (두 사람 중에서 한 사람만 약속을 지킬 확률)

$=$ (찬준이만 약속을 지킬 확률)

$\quad +$ (재석이만 약속을 지킬 확률)

$= \dfrac{4}{5} \times \left(1-\dfrac{3}{4}\right) + \left(1-\dfrac{4}{5}\right) \times \dfrac{3}{4}$

$= \dfrac{4}{5} \times \dfrac{1}{4} + \dfrac{1}{5} \times \dfrac{3}{4} = \dfrac{1}{5} + \dfrac{3}{20}$

$= \dfrac{4}{20} + \dfrac{3}{20} = \dfrac{7}{20}$

39 모든 경우의 수는 $3 \times 3 = 9$

첫 번째에 A가 이기는 경우는 (A, B)가 (가위, 보),

(바위, 가위), (보, 바위)의 3가지이므로 그 확률은 $\dfrac{3}{9} = \dfrac{1}{3}$

두 번째에 B가 이기는 경우는 (A, B)가 (가위, 바위),

(바위, 보), (보, 가위)의 3가지이므로 그 확률은 $\dfrac{3}{9} = \dfrac{1}{3}$

따라서 구하는 확률은

$\dfrac{1}{3} \times \dfrac{1}{3} = \dfrac{1}{9}$

40 모든 경우의 수는 $3 \times 3 = 9$

첫 번째에 B가 이기는 경우는 (A, B)가 (가위, 바위),

(바위, 보), (보, 가위)의 3가지이므로 그 확률은 $\dfrac{3}{9} = \dfrac{1}{3}$

두 번째에 비기는 경우는 (A, B)가 (가위, 가위),

(바위, 바위), (보, 보)의 3가지이므로 그 확률은 $\dfrac{3}{9} = \dfrac{1}{3}$

따라서 구하는 확률은

$\dfrac{1}{3} \times \dfrac{1}{3} = \dfrac{1}{9}$

41 모든 경우의 수는 $3 \times 3 = 9$

비기는 경우는 (A, B)가 (가위, 가위), (바위, 바위),

(보, 보)의 3가지이므로 그 확률은 $\dfrac{3}{9} = \dfrac{1}{3}$

따라서 구하는 확률은

$\dfrac{1}{3} \times \dfrac{1}{3} = \dfrac{1}{9}$

42 (두 번 모두 승부가 결정될 확률)

$= 1 -$ (두 번 모두 비길 확률)

$= 1 - \dfrac{1}{3} \times \dfrac{1}{3}$

$= 1 - \dfrac{1}{9} = \dfrac{8}{9}$

43 $\dfrac{3}{7} \times \left(1-\dfrac{3}{7}\right) = \dfrac{3}{7} \times \dfrac{4}{7} = \dfrac{12}{49}$

06 연속하여 뽑는 경우의 확률 |149~150쪽|

01 $\dfrac{4}{25}$	**02** $\dfrac{6}{25}$	**03** $\dfrac{25}{64}$	**04** $\dfrac{9}{64}$	**05** $\dfrac{1}{9}$
06 $\dfrac{2}{9}$	**07** $\dfrac{2}{9}$	**08** $\dfrac{4}{9}$	**09** ①	**10** $\dfrac{2}{15}$
11 $\dfrac{4}{15}$	**12** $\dfrac{5}{14}$	**13** $\dfrac{3}{28}$	**14** $\dfrac{15}{56}$	**15** $\dfrac{1}{11}$
16 $\dfrac{8}{33}$	**17** $\dfrac{8}{33}$	**18** $\dfrac{14}{33}$	**19** $\dfrac{19}{33}$	**20** ③

01 첫 번째에 검은 공이 나올 확률은 $\dfrac{4}{10}=\dfrac{2}{5}$

두 번째에 검은 공이 나올 확률은 $\dfrac{4}{10}=\dfrac{2}{5}$

따라서 구하는 확률은

$\dfrac{2}{5}\times\dfrac{2}{5}=\dfrac{4}{25}$

02 첫 번째에 흰 공이 나올 확률은 $\dfrac{6}{10}=\dfrac{3}{5}$

두 번째에 검은 공이 나올 확률은 $\dfrac{4}{10}=\dfrac{2}{5}$

따라서 구하는 확률은

$\dfrac{3}{5}\times\dfrac{2}{5}=\dfrac{6}{25}$

03 첫 번째에 빨간 구슬이 나올 확률은 $\dfrac{5}{8}$

두 번째에 빨간 구슬이 나올 확률은 $\dfrac{5}{8}$

따라서 구하는 확률은

$\dfrac{5}{8}\times\dfrac{5}{8}=\dfrac{25}{64}$

04 첫 번째에 파란 구슬이 나올 확률은 $\dfrac{3}{8}$

두 번째에 파란 구슬이 나올 확률은 $\dfrac{3}{8}$

따라서 구하는 확률은

$\dfrac{3}{8}\times\dfrac{3}{8}=\dfrac{9}{64}$

05 첫 번째에 당첨될 확률은 $\dfrac{4}{12}=\dfrac{1}{3}$

두 번째에 당첨될 확률은 $\dfrac{4}{12}=\dfrac{1}{3}$

따라서 구하는 확률은

$\dfrac{1}{3}\times\dfrac{1}{3}=\dfrac{1}{9}$

06 첫 번째에 당첨될 확률은 $\dfrac{4}{12}=\dfrac{1}{3}$

두 번째에 당첨되지 않을 확률은 $\dfrac{8}{12}=\dfrac{2}{3}$

따라서 구하는 확률은

$\dfrac{1}{3}\times\dfrac{2}{3}=\dfrac{2}{9}$

07 첫 번째에 당첨되지 않을 확률은 $\dfrac{8}{12}=\dfrac{2}{3}$

두 번째에 당첨될 확률은 $\dfrac{4}{12}=\dfrac{1}{3}$

따라서 구하는 확률은

$\dfrac{2}{3}\times\dfrac{1}{3}=\dfrac{2}{9}$

08 첫 번째에 당첨되지 않을 확률은 $\dfrac{8}{12}=\dfrac{2}{3}$

두 번째에 당첨되지 않을 확률은 $\dfrac{8}{12}=\dfrac{2}{3}$

따라서 구하는 확률은

$\dfrac{2}{3}\times\dfrac{2}{3}=\dfrac{4}{9}$

09 첫 번째에 짝수가 적힌 카드가 나오는 경우는 2, 4, 6, 8의 4가지이므로 그 확률은 $\dfrac{4}{9}$

두 번째에 홀수가 적힌 카드가 나오는 경우는 1, 3, 5, 7, 9의 5가지이므로 그 확률은 $\dfrac{5}{9}$

따라서 구하는 확률은

$\dfrac{4}{9}\times\dfrac{5}{9}=\dfrac{20}{81}$

10 첫 번째에 검은 공이 나올 확률은

$\dfrac{4}{10}=\dfrac{2}{5}$

두 번째에 검은 공이 나올 확률은

$\dfrac{3}{9}=\dfrac{1}{3}$

따라서 구하는 확률은

$\dfrac{2}{5}\times\dfrac{1}{3}=\dfrac{2}{15}$

11 첫 번째에 흰 공이 나올 확률은 $\dfrac{6}{10}=\dfrac{3}{5}$

두 번째에 검은 공이 나올 확률은 $\dfrac{4}{9}$

따라서 구하는 확률은

$\dfrac{3}{5}\times\dfrac{4}{9}=\dfrac{4}{15}$

12 첫 번째에 빨간 구슬이 나올 확률은 $\dfrac{5}{8}$

두 번째에 빨간 구슬이 나올 확률은 $\dfrac{4}{7}$

따라서 구하는 확률은

$\dfrac{5}{8}\times\dfrac{4}{7}=\dfrac{5}{14}$

13 첫 번째에 파란 구슬이 나올 확률은 $\dfrac{3}{8}$

두 번째에 파란 구슬이 나올 확률은 $\dfrac{2}{7}$

따라서 구하는 확률은

$\dfrac{3}{8}\times\dfrac{2}{7}=\dfrac{3}{28}$

14 첫 번째에 빨간 구슬이 나올 확률은 $\dfrac{5}{8}$

두 번째에 파란 구슬이 나올 확률은 $\dfrac{3}{7}$

따라서 구하는 확률은

$\dfrac{5}{8}\times\dfrac{3}{7}=\dfrac{15}{56}$

15 첫 번째에 당첨될 확률은 $\dfrac{4}{12}=\dfrac{1}{3}$

두 번째에 당첨될 확률은 $\dfrac{3}{11}$

따라서 구하는 확률은

$\dfrac{1}{3}\times\dfrac{3}{11}=\dfrac{1}{11}$

16 첫 번째에 당첨될 확률은 $\dfrac{4}{12}=\dfrac{1}{3}$

두 번째에 당첨되지 않을 확률은 $\dfrac{8}{11}$

따라서 구하는 확률은

$\dfrac{1}{3}\times\dfrac{8}{11}=\dfrac{8}{33}$

17 첫 번째에 당첨되지 않을 확률은 $\dfrac{8}{12}=\dfrac{2}{3}$

두 번째에 당첨될 확률은 $\dfrac{4}{11}$

따라서 구하는 확률은

$\dfrac{2}{3}\times\dfrac{4}{11}=\dfrac{8}{33}$

18 첫 번째에 당첨되지 않을 확률은 $\dfrac{8}{12}=\dfrac{2}{3}$

두 번째에 당첨되지 않을 확률은 $\dfrac{7}{11}$

따라서 구하는 확률은

$\dfrac{2}{3}\times\dfrac{7}{11}=\dfrac{14}{33}$

19 (적어도 한 번은 당첨될 확률)

$=1-$(두 번 모두 당첨되지 않을 확률)

$=1-\dfrac{8}{12}\times\dfrac{7}{11}$

$=1-\dfrac{14}{33}=\dfrac{19}{33}$

20 홀수가 나오는 경우는 1, 3, 5, 7, 9의 5가지

첫 번째에 홀수가 적힌 카드가 나올 확률은

$\dfrac{5}{9}$

두 번째에 홀수가 적힌 카드가 나올 확률은

$\dfrac{4}{8}=\dfrac{1}{2}$

따라서 구하는 확률은

$\dfrac{5}{9}\times\dfrac{1}{2}=\dfrac{5}{18}$

확인문제

| 151쪽 |

01 ①   **02** ⑤   **03** ③   **04** ③   **05** ③   **06** ①

01 딸기 맛 사탕이 나오는 경우는 없으므로 구하는 확률은 0이다.

02 모든 경우의 수는 $6\times6=36$

모두 2 초과의 눈이 나오는 경우의 수는 $4\times4=16$이므로 그 확률은

$\dfrac{16}{36}=\dfrac{4}{9}$

따라서

(적어도 한 개는 2 이하의 눈이 나올 확률)

$=1-$(모두 2 초과의 눈이 나올 확률)

$=1-\dfrac{4}{9}=\dfrac{5}{9}$

03 모든 경우의 수는 25

4의 배수가 적힌 공이 나오는 경우는 4, 8, 12, 16, 20, 24의 6가지이므로 그 확률은 $\dfrac{6}{25}$

7의 배수가 적힌 카드가 나오는 경우는 7, 14, 21의 3가지이므로 그 확률은 $\dfrac{3}{25}$

따라서 구하는 확률은

$\dfrac{6}{25}+\dfrac{3}{25}=\dfrac{9}{25}$

04 원판 A에서 짝수가 적힌 부분은 2로 전체 3개 중 1개이므로 그 확률은 $\dfrac{1}{3}$

원판 B에서 짝수가 적힌 부분은 4, 6으로 전체 4개 중 2개이므로 그 확률은 $\dfrac{2}{4}=\dfrac{1}{2}$

따라서 구하는 확률은

$\dfrac{1}{3}\times\dfrac{1}{2}=\dfrac{1}{6}$

05 $\left(1-\dfrac{1}{4}\right)\times\dfrac{2}{5}=\dfrac{3}{4}\times\dfrac{2}{5}=\dfrac{3}{10}$

06 첫 번째에 꺼낸 제품이 불량품일 확률은 $\dfrac{3}{20}$

두 번째에 꺼낸 제품이 불량품일 확률은 $\dfrac{2}{19}$

따라서 구하는 확률은

$\dfrac{3}{20}\times\dfrac{2}{19}=\dfrac{3}{190}$

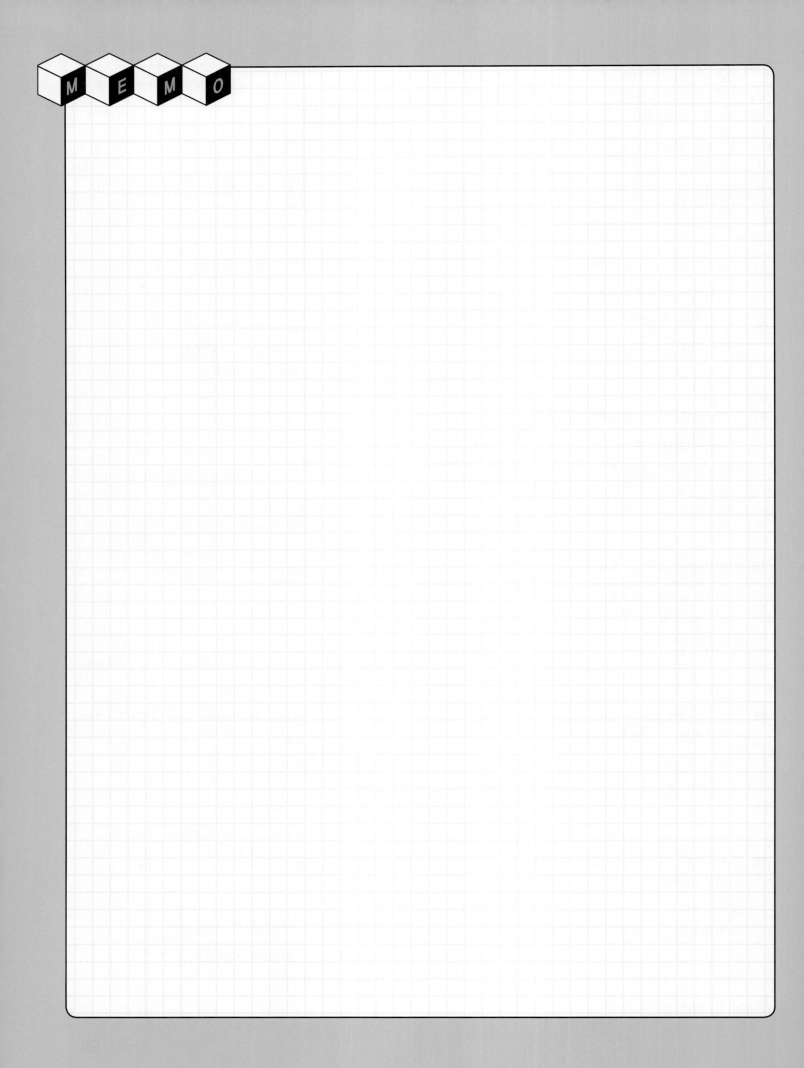

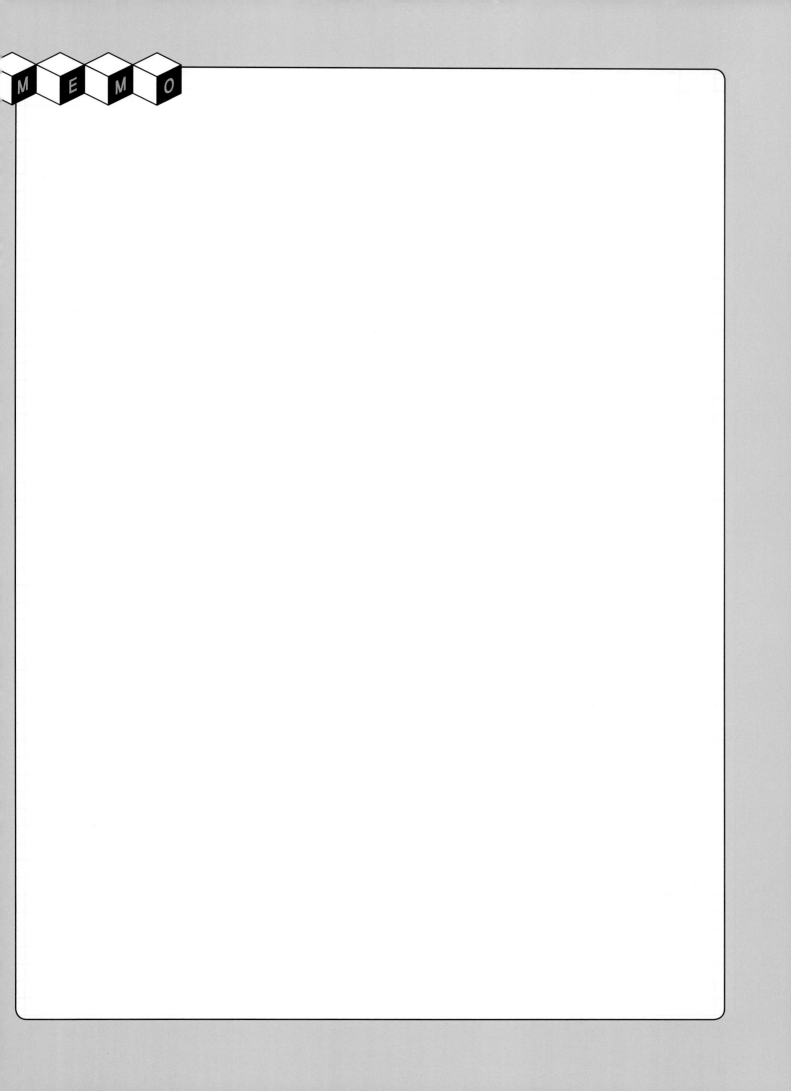

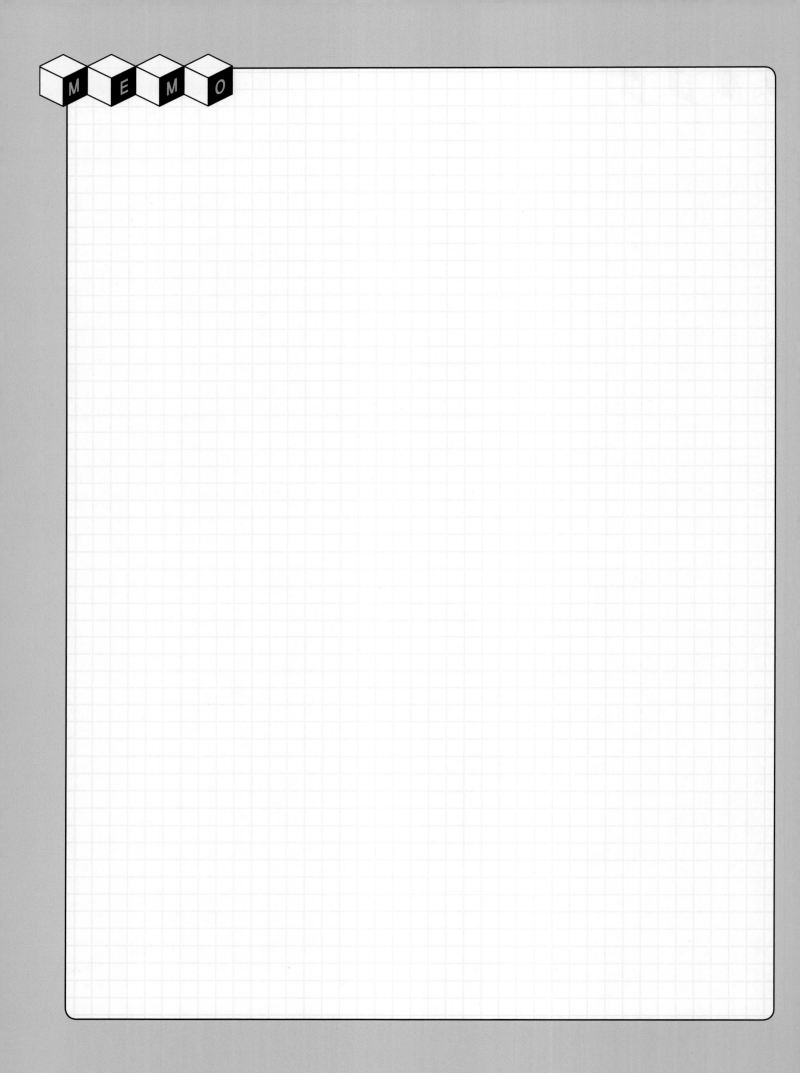

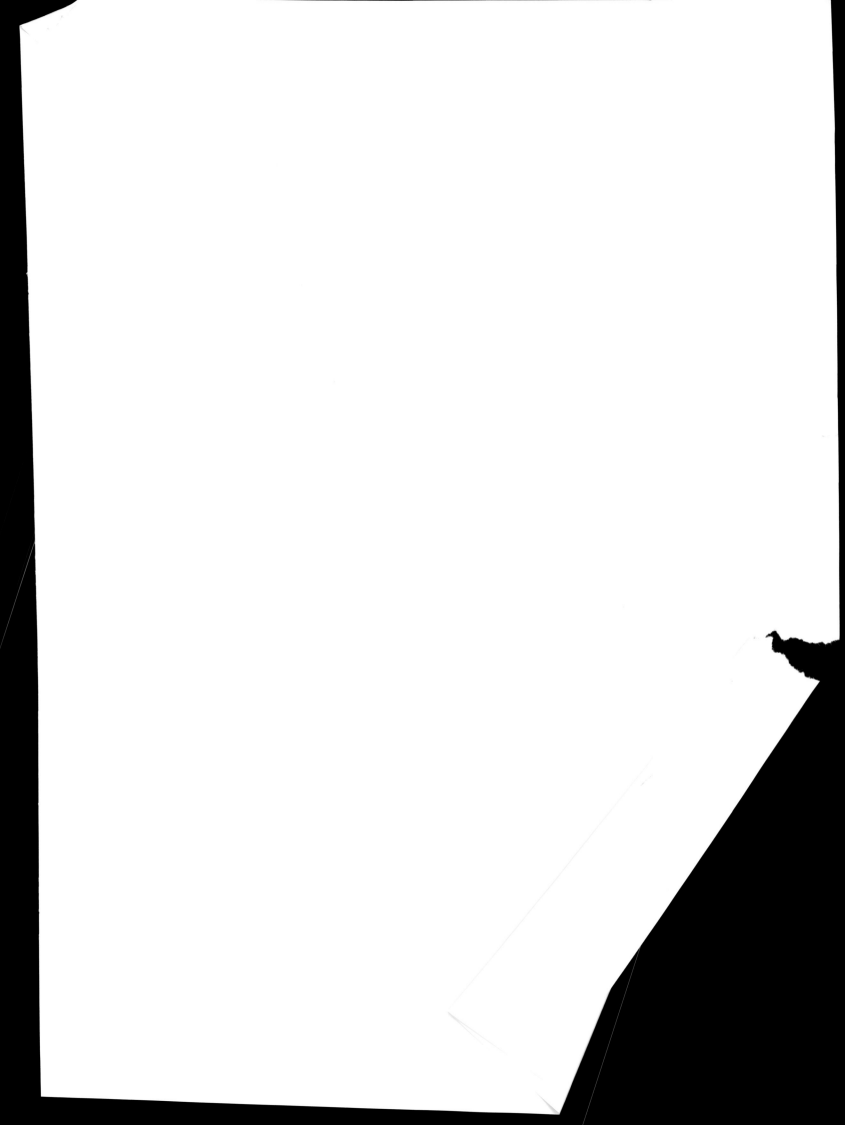

수학 마스터

중학 수학의 기초력 강화

연산 3

엡실론